全国高等院校应用人才培养规划教材·经济管理系列

U0455678

营销道德
与营销文化
（第二版）

艾德华◎主编

王佳　尚书博◎副主编

北京大学出版社
PEKING UNIVERSITY PRESS

图书在版编目 (CIP) 数据

营销道德与营销文化 / 艾德华主编 . –– 2 版 . –– 北京：北京大学出版社，2025.7. ––（全国高等院校应用人才培养规划教材）. –– ISBN 978–7–301–36310–2

Ⅰ . F713.50

中国国家版本馆 CIP 数据核字第 20257ND620 号

书　　　名	营销道德与营销文化（第二版）
	YINGXIAO DAODE YU YINGXIAO WENHUA (DI-ER BAN)
著作责任者	艾德华　主编
责 任 编 辑	周　丹
标 准 书 号	ISBN 978–7–301–36310–2
出 版 发 行	北京大学出版社
地　　　址	北京市海淀区成府路 205 号　100871
网　　　址	http://www.pup.cn　　新浪微博：@ 北京大学出版社
电 子 邮 箱	编辑部 zyiy@pup.cn　　总编室 zpup@pup.cn
电　　　话	邮购部 010–62752015　发行部 010–62750672　编辑部 010–62704142
印 刷 者	北京溢漾印刷有限公司
经 销 者	新华书店
	787 毫米 ×1092 毫米　16 开本　14 印张　358 千字
	2011 年 9 月第 1 版
	2025 年 7 月第 2 版　2025 年 7 月第 1 次印刷
定　　　价	45.00 元

第二版前言

PERFACE

营销要讲道德。

翻阅当前有关营销方面的书籍，无论是国外的，还是国内的，几乎都是一个主题——如何赚到钱、多赚钱。于是，围绕这个主题，人们提出了许多营销策略和营销技巧，许多营销智慧和营销点子也应运而生。

然而，放眼今天的市场，许多营销案例令人汗颜。在赚钱的背后，一些企业丧失了最起码的行业道德底线，个别营销人员丧失了最基本的职业道德底线。而有关内容，正是一些营销类著作中所缺失的——营销道德与营销文化所研究的范畴。

"营销道德与营销文化是企业的生命线。"这是编写本教材的重要原因之一，也是本教材诠释的主要理念。

为了更好地诠释这一营销理念，在编写本教材时，作者改变了传统说教的做法，在阐述营销中存在的道德与文化问题后，通过分析典型的营销案例，对这些营销行为做进一步剖析，让大家在明辨是非的同时，悟出什么样的营销行为才是道德的。这也是本教材与其他营销类教材的区别之处。

除此以外，本教材还力求做到以下几点：

（1）简单。表述的概念简单易懂，典型案例取自身边，真正体现了教师易教、学生易学的原则。

（2）清晰。内容清晰，从营销道德到营销文化，从市场调研到产品定价，从促销、分销到市场竞争，从国内到国外，从传统营销到网络营销，内容一目了然，章节框架结构清晰，即使相关行业人员自学，也能很好地理解与掌握。

（3）实用。每章前除了学习目标和关键词汇外，还用一句话引入正文的学习，每章后配套思考与练习题，包括填空题、选择题和简答题，还有相关的案例分析题，有助于学生对本章知识的再次巩固与加深，此外，思考与练习题还附有参考答案，供学习者借鉴。

考虑到市场营销活动的不断推陈出新，特别是新媒体营销已经在我国营销实践中成为不可忽视的新模式，本教材再版时对第九章内容进行了大量增补，同时增加了我国营销道德与营销文化实践案例，突出了本教材内容在我国营销实践中的实际应用场景。

本教材在编写过程中参阅了大量国内外文献、资料，并间接或直接引用了部分相关内容。在此，谨向文献、资料的作者表示衷心的感谢！

本教材由中共本溪市委党校艾德华教授任主编，辽宁开放大学王佳老师、尚书博老师任副主编，编写分工如下：王佳老师编写第1—5章，尚书博老师编写第6—9章，艾德华教授负责统筹完善。

由于编者视野与水平所限，书中难免有不足之处，期待专家学者和社会各界人士赐教，以便下次再版时修改。

编者

2025年3月

右侧二维码内包含思考与练习参考答案等内容。读者扫描右侧二维码，即可获取上述资源。

本教材配有教学课件及其他相关教学资源，如有老师需要，可扫描右侧二维码关注北京大学出版社微信公众号"北大出版社创新大学堂"（zyjy-pku）索取。

目 录
CONTENT

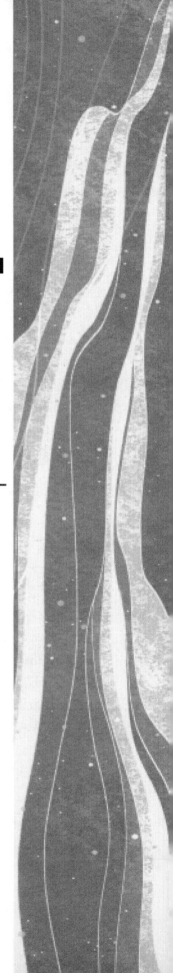

第一章

导 论

▌本章学习目标

- ◤ 了解西方营销道德观的形成与发展。
- ◤ 掌握道德及营销道德、营销文化的含义。
- ◤ 掌握市场营销道德判断及营销文化的产生、构成与特征。
- ◤ 理解优质营销文化与劣质营销文化，并了解营销文化对企业营销道德的影响。

▌关键词汇

- ◤ 营销道德（Marketing Moral）
- ◤ 营销文化（Marketing Culture）

▌引子

- ◤ 有人说：商场如战场，营销无道德。你认同吗？

第一节

营 销 道 德

　　某电商平台在"双十一"期间，为了吸引消费者，宣传自己的商品具有正品、低价、包邮、七天无理由退换等优惠条件，但实际上，它却有卖假货、开高价、收取高额运费、拒绝退换等欺诈行为。它设置了各种虚假的优惠券、满减活动、抽奖游戏等，诱导消费者下单。当消费者收到商品后，发现质量不合格、与描述不符、无法使用等问题，于是与电商平台联系，却受到电商平台的冷漠对待，甚至被辱骂、威胁。

　　这种无道德的营销案例时有发生，给消费者带来痛苦的同时，对社会也会造成极其恶劣的影响。我们完全可以预言：一个营销道德沦丧、缺失的企业，不可能快速、持续、健康地发展，企业的命运也不会长久。

　　商场如战场，"营销讲道德"才是企业营销制胜的法宝。

一、道德及营销道德

（一）道德的含义

　　道德是社会意识形态之一，是人们共同生活及其行为的准则和规范，是社会绝大多数成员承认、接受和遵守的评价各种社会行为对与错、美与丑、善与恶、真诚与虚伪、公正与偏私、正义与非正义的准则的总和。

　　"道可道，非常道。名可名，非常名"，这是《道德经》的首句，虽然仅12个字，却一语道破道德的内涵：圣人之道是可以行走的，却不是平常人所走的道路；名是可以求得的，却不是平常人所追求的名。它揭示了人们的价值观问题，即价值观不同，人生追求和所遵循的道路就不同。不同的追求，不同的道路，必然造就不同的人生。

　　一般来说，道德具有一定的规范力量，它适用于个人或组织行为，能让个人或组织对有关的行为和行为主体产生某种看法和态度。当这种看法和态度为多数人所共有时，社会中就形成一种力量，通过某种方式对有关行为加以支持或反对、鼓励或约束。每一个社会成员要在社会中与他人和睦相处，顺利实现个人目标，就一定要了解和遵守各种道德准则。同法律相比较，道德是非强制性的，具有广泛的社会认同性和感召力，能约束人们的社会行为。

（二）营销道德

　　营销道德是道德的内容之一。营销道德是用来判定市场营销活动正确与否的道德标准，即判断企业营销活动是否符合消费者及社会的利益，能否给广大消费者及社会带来最大幸福。

　　近年来，营销道德问题层出不穷，请看下面一组媒体曾经报道过的事件：

- 2024年11月中央电视台《每周质量报告》揭秘"燃油车检测数据造假"乱象。
- 2025年的"3·15"晚会曝光了部分水产公司在加工虾仁时违规添加"保水剂"，导致成品磷酸盐含量严重超标，且未在包装上标注添加剂成分。长期过量摄入磷酸盐可能引发心血管疾病。
- 瑞幸咖啡在泰国的商标被泰国皇家50R集团抢注，并开设了十几家仿冒门店，将瑞幸的Logo中的小鹿图像左右翻转使用。
- 椰树集团有限公司在自设网站发布的宣传图文使用"用椰子擦乳""南太平洋美女很少'飞机场'"等违背公序良俗的广告语，还出现使用国家机关工作人员进行商业营销的情形，被海口市市场监督管理局龙华分局罚款40万元。
- 近年来，各国反垄断的浪潮风起云涌。美国、欧盟、韩国、日本、俄罗斯、西班牙等国家和地区都对苹果公司发起了反垄断之战。这类不正当竞争行为在国内企业竞争中也常有发生。
- 我国家电行业多年来的价格战、促销战使许多企业损失惨重。
- 日本知名药企小林制药三款含有红曲成分的保健品致人死亡事件。
- 永辉超市销售过期食品和饮品等。
- 广州"美诚月饼"产品外包装及文字宣传上均有使用"香港美诚月饼"字样，有意误导消费者的行为。

上述事例表明，营销道德涉及企业道德和个人道德两个方面。首先，从企业这个总体看，现代企业处于一个复杂的社会大系统中，企业的经营行为在相当程度上是通过产品销售或提供劳动服务活动表现出来的。其次，从营销人员的行为来看，他们在营销活动过程中，更是直接代表了企业行为，并由营销活动中的个体表现出来。然而，消费者及社会公众则是通过企业销售产品或提供劳动服务时的行为，来判断其是否符合法律规定和社会道德要求。

最先研究营销道德的是20世纪60年代的美国。20世纪70年代后，营销研究的重点在于营销社会责任的探讨，并由此引发了"利润先于伦理"与"伦理先于利润"两个命题之争。对市场营销要求的价值观念并没有统一的系统性规范和标准，在现实经济社会中的某些方面存在着严重的道德危机和信任危机。因此，无论是从理论还是实践角度来讲，都应重视市场营销道德的研究，尤其要对传统的营销伦理的义与利、公平与效率、关系与契约等观念重新做出规范。

（三）道德与法律

1. 道德与法律的关系

首先，道德与法律具有一致性，即目的相同，道德与法律同时作为上层建筑，受经济基础的制约，同时又都具有一定的独立性、历史性，它们都是维护统治阶级利益、调整社会关系的重要手段。

其次，道德与法律在功能上相辅相成，道德与法律同属于社会精神文明范畴，都是调整社会关系的途径，它们在不同的环境下作用也不相同。

最后，道德与法律的关系还表现在内容上的趋同。道德与法律表面上虽然相互独立，但法律仍然以道德为基础，法律将道德规范转变为法律规范，把积极的道德标准规定为法律应遵循的准则。

例如，商业中的公平原则、尊老爱幼原则等，这些原本体现在道德中的义务可以通过立法予以实现；同时，法律也将某些消极的道德义务通过立法的形式加以禁止，如禁止诈骗、禁止作伪证、禁止贪污受贿等，违反这些道德，也就违反了法律。

2. 道德与法律的区别

首先，产生的历史过程与方式不同。从产生的历史过程看，法律是人类社会在一定历史阶段的产物，原始社会没有法律，而道德风俗则存在于人类社会的各个历史时期。另外，道德随民族、种族、宗教、习俗的不同而不同，而法律在某一国或一定区域内则是统一的。从产生的方式看，法律是通过国家立法机关制定、修改和废止的，只有掌握国家政权的阶级，才能将本阶级的意志转化为具有国家强制性和普遍约束力的法律，而道德则是由人们长期的生活习惯转化而来的，更多地依靠社会舆论和人们内心的信念、良知来遵守。

其次，适用的范围不同。法律是划分罪与非罪、合法与违法的标准；道德则主要是善与恶的界限。在一定范围内这两者可以互相重叠，也可以互相独立。道德与法律的范围可以有下列几种情况：

- ◆ 道德所否定的，也是法律禁止的，如杀人、放火、投毒等一系列犯罪行为。
- ◆ 某些道德规范不否定，而法律则是禁止的，如过失犯罪。
- ◆ 道德规范肯定，而法律则是禁止的，如封建社会中哈姆雷特式的人物。
- ◆ 道德上不提倡，法律却许可，如公共场合的不文明行为。

（四）道德与法律对营销行为判定的异同

一般情况下，道德与法律对某一营销行为的判定是一致的，违反法律的行为也是违反道德的行为，因为法律是"最低的道德"，它是道德规范体系中，可以对人的行为使用国家权力外在强制的部分。如果法律确认某种营销行为触犯了法律规定的条款，那么该营销行为即为违法行为，必须受到惩处；相反，如果法律确认某种营销行为没有违反法律规定的条款，那么该营销行为即为合法行为，受法律保护。例如，《中华人民共和国反不正当竞争法》规定，企业在营销活动中以虚假广告欺骗消费者，牟取暴利，该行为即为违法行为。再如，企业以巨额抽奖形式推销商品，奖额达到或超过50000元人民币的行为，即为不正当竞争行为；企业以排挤竞争对手为目的，以低于成本的价格销售其商品的行为即构成倾销，而以同样的价格手段销售鲜活商品、积压商品等则不在此列。

因此，法律对营销行为的认定是非常明确并带有极大权威性的。

当然，有些违反道德的营销行为并不一定违反法律。例如，在儿童广告中表现"夫妻"关系，在医药广告中夸大残疾人遭受的痛苦，这些营销广告不符合中华民族的传统道德，具有明显的非道德性，但我国广告法没有对此作出明确规定，因此它们不属于违法行为。

道德与法律的差异是我们在评价或判定市场营销行为时应特别注意的。道德与法律是界定市场营销行为是否正常、健康的基本标准。那些违背道德、法律规范，以不正当手段追求利润，并给他人利益或社会利益带来损害的营销行为，都是不道德的市场营销行为。

（五）营销道德的基本内容

营销道德的基本内容表现在以下三个方面：

（1）利益。市场交易通常是用产品等价交换，交易的各方是完全平等的，没有等级之分。公平竞争的市场环境中利益问题是一切道德问题的本源和核心。要正确处理国家利益、企业利益和个人利益的关系，就必须确立营销道德标准，从而做出正确的行为选择。

（2）公正。市场经济本质上就是一种竞争经济，靠的是敏锐地捕捉市场信息和综合的判断分析，靠的是通过提高效率、节约成本、追求质量和迎合客户心理等进行竞争，这就必然要求各厂商在市场竞争中处于平等地位。因为市场是公正的，公正是道德的，所以遵循营销道德行为的人，会用自己的诚实与对客户的责任心赢得信誉；相反，没有遵循营销道德行为的人，由于对他人施以不义之举，会由于不道德而断送自己的一切。总而言之，没有道德就没有交换上的平等，就没有竞争中的公平，也就没有完全意义上的市场经济。要健全市场经济的竞争机制，需要发挥营销道德的公正作用。

（3）服务。在市场上，一切经济活动都由买卖双方构成，体现着不同的经济利益：买方的利益，在于获得产品的使用价值，把货币转换为产品；卖方的利益，在于实现产品的价值，把产品转换为货币。双方都追求自己的经济利益，都力图以最小的耗费获得最大的成果，于是在市场上展开了激烈的竞争，买方更加注重产品质量和服务质量；而卖方，必须遵循价值规律，降低成本，提高经济效益，要杜绝掺杂掺假、出售伪劣产品和坑害客户的行为，做到重质量、守信用。由此可见，以市场为纽带，在营销活动中，渗透着一种道德意识。在服务中输送一种高尚的道德，在交往中履行道德责任，就能很好地实现优质服务。

二、西方营销道德观

（一）西方市场的营销道德观

许多学者著书立说提出企业经营管理者应当遵循的道德标准。有的提出企业经营管理者应具备的社会与道德责任；有的提出经营管理道德已发生了危机，呼吁企业经营管理者重视营销道德观等。

（二）西方国家营销伦理

1. 西方伦理与道德

在西方，"伦理"和"道德"两个词的意义基本相同。"伦理"一词来源于希腊语ethos，含有风俗、习惯、气质和性格等意思。公元前3世纪，古希腊哲学家亚里士多德在雅典学院讲授伦理美德时，首先提出了"伦理学"（ethics）这个名词，即谋求最高道德境界、寻求"至善"的学问。"道德"一词来源于拉丁语mos，有"习俗""风尚"的意思，又有特点、内在本性、规律、规定、性格、品质等多种含义，同我国古代的道德概念相近，大意是指调整人们之间相互关系的原则、规范和内心信念。

根据现代伦理学的定义，伦理学是关于道德问题的学说，是研究道德现象、道德本质和道德发展规律的学问，是道德问题的系统化和理论化。

2. 营销伦理与营销道德

营销伦理是关于营销道德的现象、本质、功能及其规律的学说。营销道德是调节企业营销活动中的各种关系的善恶标准和行为规范。

营销伦理与营销道德的区别：一是营销伦理是营销道德的系统化、理论化，是从哲学的高度去揭示营销道德的现象、本质、功能和规律，二者是理论与研究对象的关系。二是营销伦理强调的是"应该"怎样，它是社会、政府、其他企业、消费者对企业和营销者个人提出的道德要求和进行道德评价的准绳，至于是否被单个企业接受并成为其内在的要求，并未涉及；而营销道德则是企业内心感悟的行为规范，是企业内在的、自觉的认识和要求，是企业真正信奉的，并在营销活动中实际体现出来的规范。

营销伦理与营销道德的联系：营销伦理和营销道德都是关于企业营销行为的规范，都是关于"善、恶"和"应该、不应该"的规范，从整个社会角度来谈论的营销道德，即社会性营销道德，与营销伦理非常接近。正因为此，营销伦理与营销道德常常互用而不加区分。此外，两者相互影响、相互促进。

3. 营销伦理的作用

营销伦理有助于企业降低交易成本，促进市场经济的完善，有助于企业与利益相关者建立信任关系，树立良好的企业形象，有助于形成企业竞争优势。

（1）降低交易成本，促进市场经济的完善。市场经济是法治经济、契约经济和信誉经济，市场竞争是对消费者、协作者和人才、智慧资源的争夺。因此，现代企业离不开营销伦理。营销伦理在市场经济中的重要性，表现在使交易双方具有可信性并相互信赖。信任、可信、忠诚都是以经营者的道德态度为前提的，这些伦理性行为降低了控制成本和交易支出费用，提高了市场有效运行的能力，减少了市场失灵的概率，从而促进了以平等交易和公平竞争为特征的市场经济的完善。

（2）与利益相关者建立信任关系，树立良好的企业形象。坚持营销伦理原则，着眼于利益相关者的需要，有助于企业与客户、投资者、员工、供应商、社区、政府等利益相关者建立起牢固的关系。建立良好的信任关系本身是有价值的，赢得了客户、员工和供应商的信任，企业也就赢得了收益、效率和灵活性。要想在当今的环境中赢得成功，组织及其领导者在战略导向上必须定位于创造价值和赢得共同利益，而不是通过利用别人来谋取自身利益。信任关系还有助于企业树立良好的信誉，企业信誉的高低与企业获利能力的强弱存在明显的正相关关系。企业的信誉较高，说明企业在消费者心目中具有良好的形象，它的产品及服务对消费者就有巨大的吸引力；反之，企业就会丧失对消费者的吸引力，从而削弱了其获利能力。

（3）有助于形成企业竞争优势。近年来，预制菜造假、红薯粉条掺入木薯淀粉、槽头肉、毒月饼、毒鸡蛋、淀粉肠、罐车运输食用油等许多触目惊心的食品安全事件，使人们对"企业道德""企业责任"的呼声日益高涨。在人们不断声讨某些企业的无良行为时，"道德资本"的概念也随之不断升温，这就为广大企业管理者开辟了一条新思路：打造企业核心竞争力和提升企业责任感，促进企业发展。责任感与竞争力是紧密相连的整体，两者相辅相成、共生共存，没有社会责任感的企业不可能有竞争力，有竞争力的企业必定是以履行社会责任为基础和前提的。同时，责任感和竞争力都是构建和谐社会和科学发展观的重要组成部分。

企业在付出道德资本和承担社会责任的同时，也是有所收益的。

首先，可以树立良好的企业形象，为开拓市场打下坚实的基础。

其次，可以形成优秀的企业文化，增强企业凝聚力。优秀的现代企业都十分注重企业文化建设、道德建设和形象建设，因为优秀的企业文化是企业奋发向上、蓬勃发展的原动力，而道德资本则有利于企业文化的再造。

最后，可以获得媒体宣传、政府关系资源等增值效应。

4. 西方国家营销伦理与道德的发展历程

根据美国教授理查德·T·德·乔治（Richard T. De Gerge）的研究，企业营销伦理与道德的发展经历了以下五个阶段。

第一阶段：20世纪60年代以前。对企业伦理的研究主要集中于两个方面的问题：一是企业职工收入能否保证其基本生活、教育、娱乐及退休的需要；二是企业是否乱提价，提价以后是否会威胁企业职工的生存条件。20世纪50年代后，学术界开始将环境责任作为企业道德问题来研究。20世纪60年代以前，主要是宗教界人士对企业道德问题进行谴责和研究，他们提出的道德观念不仅涉及企业，还涉及政府、政治、家庭、个人生产以及生活等各方面的道德。

第二阶段：20世纪60年代。美国对企业营销道德的真正研究始于20世纪60年代。第二次世界大战后，美国在恢复战后经济的基础上，实现了经济的飞速发展，同时出现了一系列违背道德的营销行为，如社会腐败、社会生态失衡、环境污染等。当时美国宗教界人士率先呼吁人们重视对企业道德的研究，他们分析企业道德的案例，提出企业应当承担的社会责任，强调企业之间竞争要以道德为本，还初步设计了企业伦理决策模型。1967年，俄亥俄州大学教授罗伯特·巴特尔斯（Robert Bartels）在《市场营销》杂志上发表文章《营销道德的一个模型》，第一个提出了专门用于企业营销道德的决策模型。

第三阶段：20世纪70年代。随着市场经济的发展，非道德行为从经济领域扩展到政治领域，从企业经营活动发展到非法的政治捐款。参与研究企业道德的学者从宗教学者扩展到哲学学者、经济学者及企业管理者。他们主要研究企业的社会责任、道德在经济决策中的作用以及影响企业营销道德决策的因素等问题。1972年，美国"现代营销学之父"菲利普·科特勒（Philip Kotler）在环保主义和消费者权益保护主义两大运动的新形势下，提出了"社会市场营销观念"，这一观念是对市场营销观念的新发展，它弥补了市场营销观念只关注目标顾客的眼前需求，而忽视消费者长期利益和长期社会福利的缺陷。1974年11月，美国堪萨斯大学的哲学系和商学院共同发起召开了首届全美企业伦理学讨论会，这次大会的论文和会议记录后来被汇编成《伦理学、自由经营和古典政策：企业中的道德问题论文集》一书。这次大会深化了自20世纪60年代以来，人们对企业伦理问题的研讨，也标志着作为一个学术研究领域的企业伦理学正式产生。

第四阶段：20世纪80年代。这是对企业道德进行研究的全面发展时期。西方国家的商学院开始专设商业道德课程，各种研究营销道德的刊物、出版物和机构纷纷问世。研究企业营销道德的范围逐渐扩大，从美国扩展到西欧、日本、澳大利亚等经济发达国家和地区，对企业伦理的研究更加深入。

具体地说，这个时期对企业社会责任的认识，从原来单纯地追求利润，扩大为经济责任、法律责任、道德责任、环保责任以及社区责任等；研究了经济活动同道德活动的关系，并把道德视为维系企业各种关系和活动的必要因素；开始运用功利论和道义论来评价企业同政府、消费者、营销中介等外部相关者关系的道德问题；在研究范围上除对传统营销中的道德问题作进一步深入研究之外，对新兴的服务营销、绿色营销中的道德问题也十分关注；同时还渗透到一些特殊行业的营销领域（如保险营销、银行营销、医疗营销、药业营销）的研究，并对营销各环节中的活动如营销调研、产品、包装、促销、广告、人员推销等都进行了广泛的实证研究，探讨了这些活动中存在的比较突出的道德问题；对营销道德决策影响因素的研究和营销道德决策模型的研究也取得了较大的成果。

第五阶段：20世纪90年代。20世纪90年代以后，企业伦理学研究有了进一步的发展，研究向着跨学科的方向发展，这使企业道德伦理学成为综合的边缘学科。企业道德伦理对由全球化发展和技术进步所导致的新问题给予了更多的关注，如跨文化的营销道德问题、网络营销和数据库营销中的道德问题等；研究范围从发达国家延伸到发展中国家，如东欧、南美及亚洲的国家；研究的内容也从原来对某地区、某国家企业伦理的研究，扩展到对不同地区、不同国家伦理的比较研究，如美国、日本伦理比较研究，东西欧企业伦理比较研究，从中揭示出各国文化、道德观念的差异性以及各国营销道德之间的矛盾等。

21世纪第一个十年（2001—2010）：互联网环境下的营销伦理问题成为新的研究热点，同时消费者道德、营销教育、公司伦理决策、营销伦理规范和准则等方面的研究也在继续深入。

2011年至今：学者们从不同角度研究行业或者企业营销伦理或道德的缺失问题，随着大数据和人工智能的广泛应用，隐私保护、数据安全、算法偏见、虚假信息等成为新的研究热点。

此外，随着信息技术的迅猛发展，构建一套为企业及社会所认可的营销道德评价体系也成为许多学者关注的问题。借助计算机建立企业营销道德测试与评价系统，将数理统计、模糊数学和计算机技术等应用于企业营销道德研究领域，通过定量分析和实证分析，构建一套企业道德评价指标体系及综合分析评价模型，这一研究已进入实践探索阶段，但仍面临着数据整合、指标动态调整和技术伦理等挑战。

5. 西方营销伦理对我国营销道德的影响

在我国，营销道德与营销伦理有所区别。江南大学人文学院教授尧新瑜指出[①]，当代"伦理"概念蕴含着西方文化的理性、科学、公共意志等属性，"道德"概念蕴含着更多的东方文化的性情、人文、个人修养等色彩。"西学东渐"以来，中西"伦理"与"道

① 尧新瑜."伦理"与"道德"概念的三重比较义[J].伦理学研究，2006(04):21−25.DOI:10.15995/j.cnki.llxyj.2006.04.005.

德"概念经过碰撞、竞争和融合，目前二者界限与范畴日益清晰，即"伦理"是伦理学中的一级概念，而"道德"是"伦理"概念下的二级概念。二者不能相互替代，它们有着各自的概念范畴和适用区域。

三、市场营销道德判断

企业的营销行为是否合乎道德标准，历来是营销学界有争议的研究课题。

判断某一营销行为是否符合道德标准，在很多情况下并不像人们想象的那么容易。有的营销行为，诸如贩卖假烟、假酒、假种子，漫天要价、虚假广告等行为普遍为社会所痛恨，其不道德性一目了然。然而某些营销行为，如高压销售、过高的价格加成、针对特殊群体的煽动性广告等是否符合道德标准，由于个人价值观及生活经历不同，每个人的见解也不尽相同。

（一）西方市场营销道德判断理论

关于对市场营销道德界限的判断，西方学者的研究理论具有较高的参考价值。

1. 显要义务理论

该理论由英国伦理学家威廉·大卫·罗斯（William David Ross）提出。他认为，企业在营销活动中要承担"显要义务"。所谓显要义务，是指在一定时间和环境中，人们自认为合理的行为。正如罗斯所说，理性的企业营销人员在多数情况下非常明了自己应做什么和不应做什么，但重要的是要把它作为一种道德义务承担起来。为了更确切地说明，罗斯列出了六种显要义务：

◆ 诚实，即企业不应有欺骗和误导消费者的行为。

◆ 感恩，即知恩图报，对关系密切的老客户或供应商在遇到困难时，应给予适当的扶助。

◆ 公正，即不应厚此薄彼，如对富裕的消费者和贫困的消费者不应有服务上的差别待遇。

◆ 行善，即企业要热心于社会公益事业，承担力所能及的社会责任。

◆ 自我完善，即要使企业处于不断地完善状态中，如尽可能地不断改进产品，以适应变化的社会需求。

◆ 不作恶，即企业要保证其营销行为不伤害他人的利益，不以劣质品和危险品充斥市场等。

显要义务理论的积极意义是明显的，它鼓励营销人员抛弃单纯从功利角度来判断营销行为是否可取的观点，并强调营销人员在营销活动中应当审视和承担那些无处不在的显要义务。

2. 相称理论

美国伦理学家托马斯·加勒特（Thomas Garrett）于1966年提出相称理论，认为判断一项营销行为是否道德，应从其目的、手段和后果三个方面加以综合考查。

加勒特把企业不道德营销行为造成的危害分为"大恶"和"小恶"。大恶是指造成机构或个人的某些重要能力的丧失，如美国某药业公司销售的"泰莱诺"药物因含有氰化物而使得一些消费者死亡或终生致残。小恶则是指造成他人物质利益的损害，但不致使其丧失重要能力，如利用广告的夸大性宣传，刺激消费者购买他们并不真正需要的产品。

用相称理论考查、评价企业道德合理性的步骤与方法是：如营销手段和目的都无可挑剔，但能预见行为会引起副作用，则行为人应有相称理由来放任副作用的发生，否则就是不道德的；无论是手段还是目的，如对他人造成大恶，是不道德的；允许或放任大恶发生，又提不出相称理由，是不道德的；允许或放任小恶发生，又提不出相称理由，是不道德的。

加勒特的这一理论为判断营销人员营销行为的道德性提供了一个全方位的思维框架，并要求营销人员不要从事那些既无令人信服的正当理由，又会给他人造成损害的营销行为。这对企业的营销道德建设有一定的积极意义。

3. 社会公正理论

社会公正理论由哈佛大学约翰·罗尔斯教授（John Rawls）提出。他认为只有从社会成员对其未来在社会中的地位，以及贫富状况等这些不明了的"初始位置"出发，才能构建和演绎出公正的理想社会。以此为基础，罗尔斯提出了自由原则和差异原则。自由原则即每一个社会成员均有权决定自己的命运，有权享受与其他社会成员一样的平等待遇。这意味着每个消费者有权根据自己的意志选择产品，有权获得关于产品或服务的各种信息，有权获得安全、可靠的产品等。企业在营销过程中，应充分尊重和维护消费者的这些权利。差异原则是指社会、经济的不平等应如此安排：一方面这种安排应普遍适合社会各阶层，另一方面应使社会最底层获得最大的利益。也就是要求企业在营销活动中不能以损害别人的利益来换取自身利益，尤其是不能以强凌弱、对弱者进行剥夺。

社会公正理论从道德公正角度肯定了树立市场营销观念的重要性，肯定了将消费者的权利纳入企业营销计划与决策中的迫切性。

（二）我国对市场营销道德的判定观点

在判定营销行为是否符合道德规范时，既要考虑其行为动机，也要考虑其行为后果，尤其需要强调的是行为本身，即企业在营销活动中采取的获利方式或手段。因为判断某种营销行为的道德性，并不仅仅取决于企业是否去追求利润以及追求了多少利润，而关键取决于它是以何种方式、何种手段来追求并谋取这些利润的。

1. 后果论

这种观点认为，如果一种营销行为能给社会大多数人带来利益，则该行为就是有道德的，否则就是不道德的，即以行为后果来判断营销行为的道德合理性。这个标准有着重要的现实意义。例如，企业在为顾客提供销售服务时，如果能让顾客感到称心如意，这就合乎营销道德要求。但是，单纯根据行为后果来判断营销行为的道德合理性，具有一定的局限性。因为有时后果可能与动机相悖，例如，一个饭店的服务员在热心为顾客服务的过程中，不慎将顾客的衣服弄脏了，他（或她）连声道歉并积极设法弥补自己的过失。在这种情况下，尽管后果不好，但却不能说他（或她）的行为不道德。

2. 动机论

这种观点是以营销行为的动机作为道德评价标准，从直觉和经验中归纳出人们应当共同遵守的道德责任或义务，并以这些责任和义务的履行与否来判断营销行为的道德合理性。例如，某品牌彩电既有正在销售的老产品，又有一种新产品即将上市，那么，售货员在向顾客推销该品牌彩电时，竭力夸大老产品的优点或实事求是地介绍老产品，可能导致不同的销售效果。如果售货员以诚待人，那么就是有道德的，反之是不道德的。

这种观点鼓励营销人员凭借自己的直觉和经验意识到自己的责任，并以此评价营销行为的善恶，使营销人员主动承担道德责任。因此它对营销道德建设有一定的意义，其局限性是单纯依靠直觉和经验来解决道德问题，难免带有主观性。

3. 结合论

结合论就是把动机、手段与后果结合起来判断营销行为的道德合理性。动机是指营销人员自觉追求一定目的的愿望或意图；手段是指营销人员实现目的的过程，以及在此过程中所采用的方式和方法；后果是指营销人员的营销行为给社会和他人带来的实际后果，它可能是营销人员意欲达到的结果，也可能是虽不为营销人员所希望，但却能被其预见的结果。

结合论认为：虽然可以借助于后果来评价营销行为，但绝不能用后果来证明营销手段的合理性，也不能不加区别地根据后果来判断营销行为是否合乎道德。在综合运用动机、手段和后果对营销行为进行评价时，其中的手段具有更为重要的评价意义。

从营销道德角度来看，手段表现为企业的营销行为。企业的营销行为不但受动机支配，而且作用于后果。譬如，企业在市场营销中的求利动机是无可非议的，但求利行为或手段是否恰当，就涉及道德问题；求利行为必须合理合法，符合道德规范，必须采用正当手段。因此，评价营销行为是否道德时重要的是对营销动机和营销手段进行考察。

第二节

营 销 文 化

著名经济学者胡平曾指出：现代经济活动中存在着两只看不见的手，一只是市场机制之手，一只是文化之手。当发达的市场经济以其"高雅文化"的面貌征服了以单纯利润原则为手段的原始积累模式时，它便"俘获"了消费者的情感，使消费者心甘情愿地将腰包里的钱掏出来，自动地成为经济文明的"俘虏"。可见，用文化来加强企业营销的竞争力，从内心去影响和引导消费者的行为是企业的新思维，不仅跨国公司在做国际营销时需要考虑文化因素，即使本国企业在做国内营销时也不能忽视文化的竞争力。

一、营销文化的产生与界定

1. 营销文化的产生

营销作为人类社会活动的重要方面，是一种有意识的经济活动。从文化角度透视，在营销活动过程中，一方面营销行为使人们充分了解了营销产品及活动本身，形成了对市场营销的认识；另一方面人们又把这种认识付诸实践，使营销活动更为有效。

在营销活动的认识和实践过程中，即形成了营销文化的内容，如营销观念、营销策略、营销广告以及营销产品等。而这些内容与营销活动是紧密联系的。换个角度说，如果没有营销活动本身，营销文化现象就不可能产生和发展。在人类社会发展的各层次和各项活动中，经济与文化相互渗透和相互作用的现象日益深化，要做好市场营销，不仅要关注经济领域，还应充分认识到营销中的文化作用，注重丰富产品中的文化内涵，使产品从开发到商标命名、媒体宣传等都渗透着浓厚的文化气息，让消费者在获得产品的同时，还能获得精神上的满足，如设计人们有需求的产品时，更注重情感性、审美性、象征性及符合性等文化价值。

2. 营销文化的界定

营销文化是在市场环境中，企业在营销活动中的营销思想、营销价值观念和营销手段等，所体现出的一种代表企业形象的文化观念。换句话说，营销文化是指企业在市场营销活动中所创造的文明成果，是社会文化在营销领域的投影或具体体现。

现实生活中，一件有着丰富文化内涵、造型别致、品位高雅的商品，常常会令人爱不释手。如今，许多企业在产品开发中，力图通过文化优势，发掘历史文化遗产，丰富产品的内涵，为产品打开更为广阔的销路。

典型案例

文化传播与企业经营的融合

《黑神话：悟空》通过多种营销手段成功地将中国传统文化与现代游戏相结合，实现了文化传播与商业成功的双重目标。

首先，《黑神话：悟空》以《西游记》为背景，重新解读和演绎了经典故事。游戏团队对原著进行了深入分析、阐释和想象，不仅保留了原著中的细节，还通过现代化的诠释赋予了角色新的生命和故事情节。这种对经典文化的重新解读和现代化诠释，使得玩家在体验游戏的同时，也能感受到中国传统文化的魅力。

其次，游戏的高质量和精美的画面吸引了大量玩家。《黑神话：悟空》采用虚幻5引擎开发，达到了电影级的画质，这在国产游戏中是前所未有的。游戏在预售阶段就表现出了极高的热度，这为其正式发行奠定了坚实的基础。

再次，《黑神话：悟空》通过跨界联名活动进一步扩大了影响力。游戏与多个知名品牌进行了联名合作，推出了各种联名产品，如联名饮品、礼盒和主机等。这些活动不仅吸引了玩家的关注，还将《黑神话：悟空》的品牌推广到了更广泛的受众群体中。

最后，《黑神话：悟空》的营销策略还包括精准的市场定位和情感共鸣。游戏的宣传语"直面天命"激发了玩家向命运抗争的情感共鸣，而游戏中的角色设计和场景构建也体现了对《西游记》的深刻理解和现代化诠释。这些因素共同作用，使得《黑神话：悟空》不仅在游戏圈内树立了标杆，还在品牌营销领域开辟了新的道路。

点评：

品牌是产品的组成部分之一，是企业为了使自己生产或经营的产品，同其他企业的同类产品相区别而使用的一种商业标志。实际上，品牌的魅力是一种文化的魅力，只有保持品牌的文化内涵，才能保持品牌的独特魅力。随着社会文化的进步，在品牌创新的过程中，需要不断丰富和适当地改变品牌的文化内涵，继续提高品牌自身的文化品位，这对于企业开拓市场、占领市场和推动企业的发展，具有极为重要的意义。

3. 营销文化的构成与特征

营销文化是企业文化现象之一，是由企业经营活动的主观愿望引发的，是在买卖双方商品交互过程中形成的。营销文化的组成要素有产品、商标、包装、广告、经营理念、经营方式，以及它们与消费者的沟通等，因此广义的营销文化包含了企业的产品策划、设计、产品造型、包装等，从产品策划到商品销售及售后服务的整个过程中形成的文化现象和文化氛围。

营销文化一般可分为产品文化、制度文化、理念文化、促销文化等。

产品文化主要是指反映在产品设计构思中的造型样式和商标、包装等方面的文化，商品必须适应消费者的消费心理与消费需求。

制度文化是企业在营销活动中所要遵守的一定的规章制度。

理念文化是从产品策划到商品销售过程所蕴含的理念，反映了企业对营销活动规律性认识的深度与广度，企业的理念文化可以影响顾客的消费观念和对商品的认同感，如顾客是上帝等。

促销文化是企业在促进商品销售过程中所表现出来的行为特征，包括广告文化、公关文化等。促销文化是营销文化中最丰富、最直观、最具活力的文化艺术形式，它直接影响消费者的消费心理、消费观念和消费行为。

二、营销文化的现实意义

1. 有利于企业文化内容的充实完善

营销文化主要研究营销观念，即"企业生产是为什么"的问题，这也是企业文化中的经营哲学所研究的内容。营销文化的另一研究内容是营销文化策略，主要指企业如何优化营销理念、塑造营销精神，以及对营销行为进行文化包装，以提高商标、广告、定价、促销等营销行为中的文化因素或文化含量，吸收优秀文化精华，使企业经营行为也成为一种文化行为。由此可见，企业营销文化是企业文化的一个重要组成部分，企业营销文化是企业营销行为的升华。

企业营销文化是从企业文化的整体角度对营销行为的规范。之所以把企业营销文化从企业文化的范畴中分离出来加以研究，主要是加大对营销文化研究的力度，侧重研究营销活动所形成的价值观念和时代精神，研究营销文化在企业系统运行中的功能与作用，从而对营销行为起到积极的推动作用。

2. 有利于企业确立正确的营销战略

营销观念对营销行为起指导作用，正确的营销观念可以帮助企业在确立经营目标、任务、方向、营销策略时，不仅注意以消费者为中心，同时也结合自身的特点及在市场环境中所具有的优势，充分考虑到公共利益和社会发展的要求，从而正确处理好消费者的利益与企业利益、企业利益与社会利益、企业暂时利益与长远利益三个方面的关系。

例如，企业的经营宗旨在于满足消费者需求，如果迎合消费者特别是部分消费者的低级、庸俗乃至变态的需求，就会损害公共利益，受到社会制裁。同样，消费者的需求是千变万化的，企业应当不断适应，但如果一味地随热潮而盲动，就会陷入困境。一个企业在公众心目中究竟是一个有良好信誉和对社会充满爱心和责任心的组织，还是一个为盈利而盈利，没有信誉、没有人情味的组织，对企业的生存发展至关重要。企业营销文化中营销观念的确立，正是从长远、全面的角度来帮助企业确立正确的经营目标和发展方向。

3. 有利于企业确立科学的营销策略

市场竞争不仅是商品、价格的竞争，更是文化、形象的竞争；市场既是一种经济现象，又是一种文化现象。越来越多的企业继承和发扬我国优良的传统文化，并借鉴、吸收西方优秀的营销文化思想，赋予企业的营销行为以深厚的文化底蕴，这样有利于开发企业的经营资源，为企业赢得良好的信誉和塑造良好的形象。

三、优质营销文化与劣质营销文化

营销文化可分为两种，即优质营销文化与劣质营销文化。

（一）优质营销文化

优质营销文化是指积极向上，符合广大人民利益，并反映时代特征的文化，表现为产品生产适应消费者需求。随着人们生活水平的提高，人们在购买商品时，不仅追求商品本身的价值，而且愈来愈重视商品中蕴含的文化因素，故企业在开发产品时应重视打造产品的造型文化、包装文化、广告文化等，这些文化所反映的艺术形式和艺术风格，都在潜移默化中影响着人们的消费观念和生活观念，能给人一种美感和文化熏陶，这是优质营销文化所发挥的作用。

（二）劣质营销文化

1. 劣质营销文化的含义

与优质营销文化相反，劣质营销文化的内容可能亵渎社会文化对生产与消费的需求，背离甚至违反社会公德、触犯法律。例如，一些企业为了追逐利润或者为了提高企业知名度，用低级趣味的、媚俗的、下流的，甚至政治反动的语言文字、图片、场景和表演等开展营销活动，吸引人们的眼球，与精神文明、传统文化和伦理道德相违背，制造了大量的营销文化垃圾。

2. 劣质营销文化的表现

当前，企业劣质营销文化现象主要表现在以下几个方面：

（1）产品名称低俗。例如，某市有些饭店的菜名有"情人眼泪""金屋藏娇""赤身裸体"，还有一酒楼将炸奶菜改名为"包二奶"。

（2）产品名称庸俗和古怪。例如，某省珠宝市场上有"午夜妖姬"品牌的珠宝，某市一家酒店推出一道名叫"唐僧肉"的菜。

（3）产品名称有伤国格。例如，某房地产开发商在广告中大肆宣扬其开发了一块"法租界区"。

（4）利用下流的生活场景来促销。例如，利用年轻美貌的女子在街头洗浴、跳裸体舞、公开表演裸体行为艺术、裸体彩绘、裸体写真等进行促销。

（5）创造不健康的、低级的奇景以吸引人们的注意力。

典型案例

烟草文化营销

在某烟草集团院子内，有一尊鲁迅站立着的雕像，他手里夹着一支卷烟。塑像边的石座上刻有说明："他的烟如同他的消瘦、坚毅的脸庞，如同他的文章与笔，这就是他与烟共生的关系。"这段文字向人传递了一个完全错误的信息：鲁迅之所以成为鲁迅，是因为他与烟草"共生"。言外之意，就是暗示所有人，如果鲁迅不吸烟，他就成不了鲁迅。后来在巨大的舆论压力下，该烟草集团抹掉了石座上的这段文字，但是鲁迅手指夹着烟的雕像依然原封不动地保留着……

点评：

许多商家为了提高自己的知名度，不是从产品质量和服务上下功夫，而是用违背道德的举动开展营销活动，吸引大家的注意力。可以断定，此类有失道德的营销活动，将以失败而告终。

3.劣质营销文化产生的原因

在市场经济条件下，企业是市场经济的主体，政府努力为企业创造一个公平竞争的制度、政策和法律环境，为企业参与市场竞争提供平台。但是，一些企业为了追求利润最大化而采取一切非道德手段，获取高额利润，劣质营销文化现象由此而产生。具体来说有如下一些主要原因。

（1）市场经济、法律制度不健全。

在计划经济向市场经济转轨过程中，虽然制定了一系列方针、政策、法律法规，但由于我国社会主义市场经济制度是逐步建立起来的，并不完善，政府将企业推向市场，企业在市场竞争过程中遵循优胜劣汰、适者生存的规律，为了生存，为了击败竞争对手，企业会采取一系列竞争手段，而有的企业就采取了非法手段，或者寻找法律的盲点，或者寻找制度的盲点予以利用，随之就产生了劣质营销文化。

（2）为了迎合少数低级趣味消费者的需要。

在激烈的市场竞争中，一些企业唯利是图，开展一些劣质营销文化促销活动，以迎合具有低级趣味的消费者的需要，全然不顾这些文化垃圾对社会所产生的危害。例如，利用所谓的裸体行为艺术等吸引具有猎奇心理的消费者的注意力。这种营销行为与传统文化相冲突，必然会引起社会公众和新闻媒体的关注，公众的传播、新闻媒体的报道，使该企业声名远扬，该企业错误地认为媒体为它免费做了广告。因此，一些企业乐此不疲。

（3）社会舆论监管不力，执法部门执法不严。

一些企业制造了劣质营销文化后，社会舆论没有及时监督，新闻媒体没有及时做出批评报道，甚至有些新闻媒体为了广告收入，放弃了应承担的责任，乐意出面为劣质营销文化捧场，进行大肆宣传。

另外，相关部门没有及时采取措施予以制止，或对制造营销文化垃圾的企业发现得晚，处理也不及时，并且处理过轻，任由其在社会上产生不良影响。例如，象征性地罚款了事，使制造营销文化垃圾的企业为其错误行为付费过低，起不到应有的惩罚作用；更有些企业反复制造营销文化垃圾而未受到处罚，其他企业便大胆效仿，致使营销文化垃圾屡禁不止，大肆泛滥。

四、营销文化的核心理念

优秀的企业营销理念必须具备两大特性：一是导向正确，即体现对人的价值和商业规则的认同与尊重，且体系完整、逻辑严谨，全面支持企业营销战略需求；二是个性鲜明，即符合行业本质，富有企业个性。

营销文化的核心理念一般包括：创新、自信、专业、行动、开放、互利。这些核心理念通过企业产品、制度、营销活动等各个方面体现出来。

（1）创新。创新是企业持续发展的关键。在快速变化的市场环境中，企业需要不断创新产品、服务和营销策略，以满足消费者的需求，保持竞争力。例如，华为公司不断推出创新的产品，如华为三折叠手机Mate XT，这款全球首款量产三折叠屏手机赢得了全球消费者的青睐。

（2）自信。自信是企业及其员工在市场竞争中取胜的重要因素。企业需要相信自己能够提供最好的产品和服务，员工也需要相信自己能够完成工作任务。例如，华为创始人任正非曾表示："除了胜利，我们已经无路可走。"

（3）专业。专业是企业立足于市场的基石。企业需要具备专业知识和技能，以便在特定领域取得竞争优势。例如，华为在通信设备领域的技术实力，使其在全球市场取得了领先地位。

（4）行动。行动力是企业实现目标的关键。企业需要将战略规划和决策付诸实践，迅速行动，以应对市场变化。例如，腾讯公司在面对竞争对手时，能够迅速调整战略，推出微信等创新产品，巩固市场地位。

（5）开放。开放性是企业不断进步的动力。企业需要积极吸收外部信息，学习借鉴先进经验，以提升自身竞争力。例如，腾讯公司鼓励员工在公司内部创业，提供资源和支持，这种创业文化激发了团队成员的主动性和创新能力，推动了团队之间的合作。

（6）互利。互利是企业与各方合作共赢的基础。企业需要关注员工、客户和合作伙伴的需求，实现共同发展。例如，海尔集团通过与供应商、客户建立长期合作关系，实现了互利共赢。

冬奥与企业营销

2022年北京冬奥会成为全国瞩目的焦点，赛事期间始终有着高涨的关注度。品牌商们只要能与冬奥会挂钩，便有机会获得这场盛事带来的利益。然而，品牌商能够获得多少好处，很大程度上取决于它们在营销上的策划和执行情况。

面对伊利作为官方乳制品合作伙伴的挑战，蒙牛巧妙地通过提前签约了获得两金一银的谷爱凌作为代言人，成功地吸引了大量关注。蒙牛在2月的冬奥会营销中，网络热度远超同时签约了三位奥运冠军的元气森林，显示出其在策划和运营上的出色表现。

蒙牛不仅关注代言人的比赛动态，及时发布祝福和庆祝海报，还通过邀请知名演员发文庆祝谷爱凌的胜利，以及使用"谷爱凌中国牛"和"燃动冰雪，要强中国"等话题，进一步推动了品牌的热度。

此外，蒙牛还推出了"请牛人干牛事"的文案征集活动，鼓励网友参与海报创作，增强了与消费者的互动。蒙牛独家冠名的纪录片《谷爱凌：我，18》进一步提升了品牌的曝光度。在谷爱凌夺冠的当天，纪录片在腾讯体育上线，蒙牛通过片头广告和产品植入获得了显著的品牌展示。

在品牌曝光的同时，蒙牛也在消费转化上下足了功夫，通过建立会员小程序、发起拼团秒杀活动、赠送谷爱凌礼盒，以及邀请用户参与"跳一跳"游戏赢取冰箱贴等，多角度地促进了销售。

蒙牛通过这些多元化的营销策略，充分利用了冬奥会的热度，实现了品牌和销售的双赢。

点评：

蒙牛的冬奥营销活动是一个成功的营销典范，它充分体现了营销的核心理念，并通过多元化的营销策略，实现了品牌和销售的双赢。

第一，蒙牛通过与谷爱凌的合作，展现了对新兴体育明星的敏感性和前瞻性。谷爱凌独特的背景和出色的成绩为蒙牛带来了新鲜感和话题性，这种具有创新性的选择为品牌赢得了大量关注。

第二，蒙牛表现出对其品牌和产品的高度自信。这种自信不仅来自蒙牛对自身产品的信心，也来自对谷爱凌能够取得优异成绩的预判。

第三，蒙牛在营销活动中展现了其专业的策划和执行能力。从话题的制造、社交媒体的运用到纪录片的生产和推广，蒙牛的每一步都体现了专业的营销技巧。

第四，蒙牛在冬奥会期间的快速反应和行动力是其营销成功的关键。无论是及时发布庆祝海报，还是推出各种互动活动，蒙牛都能够迅速行动，抓住每一个营销机会。

第五，蒙牛在营销中展现了开放的态度，不仅邀请了多位知名演员参与庆祝活动，还通过文案征集活动与消费者互动，这种开放性使得蒙牛能够更好地与受众沟通，提升品牌形象。

第六，蒙牛的营销策略充分考虑了与代言人的互利关系，通过谷爱凌的成功，蒙牛的品牌形象得到了提升，同时也为谷爱凌提供了更大的曝光平台。此外，通过会员小程序和促销活动，蒙牛与消费者的联系也更加紧密。

第三节
营销文化对营销道德的影响

影响企业营销道德水准高低的因素有多种，如市场因素、文化因素、企业领导者的经营哲学、企业营销文化及企业职工素质，企业营销文化对营销道德的影响最为直接，作用最大。

任何企业的营销活动，必须在一定的营销文化中生存和发展，并受到营销文化的制约和影响。每个国家、每个企业，其文化构成都是复杂的，既存在为全体社会成员所共有的核心文化，又存在不同价值观念和风俗习惯的亚文化。此外，还存在因各国经济交流而产生的交叉文化。

有的企业素质高，能识别和区分美与丑、文明与腐朽、道德与非道德文化，自觉抵制腐朽文化对企业的侵蚀，吸纳优秀的社会文化，塑造企业优秀文化，提高企业营销道德水准。但是，有些企业管理者不能识别文化优劣，吸纳了劣质营销文化，进而影响了企业营销道德的规范。优秀的企业营销文化使企业形成凝聚力和向心力，通过企业文化所塑造的共同价值、共同意识，把全体职工凝聚在一起，对实现企业目标、提高营销道德水平具有重要作用。

企业的营销文化对营销道德的影响表现在以下几点：

第一，营销文化制约着营销决策的动机。营销文化的核心是营销价值观，如同一个人的价值观引导其价值取向一样，营销文化引导着企业的营销行为，进而引导企业营销决策动机。卓越的营销价值观会引导企业管理者及广大职工，将企业利益同消费者利益及社会利益有机结合，有利于营销道德性决策的制定与实施。反之，错误的营销价值观，将引导企业管理者及职工片面追求利润最大化，从而扭曲营销决策的动机。

第二，营销文化规范着企业营销决策的内容。作为营销文化内容之一的营销目标（或目标文化）为企业的发展指出了直接的、具体的目标，从而指明了企业营销的奋斗方向；营销文化中的规章制度是企业管理者及广大职工经营行为的规则和准则，而且这种规则与准则对企业主体行为具有强制性；营销文化规范着企业的营销决策行为，从而使营销决策内容纳入道德规范。

第三，营销文化的凝聚功能有利于道德性营销决策的实施。营销文化的核心——企业价值与企业精神是企业的凝聚力和向心力的源泉。实践证明，单靠发号施令，很难实现企业的经营决策，还必须靠正确的企业价值观及企业精神，激发广大职工的积极性和创造性。营销文化的凝聚功能源于其归属机制（个人离不开群体）、准则机制（高尚的文化准则及价值准则）、情感机制（塑造一种亲密友爱、互相信任的气氛），以及内聚机制或向心力机制等。

典型案例

用爱与尊重服务每一位顾客

胖东来认为，培养人才的五个要素是：尊重、信任、认可、鼓励和帮助。同样，对待消费者，胖东来也做到了这五点。

有一次，胖东来超市的一位消费者在挑选西瓜时，西瓜不慎掉到地上摔坏了。工作人员立即上前清理，打扫得干干净净，没有询问是谁摔坏的。消费者感到非常不好意思，主动掏出钱来赔偿。工作人员解释不用赔偿，这就是胖东来所倡导的文明。

胖东来不仅注重细节（如是否配备吹干手的设备），更注重对每一位消费者的尊重和关爱。他们用实际行动诠释了什么是真正的服务，什么是真正的文明。

点评：

　　尊重个人，肯定个人尊严，构成了胖东来企业文化的最主要内容。这也是企业文化最重要的核心理念之一。

本 章 小 结

　　道德是社会意识形态之一，道德具有一定的规范力量。一般情况下，道德与法律对某一营销行为的判定是一致的，违反法律的行为也是违反道德的行为，因为法律是"最低的道德"。

　　营销道德是用来判定市场营销活动正确与否的道德标准，它涉及企业道德和个人道德等两个方面，其基本内容表现在利益、公正、服务上。

　　从整个社会角度来谈论的营销道德与营销伦理非常接近，正因为此，营销伦理与营销道德常常互用而不加区分，两者相互影响、相互促进。

　　营销伦理有助于企业降低交易成本，促进市场经济的完善，有助于企业与利益相关者建立信任关系，树立良好的企业形象，有助于形成企业竞争优势。

　　判断某一营销行为是否符合道德标准，在很多情况下并不像人们想象的那么容易。西方市场营销道德判断理论有显要义务理论、相称理论、社会公正理论三种。

　　我国对市场营销道德的判定观点有后果论、动机论和结合论。

　　营销文化是从企业文化的整体角度对营销行为的规范。之所以把企业营销文化从企业文化的范畴中分离出来加以研究，主要是加大对营销文化研究的力度，侧重研究营销活动所形成的价值观念和时代精神，研究营销文化在企业系统运行中的功能与作用，从而对营销行为起到积极的推动作用。

　　营销文化可分为两种，即优质营销文化与劣质营销文化。营销文化的核心理念是：创新、自信、专业、行动、开放、互利。这些核心理念通过企业产品、制度、营销活动等各个方面体现出来。

　　营销文化制约着营销决策的动机，规范着企业营销决策的内容，同时，营销文化的凝聚功能有利于道德性营销决策的实施。

　　通过本章的学习，最终使同学们知道并掌握：市场不仅充溢着利益和竞争，更充溢着道德和法制。无论对于企业还是个人，优良的营销道德和文化都具有重要的战略意义，而不良的营销道德和文化，将会让企业和个人付出惨痛的代价。

思考与练习

一、填空题

1. 一般来说，营销道德涉及_____和_____两个方面。

2. 国外营销道德的研究始于20世纪_____年代。20世纪70年代后，营销研究重点在于营销社会责任的探讨，并由此引发"_____"与"_____"两个命题之争。

3. 英国学者罗斯提出的"显要义务"包括六种，即诚实、感恩、公正、_____、_____、_____。

4. 加勒特于1966年提出相称理论，认为判断一项营销行为是否道德，应从其_____、_____、_____等几个方面加以综合考察。

5. 营销文化是企业文化现象之一，一般可分为产品文化、_____、_____、促销文化等。

二、选择题

1. 营销文化的核心理念包括（   ）。
   - A. 创新和自信
   - B. 专业和行动
   - C. 开放和互利
   - D. 上述三项都正确

2. 社会公正理论最早是由（   ）提出。
   - A. 罗尔斯
   - B. 加勒特
   - C. 罗斯
   - D. 上述三项都不正确

3. 下面哪一个不是营销道德的基本内容（   ）。
   - A. 利益
   - B. 公正
   - C. 服务
   - D. 规范

4. 企业营销伦理道德发展经历的第三个阶段是（   ）。
   - A. 20世纪60年代
   - B. 20世纪70年代
   - C. 20世纪80年代
   - D. 20世纪90年代

5. 下列说法错误的是（   ）。
   - A. 影响企业营销道德水准的因素只有一种
   - B. 营销文化的核心是营销价值观
   - C. 企业营销决策规范着营销文化的内容
   - D. 上述三项都不正确

三、简答题

1. "道可道，非常道。名可名，非常名"的含义是什么？

2. 什么叫营销道德？什么叫营销文化？

3. 简述劣质营销文化产生的原因。

4. 简述营销文化的现实意义。

5. 简述西方市场营销道德判断的三个主要理论。

四、案例分析

案例一

凯莎琳的全麦面包

　　凯莎琳原是一个普通的家庭妇女，在一个偶然的机会中，她发现了一项"全麦面包"的专利，并筹资把它买了下来。一个家庭妇女，是怎样把一个家庭式面包店发展成一个经营型企业的呢？凯莎琳虽然没有读过经营学方面的书籍，也没有受过正规训练，但她却有一种特殊的经营才能，那就是抱定"诚实不欺"这个原则，以不变应万变，发展事业。

　　凯莎琳在面包店开业之时，就坚定地贯彻"诚实不欺"的经营原则，她精确地计算成本，加上合理的利润，订出一个标准价格，决不贵卖，也不贱卖。除了门市零售之外，她还做批发生意，为了怕经销商随便涨价，她在包装纸上面都标明成本和利润，使顾客知道一个面包应该花多少钱才不吃亏。这样一来，经销商想抬价也不可能了；同时，为了保证面包的品质，凯莎琳也有一套独特的办法，她公开声明自己的面包是"最新鲜的食品"，为了取信于顾客，她在包装上都注明烘制日期，决不卖超过三天的面包。她不但自己严格执行"不超过三天"这一经营原则，还要求经销商也严格执行这一原则，超过三天的面包全部收回，不能有一点马虎。

　　她的这一做法，起初连两个女儿都表示反对，说这样太麻烦了。凯莎琳说道："贯彻'诚实不欺'的原则，保持食品的新鲜度是非常重要的条件。站在消费者的立场，当然喜欢新鲜的面包，而不喜欢吃放了一个星期的面包。我们做生意的人，就是要迎合消费者的口味、爱好，不是让消费者来迎合我们。只要我们在消费者心目中树立起这一良好的印象，我们的生意就成功一半了。"她对食品的品质问题要求十分严格，决不允许出现一次纰漏。她说："食品关系每个人的切身利益，每个人对这种事都特别敏感，一旦消费者对你的品牌产生了怀疑，那就不是短时间能够消除的。假如面包里发现一粒沙子，就可能使我们失去几斤金子！"

　　由于她坚持这样的原则，很快就获得了极高的信誉，远近的面包经销商都愿意推销她的食品，凯莎琳的名字逐渐蜚声国内。不久，凯莎琳成立了面包公司，由开始的一间房子，迅速扩展成现代化工厂，产品销售遍及全美。

思考题：

1. 凯莎琳的"全麦面包"畅销的重要原因是什么？
2. 凯莎琳的成功对当前我国的食品行业有什么启示？

案例二

用户体验设计

"宜家"作为全球知名的家居零售巨头，以其富有特色的用户体验设计赢得了广大消费者的青睐和赞誉。商品品种多达11000种。在全世界近60个国家和地区的各大城市拥有超过530家门店。

宜家最为人称道的便是其精心打造的沉浸式场景化购物空间。一进入宜家商场，顾客仿佛置身于真实的家居生活场景之中，从客厅、卧室到厨房、餐厅，每一个区域都被布置成风格各异、温馨舒适的样板间。这种设计让顾客能够直观地感受到这些家居用品在实际生活中的搭配效果，可以唤起他们对美好家居生活的向往和想象。身临其境的购物体验不仅可以增加顾客的停留时间和购物乐趣，还能使顾客在选购商品时更加明确自己的需求和喜好，有助于提高购买决策的准确性和效率。

宜家的产品设计坚持以人为本的理念，注重功能性、舒适性和美观性的平衡。无论是简约实用的家具，还是小巧精致的家居饰品，都会充分考虑顾客在日常生活中的使用习惯和需求。同时，宜家提供了丰富的产品种类和多样化的风格选择，涵盖了从低预算到高要求的各个消费层次，无论是追求时尚潮流还是追求经典耐用的顾客，都能在宜家找到适合自己的产品。这种广泛的产品覆盖，使得宜家能够满足不同年龄、性别、文化背景和消费能力的顾客群体，有利于拓宽其市场份额和用户基础。

在宜家购物，顾客能够享受到清晰便捷的购物流程和完善的引导系统。商场内部的布局设计采用单向环形路线，顾客沿着既定路线可以依次浏览各个商品区域，避免迷路和重复行走，同时也能确保全面地接触到所有商品品类；商场路线沿途设置有明显的指示标识和信息牌，清晰地标注了各个区域的产品类别、当前位置以及前往其他区域的路线。

此外，宜家还为顾客提供了详细的购物指南和产品目录，方便他们提前规划购物路线和清单。在结账环节，宜家设置了多个收银台，并采用了高效的收银系统，减少了顾客排队等待的时间。对于购买大型家具的顾客，宜家还提供了便捷的送货服务和组装服务选择，让顾客在购物过程中无须为后续的搬运和安装问题担忧，进一步优化了整个购物流程的体验。

宜家注重与顾客之间的互动和参与，通过多种方式增强顾客的购物体验和品牌认同感。在商场内，宜家经常举办各类主题活动和工作坊，邀请顾客参与其中，让他们在活动的过程中更好地了解宜家的产品和家居文化。除此之外，宜家的产品展示区鼓励顾客亲自动手体验产品的功能。这种互动式的营销方式不仅可以增加顾客与品牌之间的情感连接，还可以提供更多的价值和乐趣，使他们的购物过程不仅是简单的购买行为，更是一种参与和享受的过程。

思考题：

1. 从企业道德与文化的角度分析宜家销售成功的原因。
2. 宜家的用户体验设计主要包括哪些方面？

第二章

中外企业营销道德与文化建设比较

▎本章学习目标

- ◢ 了解国内外企业营销道德与文化建设状况。
- ◢ 掌握营销道德的实际作用。
- ◢ 理解我国优秀传统文化在企业营销中的应用。

▎关键词汇

- ◢ 道德改革运动（Ethics Reform Movement）
- ◢ 非道德行为（Unethical Behavior）
- ◢ 商业道德原则（Commercial Moral Principles）

▎引子

- ◢ 第一，不许说竞争对手的坏话；第二，不许说竞争对手的坏
  话；第三，还是不许说竞争对手的坏话。

第一节
国外企业营销道德与文化建设状况

市场经济体制和法律法规的健全使更多企业意识到，经营活动必须符合社会道德的要求，只有将经济利益、顾客需求和社会贡献结合起来，企业才能获得持久的发展。

一、道德改革运动

1. 行业道德自律在西方的发展

行业组织的历史源远流长。在西方，行会最早产生于11世纪的意大利，之后在西班牙、英国、荷兰遍地开花。当时的行会承担三项重要的职责：一是团结、联合商人向封建领主争取经营和贸易权利，以维护商人利益；二是在协商一致的基础上，订立行规行约，规范人们在生产经营和贸易交往活动中的行为；三是防止外来经营者的进入和竞争。可见，规范行业内企业的生产经营行为，保证产品的生产质量是当时行会的一项重要职能。

由于中世纪的欧洲资本主义还没有萌芽，基督教的教义是反对追求利润的，因此，那时把禁止内部竞争作为行业道德自律的要求。这就造成了工商业主对于利润最大化追求的偏离。从某种意义上讲，行会对自由竞争的限制，实际上是在与当时社会道德要求保持一致。

典型案例

ASA的自主限制体系

英国的广告行业协会，设立了一个独立机构：广告标准机构（Advertising Standards Authority，ASA），负责除有线电视之外的所有非广播广告的自律管理，ASA拥有对违规广告商的处理权。对于已经发现的不道德行为，ASA的制裁措施主要是以报告的形式，向新闻界和政府部门发放，从而使违规企业饱受社会舆论的煎熬和遭受经济利益的损失；而对于广告媒体可能出现的违规行为，ASA的措施是向媒体业主发出通知，指出其发生某些违法行为的可能性。ASA的主要工作是：对广告活动实施纲领委员会（Code of Advertising Practice Committee，CAPC）所规定的各种不恰当广告活动作统一解释；对违反规定的广告作最终的裁定；对自我限制机构进行管理和监督；促进消费者团体和有关行政机关的密切联系。

点评：

以ASA为核心的英国自主限制体系，对夸大和虚伪的广告有权拒绝刊载。但对广告进行审定时，并不公布各个媒介的刊登标准，而是根据ASA所规定的全体广告业共同的自主限制标准——广告活动实施纲领来进行审定，以便让各媒介自主遵守。ASA对美国、日本等的自主限制体系影响很大。

2. 道德改革运动在西方的发展

国外资本主义企业早期的经营是比较原始、粗暴和野蛮的，虽然一些企业家曾注意将企业经营与社会道德结合起来，例如，福特很早就实行了日工资5美元制度，但这种做法是出于自身开拓市场的需要，不是一种自觉的道德表现。经营道德建设的真正发展是在第二次世界大战以后，尤其是在20世纪60年代以后。

以美国为例，美国企业不仅具有先进的技术、工艺、设备等硬件方面的优势，而且在企业战略、经营思想、企业伦理、社会服务等软件方面，也有不少值得借鉴之处。尤其是美国从19世纪开始经历的节制运动、品格教育到道德重建的道德改革运动，参加者不仅涉及企业，而且还包括政府和学者。道德改革运动修正了"经济与道德不相容"的传统思想，使企业家认识到：经营利润只能建立在尊重社会道德和履行社会责任的基础上，不讲道德的经营所产生的利润是短暂的，将利润与道德对立起来是极端错误的。

二、自觉提高道德标准和水平

在早期的企业经营道德建设中，很多企业是被迫无奈才屈从于政府道德约束的，因此，早期企业道德建设主要是依靠政府规制和社会监督，很少有企业自觉地进行道德建设。但是，随着观念的转变，现在西方国家已看到政府规制和社会监督对企业道德的约束具有很大的局限性，主要问题是：道德建设不是企业自觉的行为，因而非道德行为的种类和范围不断扩大。这是由于非道德行为的源头没有控制好，尽管政府加强了管制和干预，但暴露的问题还是有增无减。

在道德建设环节，政府规制本身也有明显的不足：一是规制可能限制企业的经营自由，对加强企业竞争力不利，这也是企业不喜欢政府规制的原因之一；二是作为道德约束的对象，应该处理的情况多种多样，规制和法律不可能充分地应对。

实际上，企业道德不仅仅是防止违法行为，而且与尊重员工权利、履行社会责任等广泛的领域都有直接关系。对于这些，政府行为就更难产生实质性的作用了。由于认识到政府力量的有限性，道德改革活动的重点不再依赖于政府的规制，而是借助企业自身的力量来加强道德建设。

20世纪末，欧美出现了一些自主提高道德水平的企业，这些企业自主地制定高标准、高水平的道德目标，如制定更严格的产品质量、安全标准及更严格的环保标准等。制定高标准、追求高水平的目的，不仅仅在于防止危机事件的发生，更重要的是提高企业道德建设层次、塑造优良的企业形象。

三、内部管理制度化

许多发达国家的企业纷纷实现了"企业道德的内部制度化"，即在企业内部组织理念和行为构建中，除去那些非道德行为的动机和诱因，导入正确的道德判断标准，并以此作为规范全体员工行为的管理制度。

在道德管理的内部制度化中，美国企业最优先的工作是制定企业道德行为规范，作为企业应当奉行的基本方针，以解决在日常业务活动中发生的道德价值观与经营业务之间的冲突。很多企业还把它汇编成小册子，对各项目做出了具体的规定。美国主要企业的行动宪章、伦理纲领等已经被分类归纳、整理成书，书内每一个项目都有精选实例，以公司名作为索引，并且载有宪章和纲领的制定方法、实施及实践知识，还附有问卷式调查表，用来调查职工的与营销道德有关的价值观和态度状况。

例如，美国微软公司官网的合规文档中指出："我们绝不为获取业务而提供不适当的报酬，即使这在某些地区被视为'惯例'。"

◆ 合规与诚信：禁止任何形式的贿赂、回扣或利益输送（包括礼品、宴请等），严格遵守《反海外腐败法》。

◆ 客户隐私：禁止利用客户数据谋取个人利益，需确保数据安全。

◆ 公平竞争：不得诋毁竞争对手或发布误导性信息。

◆ 利益冲突：销售人员需申报可能影响决策的个人利益关系（如亲属在客户公司任职）。

在日本，也有类似动态。《日本经济新闻》曾以"企业行动规范热"为题报道富士银行以金融危机为发端，制定行动规范并向全体职工散发的情况。松下电器、丰田汽车等其他日本企业也有类似制定内部规范的情况。

当然，除了制定内部道德规范，许多企业还采用了道德监察机制，以保障企业内部道德改善活动的有效性。监察的内容涉及企业各方面和各部门的业务活动，主要对照道德行为规范和社会道德规范，检查有无违反之处，产生了哪些问题，应当改善的地方在哪里等。一般而言，道德监察由公司外部董事占半数以上的道德委员会来实施，每年1~2次，监察后提出整改措施。

典型案例

A公司的行为规范

A公司的行为规范中对"接受礼物"情况的规定是：如果接受的礼品价值较高，超出了非普通关系，或者将金钱送到家中或办公室时，必须向上级报告，上级则做出对礼品进行返还等适当的处理。公司还规定推销人员在任何时候、任何情况下都不得批评和贬低其竞争对手的产品。如果客户将订单给了公司的竞争对手，切勿游说其改变主意。

点评：

一个光明正大的企业，必有一套完善的道德管理内部制度，正是靠着企业内部的这种道德管理，企业才能有长足的发展。A公司的行为规范，证明了这点。

四、重视员工道德教育

营销道德问题贯穿于企业日常业务活动，即使是一点一滴、微不足道的工作，都可能带有道德因素。因此，员工对道德的关心和理解是影响企业道德管理水平的关键因素之一。员工在具体工作中经常遇到难以解决的问题，需要具体的指导，为此美国很多企业都对员工进行了道德教育工作，并在企业内部采取灵活的方法，针对培养员工认识企业业务中的伦理问题进行伦理培训。

2018年，《商业伦理学杂志》（*Journal of Business Ethics*）的研究表明，85%的美国商学院在本科或MBA项目中设置了独立的商业伦理课程，意味着对员工伦理道德教育的高度重视。

日本企业通过定期培训、制定社讯、唱社歌、坐朝礼等活动推进伦理建设。

韩国企业界的民间联合组织（全国经济人联合会）则在1996年2月向政府和社会公布了《企业伦理宪章》，内容包括：正确认识企业的地位、作用，树立社会责任感；通过创造和革新，追求正常的利润；提倡公平、正当的竞争，尊重竞争对手，遵守公正交易和竞争秩序；实行大企业与中小企业的密切合作，实现共同、协调发展；树立与顾客的共存意识，保护和增进消费者权益等。

典型案例

员工道德准则

麦当劳公司有一套全球员工道德准则，所有员工必须遵守，并在入职时签署相关文件，道德准则的内容包括对客户的义务、对员工的义务、公司体系的义务及帮助社区的责任等。新员工在入职培训中会接受关于公司文化和价值观的全面教育，培训内容涵盖公司历史、核心价值观及道德行为规范，其中包括对麦当劳道德准则的详细讲解。

点评：

员工的素质代表着企业的形象。麦当劳公司做到了这一点，让员工讲道德，并从加入企业的第一天做起。

第二节
我国企业营销道德与文化现状

随着我国市场经济的不断发展，道德问题日益引起企业的高度关注，并成为影响企业成长与发展的重要力量。

一、营销道德的实际作用

对于我国企业来说，营销道德所起的重要作用是毋庸置疑的。简单地说，营销道德的主要作用表现在以下四个方面。

1. 营销道德在经营方面的作用

（1）企业营销道德是一种无形的资产，既可能使企业、个人树立良好的形象，也可能使长期积累起来的商业信誉毁于一旦。一个企业的商业信誉不是轻而易举得来的，而是通过长期的、辛苦踏实的经营，一点一滴积累起来的，需要长期的、有始有终的坚持，是企业无形资产的关键要素。每一个良好的企业都非常注重自己的企业道德文化建设，注意将其渗透到经营思想、经营作风、价值观念、商品质量、道德情操等诸多方面，以树立良好的企业形象，在激烈的商业竞争中站稳脚跟。

（2）企业营销道德可以对商业经营人员起到规范和约束的作用，做到他律和自律的统一。他律就是社会向商业经营人员提出的道德要求，其内容是客观的、外在的，通过社会舆论、道德评价等形式对个人或集体起约束作用，是一种外在的约束。把这种外在的约束变成行为主体的自觉认识，进而成为人们的内在要求，使之心悦诚服地实行商业道德规范，即达到自律。实行企业营销道德最有效的方法，就是使商业经营人员形成自觉认识，达到自律和他律的统一，这样才能体现商业规范和约束力，提高员工的创新奉献精神，提高企业的效益。

2. 营销道德在管理方面的作用

（1）企业营销道德能够激发商业间的协作，有助于建立人与人之间的互信互利。只有在遵循共同认定的企业营销道德观念的基础上，人与人才能相互信任、相互合作，企业员工才会产生归属感，这有助于企业的发展。

（2）企业营销道德在企业中得到充分的肯定和发挥时，有利于提高企业的管理效益。这要求企业加强软性管理，把人的心理、情感、道德情操、价值观念纳入管理系统的同时，注重对战略、结构、制度等的硬性管理，把两者统一结合起来，创造卓越。

3. 提高员工素质，促进商品经济价值观的形成

每个企业都有自己特定的企业营销道德，也就是具有共同的价值观。作为共同的追求目标，营销道德可以把企业所有员工团结在一起，使大家采取一致的行为，形成共同的价值和道德氛围，提高企业凝聚力，激发员工的工作热情和创造精神。

企业营销道德作为企业内在的一种无形资产，能够激励员工积极性和创造精神的发挥，从而提高企业的内在效率；同时员工在商业工作中，以企业营销道德的基本要求约束自己，有履行企业营销道德义务的自觉性。在违反了企业营销道德要求时，员工能自觉纠正错误行为，道德素质逐步得到提高，商品经济价值观也逐渐形成。

4. 抑制商业活动中的腐败现象

人们将腐败界定为：掌握政治与权力的个人，为达到为他人所知的个人目的而滥用职权获取利益的行为。腐败行为直接导致贪污受贿、权钱交易、权色交易等现象发生，干扰正常社会秩序的有效运行，败坏道德风尚，导致商业活动中出现潜规则，这就使人们在商业活动中失去了本应共同遵守的规则，产生了相互猜忌、互不信任等心理，随之而来的便是说谎、欺骗、背信弃义、见利忘义等种种不端正行为在社会上蔓延开来。

社会腐败现象与人们的错误价值观相关，不能完全归因于社会经济体制本身。内因决定外因，人们的行为是受其思想支配的，其思想正确与否，直接关系着行为的正当与否；外在的环境只是一个客观诱因，以至在同样的社会环境下，不同思想境界的人产生了不同乃至完全相背的行为。能否远离腐败行为，关键在于人们自身能否保持正确的世界观和价值观。这要求在新旧体制转换过程中，在企业营销道德观念转变过程中，个人信守正确的价值观、人生观，只有这样才能在传统道德与现代道德观念交汇与碰撞的洪流中立足。所以，只有加强社会主义企业营销道德教育，充分认识到企业营销道德对商业活动中利益关系的调节作用，才能有效地抑制商业活动中的腐败现象。

二、若干非道德行为的反应模式

近年来，我国经济建设取得了举世瞩目的成就，但商业活动中的丧德行为，也曾滋生蔓延，市场交易中假冒伪劣、走私贩私、以次充好、暴利定价，"什么钱都敢挣""谁的钱都敢骗"等商业欺诈行为和严重违法行为频繁出现。

请看下列事实：

◆ 2020年5月，湖南省郴州市永兴县多位家长发现自己孩子的身体出现湿疹，体重严重下降，头骨畸形酷似大头娃娃。医生检查发现，这些孩子普遍存在维生素D缺乏，发育迟缓等症状，依此诊断为佝偻病。而这些孩子此前一直食用一款叫倍氨敏的"奶粉"，这款奶粉其实是固体饮料，多位家长表示是被店家误导。

◆ "瘦肉精"是指能够促进瘦肉生长的一类物质，主要包括：盐酸克仑特罗、莱克多巴胺、沙丁胺醇等肾上腺素受体激动剂，使用"瘦肉精"后会在动物组织内形

成残留，消费者食用后直接危害人体健康。我国在2002年就已经严禁"瘦肉精"作为兽药和饲料添加剂。2021年央视"3·15"晚会的曝光，曾经在社会造成重大影响却似乎沉寂多年的"瘦肉精"问题再次出现在人们的视野。河北省沧州市青县养殖户在羊肉养殖过程中大肆使用国家明令禁止的"瘦肉精"，导致问题羊肉流向全国多地。

◆ 2022年央视"3·15"晚会曝光了老坛酸菜企业生产内幕。报道称，湖南插旗菜业有限公司、岳阳市君山区雅园酱菜食品厂、锦瑞食品有限公司等为多家知名企业代加工酸菜制品，也为一些方便面企业代加工老坛酸菜包。但暗访发现，酸菜制作过程无安全保障、卫生状况堪忧，存在食品安全隐患。工人或者穿着拖鞋，或者光着脚，在酸菜上踩来踩去。有的甚至一边抽烟一边干活，抽完的烟头直接扔到酸菜上。当地市场监督管理局对涉事企业做出相应的处罚。如湖南省岳阳市君山区雅园酱菜食品厂，因涉嫌未按规定实施生产过程控制要求、虚假商业宣传、未落实食品安全主体责任的行为，违反了《中华人民共和国食品安全法》，被岳阳市君山区市场监督管理局罚款55万元，并被提请发证机关吊销该企业食品生产许可证等。锦瑞食品有限公司因未按规定实施生产控制要求和履行原材料进货查验义务，被华容县市场监督管理局给予停产的处罚，经整改验收合格后，方可开展生产活动；锦瑞食品有限公司法定代表人杨立才和生产厂长孙志勇因未履行食品安全主体责任，被分别罚款100万元。

◆ 2023年央视"3·15"晚会曝光有企业生产假"泰国香米"。涉事商家在普通大米生产过程中人工加入香精，使其具有香米风味，勾兑了香精的"泰国香米"可卖更高的价格。而我国《食品安全国家标准 食品添加剂使用标准》明确规定，不应以掺杂、掺假、伪造为目的而使用食品添加剂。涉事企业安徽香王粮油食品科技有限公司、淮南市寿县永良米业、淮南市楚丰工贸有限公司、上海朗枫香料有限公司等分别受到了不同程度的处罚。

种种失德行为既严重地损害了广大消费者的合法权益，抑制了消费者的消费欲望，也扰乱了我国经济运行的正常秩序，导致社会经济生活出现严重的混乱、失序局面。

纵观这些非道德行为，有这样几种原因。

1. 金钱至上

受西方影响，拜金主义在人们的商业价值观中起到了主导作用。在整个企业营销道德理论中占据核心地位的是商业价值观。在具体的商业活动中，商业价值观主要表现为从商人员的经营目的、宗旨、态度和经营手段，它直接决定着从商人员的全部活动过程及服务态度等。在现实生活中，由于体制的转型，市场经济的竞争性和功利性特征容易使人们陷入"金钱至上"的怪圈，似乎没有金钱，人生的价值就失去了衡量的坐标。

实际生活中，很多人对什么是真正的市场经济并不了解，有的新闻媒体、舆论又过分宣扬一些大腕、大款敛财挥霍，片面宣传个人物质利益，使人们形成一种"只要能赚到钱就是本事"的拜金主义观念。这种对金钱的崇拜渗透到人们的思想观念中，就会导致人们的价值观向个人利益方向倾斜，在处理义和利、经济效益与社会效益的关系时，只看重商业经营的经济效益，忽视社会效益，甚至置消费者的利益和生命财产于不顾，不择手段、唯利是图。这种价值观渗透到商业生产与经营活动中，必然会导致各种不道德行为的泛滥。在物质上、精神上都会给社会成员和社会整体利益造成极大的伤害。

2. 不讲诚信、欺诈

我国商业领域曾经出现过一定程度的不讲诚信、欺诈现象，其主要表现有：一是合同执行率低，如民营企业被拖欠账款曾引起相关部门高度重视；二是合同欺诈等违法行为严重，利用签订的合同搞欺诈、骗取钱财，一些企业因受合同欺诈等违法行为的侵害而破产、倒闭；三是逃避各类债务现象严重，某些企业采用各种手段逃避银行债务，使其他企业和银行遭受损失；四是市场交易行为严重不规范，由于缺乏诚信，一些企业害怕上当受骗，非现货交易而不做，丧失营销良机，错过交易的最好时机，造成了不应有的损失；五是制造和销售假冒伪劣行为突出，以及对消费者实行价格欺诈、进行虚假广告宣传等。此外，偷税漏税、恶意逃债、"霸王"条款等现象也曾屡见不鲜。

3. 商业贿赂、权钱交易

商业贿赂是指经营者为争取交易机会，暗中给予交易对方有关人员或能够影响交易的其他相关人员以财物或其他好处的行为，它是随着商品经济的发展而产生、蔓延开来的一种负面经济现象。从商业贿赂的表现来看，主要是为了销售自己的商品，获取优于其他经营者的竞争地位。例如，给采购人员回扣，给批地盖楼的"土地爷"股份等。商业贿赂不仅破坏了公平竞争秩序，还严重败坏了社会道德和行业风气。

权钱交易，即通过具体的政府权力影响社会资源配置和收入分配，改变普通法律公平分配的目的和意志，以浪费社会资源为代价，来实现非生产性利益的腐败行为。由于权力进入市场，市场竞争规则也发生了变化，并不完全依照优胜劣汰的法则运行，而是按照权力规定的方式来进行，最普遍的就是所谓地方保护主义和部门保护主义，权力往往成为企业不道德行为的保护伞，对企业从事不道德的经商活动起了推波助澜的作用。

权钱交易会带来严重的"后遗症"，助长腐败行为，败坏社会风气，扰乱市场秩序，造成社会分配不公，影响企业形象。从中尝到"甜头"的企业会逐步忘记公平竞争、积极进取、优质服务、诚信不欺的伦理精神，而热衷于拉关系、走后门、钻空子，违法乱纪，赚取不义之财。

4. 人格权商品化

随着社会实践的发展，自然人的姓名、肖像、声音、隐私（个人数据）等一些传统人格权客体，开始显现出商业价值，成为交易的现实或潜在对象，由此引发了人格权商品化的浪潮。例如，李宁运动品牌的创立等，就是人格权商品化的成功典范。但是，打上这些名人烙印的并非都是积极向上的，恰恰因为他们都是"名人"，才会被不法商家拿着照片做文章，赚取昧心钱，这都是人格权商品化作用的结果，直接导致社会道德风气的败坏，扰乱社会经济秩序的正常发展。

三、企业与环境、政府、消费者、客户等利益相关者的关系

1. 企业与环境的关系

环境是人类进行生产和生活活动的场所，是人类生存和发展的物质基础。企业的发展离不开周边环境的支持，一个企业只有与环境构成良性的相互作用系统，才能实现可持续发展。当前讨论得最多的环境问题，一般是指生态环境问题。如今的生态环境遭到一定的破坏，在某种程度上与企业行为有着不可推卸的责任。

2. 企业与政府的关系

当前，构建新型的亲清政商关系已经成为主流，但企业与政府的关系仍然不同程度地存在以下问题：把对政府公关看成诡秘行为，企业采用不健康的沟通方式，过于注重与政府中的某位官员的交往，过于注重维护企业的利益等。

明目张胆地"吃拿卡要"已经不在了，但"弹簧门""玻璃门""旋转门"等"门好进、脸好看、事不办"的不良现象，将矛头再次指向了政府部门。例如，有些政府部门在处理企业注册、项目审批等事项时，虽然表面上简化了流程，提高了效率，但在实际操作中却仍然存在各种隐形门槛。企业为了能够顺利办理相关手续，不得不花费大量时间和精力去应对这些隐形门槛，甚至有时候还需要支付一些不正当的费用。任何一个微小的程序瑕疵，任何一个细微的处理偏差，都有可能损害政府信用。

在二者的关系上，政府的职能是建立现代企业制度，规范企业法规，使企业成为独立经营的市场经济主体；企业的基本经济职能就是创造良好的经营业绩，照章纳税。

企业经营过程中，有的企业管理者纯粹为了企业获取更多的利益而采取偷税漏税的不道德做法。这种行为不仅严重损害了国家财政收入，也破坏了公平竞争的市场环境。偷税漏税不仅违反了法律法规，还违背了社会主义核心价值观，损害了企业的社会形象和信誉。长此以往，企业可能会因为短期利益而阻碍长远发展，甚至面临法律制裁和道德谴责。因此，企业管理者应当树立正确的价值观和法治观念，依法纳税，诚信经营，为社会和经济发展贡献力量。同时，政府也需要加强监管力度，完善税收制度，通过法律手段和政策引导，鼓励企业合法经营，共同营造公平、公正、透明的市场环境。

3. 企业与消费者、客户的关系

企业营销中，企业与消费者之间存在着诸多问题，例如，一些企业为了追求短期利益，发布夸大其词或虚假的广告宣传，甚至隐瞒产品的缺陷或潜在风险，误导消费者对产品或服务产生过高期望。这种行为不仅损害了消费者的知情权和选择权，还破坏了企业与消费者之间的信任关系，最终可能引起消费者的投诉、退货甚至引起法律纠纷。此外，虚假广告还会扰乱市场秩序，损害其他诚信经营企业的利益，破坏公平竞争的市场环境。因此，企业应当遵守商业道德和法律法规，坚持真实、合法、透明的营销原则，杜绝任何形式的误导行为。同时，消费者也应提高警惕，增强辨识能力，必要时通过法律手段维护自身权益。只有企业与消费者共同努力，才能构建和谐、健康的商业生态。

另外，企业与客户交往时也存在一些不道德行为，如向有关人员送礼、奉送回扣，促成生意。许多企业营销人员明知是不道德行为，但摆脱不了这种既定的风气。

四、企业期待的营销道德原则

企业发展必须遵循一定的营销道德原则，这些营销道德原则是：人本原则、德才兼备原则、公平原则、诚信原则和服务原则。

人本原则强调以人为中心。企业必须将理念当作一种管理工具来应用，开发和树立企业理念的根本目的，在于激发企业员工的积极性和创造性。科学的企业理念及其有效的实施，将会使所有的企业员工得到尊重和信任，使企业拥有一种良好的氛围和环境，为人才的充分发挥提供必要条件和机会。

德才兼备原则强调在重用、评价人才的过程中，除了"才"以外还应该有另一重要标准，那就是"德"。

公平原则强调在用人的过程中必须保持公正、平等，消除歧视。

诚信原则强调在用人过程中，管理者和被管理者都必须诚实而且守信，使老板和员工紧密团结在一起，为企业发展做出贡献。

服务原则强调在用人过程中，必须营造留住人才的企业环境。

第三节

我国传统文化在企业营销中的应用

日本现代管理思想家伊藤肇指出："日本企业家中只要是稍有水准的，无不熟读《论语》和《道德经》，孔子和老子的教诲给他们的激励和影响之巨，实例多得不胜枚举。"据初步统计，从现代经营管理的角度解说《论语》的专著在日本就出版了数十部。

《论语》是我国传统文化的重要组成部分，有人说"半部论语治天下"。其实，《论语》中的"仁""义""礼""智""信"，不仅是伦理之道，而且也是企业营销之道。近年来，随着中华优秀传统文化在中国特色社会主义新时代再次焕发出青春和活力，在企业营销中寻找"仁""义""礼""智""信"的文化基因，进一步坚定了我们的文化自信。

一、营销理念的"仁"

"仁"是孔子思想的核心。多年以来，对"仁"的解释五花八门。《辞海》里说：仁是古代儒家的一种含义极广的道德范畴。《新华字典》里将"仁"定义为：人与人相互友爱、互助、同情等。

简单地说，"仁"就是做正确的事。《论语》中，"子曰：人之过也，各于其党。观过，斯知仁矣"！为什么审视自己的过错就能了解"仁"了呢？过错是人所做的错误的事，了解这些错误的缘由，就知道如何做正确的事，也就是知道"仁"了。

"仁"体现了人与人之间的关系。具体到营销活动中，关心消费者需求及其满足情况和满意程度，让顾客满意，就是"仁"的最好体现。

以诚待客，以心服务

胖东来作为中国零售业的标杆企业，凭借其独特的经营理念和卓越的顾客服务，在激烈的市场竞争中脱颖而出。胖东来的成功之道，核心在于始终将消费者需求放在首位，从满足消费者的实际需求到提升消费者的购物体验，再到建立消费者对品牌的信任与忠诚，胖东来用实际行动诠释了"以顾客为中心"的经营理念。

一、以顾客需求为导向，提供贴心服务

胖东来始终坚持"顾客就是上帝"的服务理念，从细节入手，为消费者提供全方位的贴心服务。例如，在胖东来的门店内，工作人员会主动为顾客提供导购服务，详细介绍商品的性能和用途，帮助顾客做出最优选择。这种细致入微的服务不仅满足了顾客的基本需求，更让顾客感受到被尊重和被重视。

此外，胖东来还特别注重特殊群体的需求。例如，针对老年人、孕妇等群体，胖东来会在门店设置专门的休息区，并安排工作人员提供特别照顾。这种人性化的服务举措，不仅体现了胖东来的社会责任感，也赢得了消费者的广泛好评。

二、以商品质量为保障，满足消费者期待

胖东来深知，商品质量是消费者满意度的重要保障。为此，胖东来在商品采购和质量把控方面投入了大量心血。在食品领域，胖东来严格筛选供应商，对商品的生产过程、储存条件等进行全程监控，确保消费者能够购买到安全、放心的食品。

此外，胖东来还特别注重商品的更新和丰富性，以满足不同消费者的需求。这种灵活的商品管理策略，不仅满足了消费者的多样化需求，也提升了消费者的购物体验。

三、以购物体验为核心，提升顾客满意度

胖东来在购物体验方面下了很大功夫，力求为消费者营造一个舒适、便捷的购物环境。例如，在门店布局上，胖东来采用开放式货架和清晰的商品分区，让顾客能够轻松找到自己需要的商品。同时，胖东来的商品陈列注重美观性和实用性，既提升了卖场的整体形象，也方便了顾客的选购。

此外，胖东来还特别注重售后服务，为消费者提供无忧购物体验。另外，宽松的退货政策，不仅让消费者购物时更加放心，也增强了消费者对胖东来的信任感。

点评：

胖东来的成功之道，不仅在于其优质的商品和贴心的服务，更在于其始终将消费者需求放在首位的企业文化。通过满足消费者的实际需求、保障商品质量、提升购物体验，胖东来赢得了消费者的广泛认可和信赖。胖东来秉承"以顾客为中心"的经营理念，为消费者提供优质的服务，为零售行业树立了新的标杆。

推销观念认为，企业推销什么产品，消费者就会买什么产品。在这种观念的指导下，企业经营的重点是：注意运用各种推销手段和广告宣传，向消费者大力推销产品，以期提高市场占有率，扩大产品销售。随着我国社会主要矛盾从"有没有"转变到"好不好"后，这种与短缺经济相适应的推销理念已经不适应人们对美好生活的需要，"仁"将成为未来我国企业营销的重要理念之一。

典型案例

可降解塑料袋：商场环保责任与经济效益的双赢之道

随着环保意识的日益增强，越来越多的企业开始关注自身行为对社会和环境的影响。商场作为与消费者接触最频繁的商业场所之一，其经营行为不仅关系到消费者的满意度，更直接影响到社会的整体利益和长远发展。近年来，许多商场开始推行"收费提供可降解塑料袋"的政策，这一举措不仅体现了企业的环保责任，也在一定程度上推动了消费者环保意识的提升。

一、满足消费者需求，提升购物体验

商场推行"收费提供可降解塑料袋"的政策，看似是一种对消费者便利性的限制，但实际上，这一举措在满足消费者需求的同时，也提升了购物体验。此外，商场还通过宣传海报和导购员的讲解，向消费者普及可降解塑料袋的环保优势，让消费者在购物过程中感受到商场对环保的重视。

这一政策的实施，不仅满足了消费者对购物便利性的需求，还通过提供环保购物袋的选择，让消费者在购物过程中感受到商场的用心。虽然需要额外支付塑料袋费用，但消费者看到商场在环保方面的努力，愿意为此买单。这种"用行动支持环保"的消费心理，不仅提升了消费者的购物体验，也增强了消费者对商场的信任感和忠诚度。

二、履行社会责任，促进环境保护

商场推行"收费提供可降解塑料袋"的政策，本质上是一种对环境保护的社会责任担当。传统塑料袋的大量使用，造成了严重的白色污染问题，对生态环境造成了巨大威胁。可降解塑料袋的推广使用，能够有效减少塑料垃圾的产生，降低对环境的污染。

  商场在推行这一政策后，不仅在店内全面禁止使用传统塑料袋，还与多家环保企业合作，推出了可降解塑料袋的定制服务。这些塑料袋不仅材质环保，还印有商场的环保宣传标语，进一步传递了商场的环保理念。通过这一举措，商场不仅减少了塑料袋的使用量，还带动了更多消费者关注环保问题，通过实际行动推动了社会环保意识的提升。这种"环保 + 商业"的模式，不仅为商场赢得了良好的社会声誉，也为环境保护事业做出了积极贡献。

  三、推动可持续发展，实现经济效益与环境效益的双赢

  商场推行"收费提供可降解塑料袋"的政策，不仅是一种环保行为，也是一种可持续发展的商业策略。从长远来看，这一政策不仅能够提升商场的品牌形象，还能够通过消费者的环保消费行为，推动商场的经济效益与环境效益的双赢。

  商场在推行"收费提供可降解塑料袋"的政策后，不仅在消费者中树立了环保企业的形象，还通过这一政策吸引了更多注重环保的消费者。这些消费者在购物过程中，不仅愿意为可降解塑料袋支付额外费用，还更倾向于选择商场内的环保商品。这种消费行为的改变，不仅提升了商场的销售额，还推动了商场在环保商品领域的业务拓展。

  此外，商场通过这一政策，与多家环保企业建立了长期合作关系，进一步降低了可降解塑料袋的成本。这种合作共赢的模式，不仅为商场节省了运营成本，还推动了整个环保产业链的发展。通过这一系列举措，商场不仅实现了经济效益的增长，还为环境保护事业做出了积极贡献。

点评：

  商场推行"收费提供可降解塑料袋"的政策，是一种兼顾消费者需求、社会责任和可持续发展的商业实践。这一政策不仅满足了消费者的购物需求，还通过环保举措提升了消费者的购物体验；不仅履行了企业的社会责任，还通过实际行动推动了社会环保意识的提升；不仅实现了商场的经济效益，还为环境保护事业做出了积极贡献。这种"环保 + 商业"的模式，不仅为商场赢得了良好的社会声誉，也为其他企业提供了可借鉴的实践经验。在未来，随着环保意识的进一步增强，相信会有更多企业效仿这一做法，共同推动社会的可持续发展。

  上述案例，给我们提出新的问题：如何才能做到正确理解与实行营销理念呢？

  市场营销理念是指企业进行经营决策、组织管理市场营销活动的基本指导思想，也就是企业的经营哲学。它是一种观念、一种态度、一种企业思维方式，是一种"以消费者

需求为中心，以市场为出发点"的经营指导思想。

事实上，实现营销目标的关键在于：正确确定目标市场的需要与欲望，并比竞争对手更有效、更有力地传送目标市场所期望满足的东西。

只有正确地理解和运用营销理念，企业才能有序地运行与发展。

二、营销规则的"义"

"义"是中国古代一种含义极广的道德范畴，本指公正、合理而应当做的。孔子最早提出了"义"，提出"君子喻于义，小人喻于利"。孟子则进一步阐述了"义"。可见，"义"是人生的责任和奉献，如义诊、义演、义卖、义务等，至今仍是中国人崇高道德的表现。

因此，判断人们行为的是非、善恶的标准不在功效或利益，而在其行为的本身或行为的动机、行为所遵循的原则是否正确。

现代营销活动要求追求正常的利润，有时也不排除对超额利润的追求，但必须要有以"义"为基础的行为规范，即"君子爱财，取之有道"。坚决反对的是不仁不义、重利轻义、见利忘义，甚至唯利是图的不义之举，主张在"义利合一"的关系基础上，既重经济效益，又重社会效益。

在市场营销活动中，"义"主要体现在企业的各种规则之中。从促销活动中就可以看出这个现象——效果最好的促销活动不是花钱最多的，而是规则最巧妙的。在市场营销活动中，如果没有一个好的规则，消费者是断然不会被动参加的，而一个好的规则，可以吸引消费者主动参与，甚至疯狂追捧。

如有的电商平台关于退货的规则经历了7天无理由退货和仅退款两个阶段：7天无理由退货，可以让消费者放心购物了，反正不满意就退了，自己也没有什么损失；而对小件商品仅退款规则，一旦不满意，可以申请仅退款，货品你可以留着继续用。这两个规则，从供给侧角度看加剧了与线下实体店和线上同业者的竞争力度，从消费者角度看则提高了网上购物的保障性，增强了网上购物的体验感。

那么，如何制定营销规则呢？

行业不同，企业情况也不同，没有特定的规则标准，但企业一定要有树立新规则的思想意识，不可随波逐流，不要照抄其他企业制定的规则。

1. 在原有规则的基础上确立新的规则

在确立新规则之前，对旧规则进行仔细研究是非常重要的。因为，新规则只有解决了旧规则不能解决的问题，才有存在的基本价值，而后才是新规则的其他功能。但是，新规则也不能仅仅是为旧规则打的补丁。

家电"以旧换新"

2025年京东"618活动"各地以旧换新业务简介如下：

时间范围：2025年5月13日—6月18日。

商品范围：京东"以旧换新"服务已覆盖家电、家居、建材等200多个品类，京东还推出了"三免四不限"服务（免费上门、免费拆卸、免费搬运；不限购买渠道、品牌、年限、品相），实现一站式换新体验。

限购数量：国家商务委等部门对以旧换新商品的购买数量有限制，个人客户限购3台。

以旧换新补贴计算方法：京东通过"国家补贴×百亿补贴"频道提供至高2000元优惠，京东PLUS会员还可叠加领取超3000元超级补贴。

旧家电回收价格确定：按照各地政府制定的旧家电回收价格参考价进行回收，如您的旧家电缺少主要部件，将扣减相应的金额。

点评：

最初家电市场的促销手段多是以降价为主，后来规则丰富了些，如买大件家电赠送小家电，甚至想出了买家电送电费的销售规则。但是，由于优惠力度太大，商家利润就降低了，若是促销力度太小，则消费者不感兴趣，参与热情不高。后来有一家家电企业发现了原有销售规则中的一个缺陷，那就是：消费者购买新家电，多数不是因为原来家中没有该类家电或该家电已经损坏，而是打算更新换代。但更换了新产品后，原有的家电成了负担，留之无用，弃之可惜，这样一来，即使新家电打折的力度再大，也无法抵消影响消费者购买的这个重要负面因素。于是就有了补充原有销售规则缺陷的新规则——家电以旧换新，折抵一些购机款，同时还消化了消费者手里多余的家电。而商家收回旧家电，很多零件可以再利用，因此付出的促销成本反倒更小，消费者也愿意接受。

这种新规则不仅弥补了旧规则的不足，而且推动了循环经济的发展，因此得到了迅速推广与普及。目前，国家在加大推进"以旧换新"，不断倡导这种双赢的规则，近年来成效非常显著。

2. 破除原有的旧规则

一个成功的新规则要具有颠覆旧规则的能力，也只有这样才能对事物有本质性的逆转作用，对于"沉疴痼疾"的旧规则更要如此。所谓"不破不立"，指的就是要对原有事物彻底颠覆，否则，只对原有规则进行微调或补充，在这样的土壤上新规则是无法生存成长的。但破除旧规则，改立新规则的风险很大，这也是没人愿意做或很少有人做成功的原因之一。

在市场营销活动中也是这样，一个新的规则要想取得明显的成效，自然也要颠覆传统旧规则，这样才有生存立足的可能。

自助餐的游戏规则

自助餐就是一个彻底颠覆原有规则的新规则的典型代表，现在自助餐厅随处可见，但是在开创之初，这算是一个非常伟大的商业创意。原来所有的饭店都是点餐消费，让消费者觉得菜谱上的哪道菜都很贵，因为菜品原材料的价格大家都很清楚，自己烹饪制作的成本远低于饭店，因此消费者觉得商家狠狠地赚了自己一笔。这时一些聪明的商家想出了既然消费者不愿意被动消费，那么就让其主动消费的彻底颠覆原有规则的新规则——只要支付一笔固定的餐费，就可以根据自己的喜好、速度、用餐量来主动取餐、就餐。

点评：

这个规则的好处是：首先消费者没法去逐个衡量菜品的价格是否合理，其次会让消费者觉得，虽然花的钱多一点，但是可以按照自己的意愿去随便吃，有一种非常主动与占到便宜的感觉。多数消费者消费后，都会觉得物超所值，而自助餐厅其实赚的比一般饭店多，经过严格的成本核算与巧妙规则限制后的自助餐价格，即使遇到"大肚汉"，也是绝对不会赔钱的，而绝大部分消费者，如女性、儿童等，都被一些便宜的水果等填饱了肚子，加之口味的偏好等原因，根本消费不了太多昂贵的菜品。这样一来，商家与消费者皆大欢喜。这一就餐规则迅速在全世界传开，至今仍然备受欢迎。

这是营销规则的一种伟大创新，菜色没有变，消费者也没有变，改变的只是游戏规则。

3. 新的规则不可随意改变

一个新规则的推出，往往如同幼苗初绽，难免存在不够成熟的情况。由于现实情况复杂多样，新规则在实施过程中，确实可能需要根据实际情况做出相应调整。然而，这里必须要强调的是，切忌频繁且大幅度地调整规则。

若频繁且大幅度地改动规则，会让参与其中的人感到无所适从。就像一场比赛，不断临时更改比赛规则，选手们刚适应一套规则，又要面对全新的要求，这不仅打乱了他们的节奏，还会严重消耗他们的热情。

为了避免这样的情况发生，在新规则正式实施之前，务必做好充足的论证工作。从理论层面剖析规则的可行性、合理性及潜在影响。同时，进行小范围的试点试验也至关重要，通过实际场景的检验，提前发现可能存在的问题并加以修正。否则，即便新规则本身立意再好，也会在反复的大幅度调整中，让参加者逐渐失去兴趣与信心，最终难以达到预期的效果。

用户忠诚计划

某跨国办公用品企业于2021年在全球推出"用户忠诚计划"，为提升耗材复购率，针对购买了打印机、扫描仪等设备的用户推出"墨点积分计划"：用户注册产品后可累计积分，用于兑换指定型号墨盒、硒鼓的五折到九折优惠券。该计划覆盖欧美、亚太等15个主要市场，预算投入达1200万美元。

由于未进行区域市场测试，仅凭总部营销团队闭门设计规则，上线2周内连续发布了4版规则补丁，原计划30%的参与率仅实现9.7%，耗材销售额反降5.4%。

点评：

由于活动缺乏科学论证，存在一些规则上的缺陷，于是该企业在全球市场推广活动时不得不多次对活动规则进行调整。对该活动有兴趣的消费者，在反复调整规则中慢慢失去了兴趣，甚至有一种被欺诈的感觉，此次活动促销效果一般，甚至对品牌形象也造成了一定的负面影响。

试想一下，如果该企业能够先在小范围内尝试一下，而后把活动规则设计好再推向全球市场，结果可能会截然不同。因此，无论是对内管理还是对外营销，推出新规则都应该采取严谨论证、小范围试点等措施，这样才能有效保证新规则的贯彻与实施。

4. 以利益推动新规则

在企业营销中，各类新规则、新法令层出不穷，但令人遗憾的是，许多都极容易半途而废，甚至还未真正推行便胎死腹中。追根溯源，关键就在于这些新规则往往很难赢得大众的支持。营销规则面向的是广大的市场参与者，若他们对新规则不买账，就难以形成推动规则落地的合力。

因此，在推行营销新规则时，不妨采用一些巧妙的策略。例如，适当抛出一些利益作为"钩子"，激发市场参与者的兴趣与积极性，吸引他们主动参与到这个"局"中。如此一来，大众便不再是与新规则对立的一方，而成为积极的推动者，为新规则的顺利实施奠定坚实基础，助力营销活动取得理想效果。

以利为钩，钓起用户热情与市场成功

在智能手机操作系统的"江湖"中，竞争向来如同刀光剑影的武林争霸，各路"高手"纷争不断。当年，小米的MIUI系统初出茅庐，就像一位初入江湖的少侠，面临着诸多成名已久的"高手"的围堵。然而，小米凭借巧妙的营销策略，成功为MIUI杀出一条血路。

一、免费的"入场券"撬开市场大门

小米公司将MIUI系统免费提供给用户下载使用，这无疑是抛下了一颗重磅"诱饵"。在智能手机操作系统市场，不少品牌的操作系统要么收费昂贵，要么绑定自家高价手机，普通手机爱好者只能望而却步。而小米这一免费策略，就像是给无数渴望尝鲜的手机爱好者递上了一张免费入场券。

从用户角度看，谁能拒绝免费的优质"大餐"呢？手机爱好者们本就对新鲜有趣的操作系统充满好奇，MIUI系统免费下载使用，让他们毫无成本地就能体验新系统的魅力，尝试各种个性化设置。

从市场角度看，这一举措瞬间吸引了大量用户涌入。这些用户成为MIUI系统的第一批"种子"，为后续的传播和发展奠定了基础。免费策略打破了用户对新系统的观望壁垒，使得MIUI在竞争激烈的市场中迅速打开了知名度。

二、"爆米花奖"：激发用户"脑洞"的魔法棒

仅仅吸引用户还不够，如何让用户深度参与并积极反馈呢？小米设立了"爆米花奖"，只要你为MIUI系统优化提供有效建议、积极参与论坛互动，就有机会赢得诸如小米手机、周边产品等丰厚奖品。

对用户来说，这不仅是物质上的奖励，更是一种精神上的认可。这种激励机制激发了用户们的"脑洞"，大家纷纷运用自己的智慧，为MIUI的优化出谋划策。

从小米公司角度看，"爆米花奖"就像一台高效的创意收集器。用户来自各行各业，有着不同的使用习惯和需求，他们的建议为MIUI的优化提供了丰富的素材。小米通过付出少量的奖品成本，收获了大量宝贵的用户反馈，从而不断打磨系统，使其更贴合用户需求。

三、"橙色星期五"：与用户共舞的精彩旋律

"橙色星期五"开发模式，如同一场与用户共舞的精彩旋律。每周五更新系统版本，并鼓励用户在论坛反馈问题与需求，开发团队依据反馈快速地做出优化调整。这让用户感受到自己的声音被重视，自己是系统发展的重要参与者。

从用户体验角度看，这种高频的更新和及时响应让用户时刻保持新鲜感。他们知道自己的意见能迅速在后续版本中得到体现，就像在玩一场实时互动的游戏，每一次反馈都能看到游戏变得更有趣。

从品牌建设角度看，"橙色星期五"强化了小米与用户之间的联系。用户不再觉得自己是局外人，而是与小米一同打造MIUI系统的伙伴。这种深度的参与让用户对MIUI产生了深厚的情感纽带，进而转化为对小米品牌的忠诚度。

点评：

此案例精妙地诠释了如何以利益驱动营销。免费下载吸引初始用户，"爆米花奖"激发用户参与热情，"橙色星期五"增强互动与用户黏性。用户从被动接受新系统规则，转变为积极的推动者。该营销规则助力MIUI系统迅速积累庞大用户群体，也为小米手机成功打开市场立下汗马功劳。

在营销活动中，强行推销不仅成本高，收效也很低，而一个好的游戏规则，以利益为"诱饵"，就可以让消费者主动参与进来，而后按照营销计划，一步步达到预期的效果。例如，现在商家常用的赠送试用品的活动，可以吸引很多人参与，而后这些参与者就会自愿按照商家制定的规则去做。

5. 建立互利共赢的新规则

在当下瞬息万变的市场环境中，规则犹如航行的灯塔，指引着各方前行。但一个规则能否顺利实施，与是否能创造双赢局面息息相关。如今的社会，共赢理念深入人心，那种妄图自己多占便宜、让对方吃亏的规则，注定无法长久持续。

企业若想让各方欣然加入自己主导的"游戏"并自觉遵守规则，就必须秉持互利共赢原则。例如，在电商平台与商家的合作中，电商平台若只想着从商家处获取高额抽成，却不给予流量扶持等回报，商家获利微薄甚至亏损，必然不愿意继续合作。这种不能实现互利双赢的规则，难以让合作方从中获益，就难以维系合作关系。久而久之，还会引发负面舆论，对企业形象造成损害，导致市场竞争力下降。所以，唯有构建互利共赢的规则，才能实现可持续发展。

典型案例

数多少送多少

河南的一家地产开发商曾经推出"数多少钱，就送多少钱"的活动，规则是在一分钟之内准确点出钱款最多的人为获胜者，奖品是购买该开发商住房时，可以优惠与其点出钞票的同等数额的钱款。然而，即使是再敏捷的银行点钞员，一分钟之内也只能点清一万多元钱。对于购买一套几十万元住房的消费者来说，优惠一万多元并没什么吸引力，更何况一般人最多也就只能点出几千元。因此，参加活动者寥寥无几。

点评：

这个规则虽然娱乐性很强，但是利益性却很差，相较于购房送装修、买房子女可以进入好学校、买房解决一个就业机会等，虽然成本差不多，但是效果就会截然不同。

轮流分粥的和尚

一个庙里有七个和尚，因为香火不旺，粮食很紧张，他们每天都为分粥而争吵不休。为了能公平地分得食物，他们制定了很多规则——一开始的规则是每人每周轮流分一次粥，结果只有自己分粥的那天能吃饱肚子，其他人纷纷抱怨。之后的规则又改成三个人分粥，四个人作为监督员，结果他们相互指责，不停争吵，粥都凉了也没讨论出个结果。他们继续调整规则，改为推选一位大家都信服，德高望重的人来分粥，一开始还好，但是时间一长，开始产生特权腐败，有人为了能多分粥，就去巴结讨好那个分粥的人，食物慢慢又开始分配不均了。最后，有人想出了这样一个规则：每个人轮流分粥，但分粥的这个人必须等别人挑完后，吃剩下的那碗粥。于是，每个分粥的人都很仔细地把粥分均匀，因为他们清楚，如果粥分得不均匀，最少的那碗一定是自己的，这样一来，他们再也没有争吵过，每个人分的粥也都一样多。

点评：

从这个案例中可以看出规则的力量，更能看出，一个规则想得以存立，必须要符合大多数人的利益。

规则是一种力量，规则是一种方法，是一种制度、一种次序、一种文化，更是一种"道义"。自然、社会、市场、企业，甚至一个家庭，都是建立在一套规则之上的，不好的规则可能导致国破家亡，一个好的规则则能使之昌盛富足。

对于今天的企业来说，一个好的规则可以让营销活动变得轻松高效，让企业在消费者面前充满魅力。如果能把规则上升到战略的高度，规则对企业来讲就是一种强大的竞争力！

三、营销手段的"礼"

"礼"在中国古代用于定亲疏、决嫌疑、别异同、明是非。"礼"是一个人为人处世的根本。故《论语》曰："不学礼，无以立。""礼"的原则有四个。

"尊重"原则，即要求在各种类型的人际交往活动中，以相互尊重为前提，要尊重对方，不损害对方利益；同时又要保持自尊。

"遵守"原则，即遵守社会公德，遵时守信，真诚友善，谦虚随和。

"适度"原则，即现代礼仪强调人与人之间的交流与沟通一定要保持适度，面对不同场合、不同对象，应始终不卑不亢、落落大方，把握好一定的分寸。

"自律"原则，即交流双方在要求对方尊重自己之前，首先应当检查自己的行为是否符合礼仪规范要求。

从上述"礼"的原则可以看出，在营销手段或策略中，必须注重"礼"。

 典型案例

以"礼"相待，行稳致远

在当今竞争激烈的商业世界中，营销手段层出不穷，但真正能深入人心、赢得市场的，往往是那些蕴含着深厚人文关怀与道德准则的策略。"礼"，作为中国传统文化的价值观之一，在企业营销中同样具有不可忽视的力量。海尔作为中国家电行业的领军企业，便在其营销实践中以"礼"相待，走出了一条独特而成功的营销之路。

一、尊重原则：以用户为尊，满足多元化需求

海尔始终秉持尊重原则，将用户的需求和利益放在首位，同时注重自身品牌形象与价值观的坚守。在产品研发阶段，海尔深入市场调研，了解不同用户群体的多元化需求。

从用户角度来看，海尔的产品充分体现了对用户生活场景和实际需求的尊重。这种对用户个性化需求的关注，让用户感受到被重视、被理解，大大增强了用户对品牌的好感度和认同感。

从市场竞争角度分析，海尔凭借对不同用户群体的精准定位和尊重，成功地细分市场，开辟了新的消费领域。当其他品牌还在主打通用型家电产品时，海尔已经通过满足特定用户需求，提前抢占了细分市场份额，树立了差异化竞争优势。

从品牌建设角度来看，这种尊重用户的做法为海尔塑造了良好的品牌形象。用户认为海尔是一个真正关心他们生活、能够提供贴心解决方案的品牌，这为品牌的长期发展奠定了坚实的基础。尊重原则就像一座桥梁，连接了海尔与用户，使双方建立起信任与依赖的关系。

二、遵守原则：诚信立业，铸就卓越品质

海尔严格遵守社会公德，始终坚持遵时守信、真诚友善、谦虚随和的原则。在产品质量把控上，海尔有着严苛的标准。

在与合作伙伴的交往中，海尔同样遵守契约精神，按时履行合同义务，从不拖欠供应商货款，与上下游企业建立了长期稳定的合作关系。在市场宣传方面，海尔真诚对待消费者，如实介绍产品功能和特点，不夸大、不虚假宣传。

从行业影响角度来看，海尔的这种遵守原则的行为为整个家电行业树立了标杆。它促使其他企业反思自身的经营行为，推动了行业整体质量和诚信水平的提升。海尔的成功让同行们认识到，只有遵守商业道德和社会公德，企业才能在市场上立足并长久发展。

从消费者信任角度来看，海尔的诚信经营让消费者买得放心、用得安心。消费者知道选择海尔的产品，就意味着选择了可靠的质量和优质的服务。这种信任一旦建立，就会形成强大的品牌忠诚度，消费者不仅自己会持续购买海尔产品，还会向身边的人推荐，形成良好的口碑传播效应。

从企业自身发展角度来看，遵守原则为海尔赢得了稳定的供应链、良好的市场口碑和广阔的发展空间。稳定的供应链保证了原材料的优质供应和生产的顺利进行，良好的口碑则吸引了更多的消费者，为企业带来持续的经济效益。

三、适度原则：精准营销，把握分寸之道

海尔在营销过程中，精准地把握适度原则。无论是产品功能的宣传还是市场推广活动的策划，都能根据不同场合、不同对象，做到不卑不亢、恰到好处。在高端家电产品的营销上，海尔注重突出产品的品质、创新科技和高端设计，针对追求品质生活的高消费群体，通过举办高端品鉴会、与时尚家居杂志合作等方式，进行精准营销。这些活动既展现了产品的高端定位，又不会给消费者造成高高在上的距离感。

而对于大众消费产品，海尔则更强调性价比和实用性。通过电视广告、线下促销活动等方式，以通俗易懂的语言向普通消费者介绍产品功能，让消费者能够轻松理解和接受。

从营销效果角度分析，适度原则使得海尔的营销活动能够精准触达目标客户群体，提高营销效率。针对不同客户群体采用不同的营销方式，避免了过度营销或营销不足的问题，使得每一次营销投入都能获得最大的回报。

从品牌形象维护角度来看，适度的营销让海尔在不同消费群体心中都树立了恰当的品牌形象。在高端市场，它是品质与科技的象征；在大众市场，它是实惠与实用的代表。这种多层次、恰到好处的品牌形象塑造，有助于海尔覆盖更广泛的消费群体，提升品牌的市场占有率。

从消费者体验角度来看，适度的营销不会给消费者带来困扰。无论是高端品鉴会还是大众促销活动，消费者都能在舒适的氛围中了解产品信息，做出购买决策，不会因为过度的营销手段而产生反感。

点评：

海尔在营销实践中对"礼"的运用，堪称典范。尊重原则让海尔深入了解用户需求，以贴心的产品赢得用户信任；遵守原则为海尔奠定了诚信立业的基础，铸就了卓越的品牌形象；适度原则使海尔的营销活动精准有效，提升了品牌影响力。这三个原则相互关联、相辅相成，共同构成了海尔独特的营销竞争力。尊重是核心，它决定了企业的市场导向和产品方向；遵守是保障，确保企业在商业活动中的合法性和可持续性；适度是策略，让企业的营销活动能够因地制宜、因时制宜。

　　海尔的成功案例表明：在企业营销中融入"礼"的原则，不仅能够实现商业目标，更能在社会层面产生积极影响。它促进了企业与用户、企业与合作伙伴之间的和谐共生，推动了行业的健康发展。在未来的市场竞争中，那些能够秉持"礼"的原则，以人文关怀为导向的企业，必将在激烈的市场竞争中脱颖而出，实现可持续的长远发展。海尔以"礼"相待，在商海浪潮中稳舵前行，为众多企业提供了宝贵的营销借鉴经验，引领着行业向更加注重品质、诚信和人文关怀的方向发展。

四、营销计划的"智"

　　"智"，即智慧、聪明，有才能，有智谋。孔子认为，有智慧的人才能认识到"仁"，对他有利，才能去实行"仁"。

　　古时"智"写成"知"，也就是说，知者为智。知有知行，知己，知人，进而知地、知天，天为大道，自然之力，认识和运用自然规律是知之大成。所以，将知置于天（日）上，是与小知（慧）相区别，以示真正的大智者，应懂得天理运行之道，要有观天下而自处的平淡，要有行宇宙而不枉的风范。

　　制订营销计划就要具备这种大智慧。在营销计划中，"智"不可或缺。企业营销人员需要有知行合一的行动力，深入市场调研，将认知转化为有效策略。要知己，明晰自身产品与品牌的优劣；知人，精准把握消费者需求、喜好与痛点。更要知晓市场规律与行业趋势，如同顺应自然之力。以平淡心态面对竞争，不盲目跟风；凭借高瞻远瞩的风范布局，制订出契合市场且独具前瞻性的营销计划，借"智"推动营销活动，实现品牌的长远发展。以营销计划中的赠送为例，许多商品在打入市场时都曾有赠送的营销计划，但因缺少智慧，导致营销计划以失败告终。

1. 营销计划的"无智"赠送

　　一是无洞察之赠送。不少营销计划中的赠送，仅仅停留在表面，缺乏对市场、消费者深入的洞察，这便是典型的无智之举。一些商家在新品上市时，盲目跟风开展赠送活动，未考虑产品定位与目标受众的契合度。例如，推出一款高端数码产品，却在街边随意赠送，没有精准定位追求品质与科技感的消费群体。这种赠送方式，看似广泛撒网，实则因未了解消费者真正需求和购买动机，难以激发目标客户的兴趣。赠品对于不需要的人而言，如同鸡肋，无法为品牌树立良好形象，更无法转化为实际购买行为。商家若不能知己知彼，不明白自身产品优势与消费者的需求痛点，赠送就只是资源的浪费，无法开启市场成功之门。

　　二是无规划之赠送。除了缺乏洞察，许多赠送活动还输在没有长远规划上。部分商家开展赠送活动，仅仅是为了短期提高销量，缓解库存压力。例如，在节假日期间，大量赠送低质量赠品以吸引顾客购买商品。虽然短期内可能提升了销售额，但从长远看，低质量赠品不仅无法提升品牌价值，反而可能让消费者对品牌产生廉价、不专业的印象。这种只关注眼前利益，忽视品牌形象塑造和客户长期关系维护的做法，是营销智慧缺失的表现。一个有智慧的赠送计划，应着眼于品牌的长期发展，通过精心挑选与品牌形象相符、对消费者有实际价值的赠品，逐步培养消费者对品牌的认同感和忠诚度，为企业的持续发展奠定基础。

三是无情感之赠送。从更深层次来看，许多赠送活动未能触及消费者的情感层面，显得急功近利。营销不应只是冷冰冰的交易，更应是与消费者建立情感纽带的过程。一些商家的赠送，只是机械地把赠品递给消费者，没有赋予其情感内涵。成功的赠送会让消费者感受到品牌的关怀与尊重。例如，某美妆品牌在妇女节为女性顾客赠送定制的美妆小礼品，附带温馨的节日祝福卡片。这种赠送行为，不仅满足了消费者对产品的物质需求，更在情感上引发了消费者的共鸣，使消费者从心底认可品牌。若商家不能以情感为桥梁，单纯以利益诱导消费者，即便暂时能吸引消费者，也难以赢得消费者的心，无法形成稳固的品牌忠诚度。

营销计划中的赠送若想成功，需摒弃无智的做法。商家要深入洞察市场与消费者，制定长远规划，赋予"赠送"以情感温度。以大智慧为指引，让赠送成为连接品牌与消费者的有力纽带，企业方能在激烈的市场竞争中脱颖而出，实现营销目标，达成品牌的长远发展。

典型案例

夏天赠送棉坐垫

一家具企业为其新推出的沙发做促销，赠品选择的是精美的沙发棉坐垫，效果一直很好。转眼到了夏天，沙发销量和竞争对手沙发销量相差很大，不得其解的销售总监做了一个简单的调查，发现竞争对手的赠品也是坐垫，但是对方赠的是竹坐垫。夏天那么热，谁还要棉坐垫？等销售总监缓过神来时，一个销售旺季都快到尽头了。

点评：

这家企业失败的原因是赠品的赠送时机不对，夏天消费者不会想要棉坐垫。赠品要有价值，也要适合消费者的需求，案例中该企业的这种赠送自然不合适。

到哪买产品

一家地方性日化企业新研制了一种去屑洗发水。该企业想打开当地市场，组织了对当地重点小区的上门派送促销活动。消费者一试用，效果还真不错，于是到周围超市去买，结果把洗发水专区找了个遍，也没有发现此产品的踪影。一问营业员才知道，超市根本就没有进这种货。

点评：

这家日化企业失败的原因是：赠送没有很好地和渠道准备结合起来，结果送完了产品以后，没有形成产品后续的销售，一个环节的脱节，就会导致销售整体效果不佳。

优点多多的赠品

一家燃器具企业在做现场促销，"买燃气灶，送不锈钢锅"。促销小姐是临时请来的女大学生，个个漂亮。活动开始前10分钟，企业业务人员才匆匆忙忙给促销小姐做燃气灶相关知识的培训。促销活动中，促销小姐一个劲儿地介绍送不锈钢锅的实惠，当消费者问到燃气灶的安全性、节能性等产品知识时，一个个都张口结舌。

点评：

该燃器具企业促销失败的原因是：没有明白赠送只是手段，消费者真正关心的是产品，不管你送什么，对产品的了解和给消费者专业的推荐是必不可少的环节。

上述案例告诉我们这样一个事实，那就是："无智"的赠送，除了不能拉动市场和浪费钱外，更严重的后果可能是伤及计划售出的品牌产品。因为赠送是直接与消费者进行沟通，赠送的效果也最能影响消费者的口碑，失败的赠送，可能导致送出了很多"后遗症"，送出了问题。

2. 赠送活动智慧设计

赠送活动需要完整的、系统的设计，看似简单的赠送，必须有一个精细的设计过程。

（1）市场调研和分析：确定赠送目标之后，市场的调研和分析是必不可少的环节，是赠送设计和策划的基础。由于赠送相对于其他的企业市场行为要简单得多，市场的调研可采用专家式调研的方式，调研范围和样本不需要很大，要有一定的代表性和典型性，做的研究可以是定性研究。市场调研和分析的主要内容有：赠送给谁？赠送什么？在哪里送？竞争者做过哪些赠送活动？由谁来送？什么时候送？以什么方式送？送完以后，企业应有哪些延续策略？

（2）活动的策划和设计：任何赠送要想达到既定目标，应格外重视活动的策划和设计。没有精心策划的活动，活动过程很容易偏离目标，最终是送了也白送。活动策划和设计主要包括：

① 明确的活动主题。醒目的活动主题是给消费者的赠送理由，好比是抛给消费者的

一个"媚眼"。

主题设计有几个基本要求：一要有冲击力，让消费者看到后记忆深刻；二要有吸引力或者容易让消费者产生兴趣；三要简短易记，易于传播。

主题一定要和企业的产品或品牌衔接，因为企业的所有行为最终都是为产品或品牌服务的。

② 赠品选择恰当。赠品选择无非是"老三篇"：买 A 送 A（如买 10 升油送 1 升），买 A 送 B（如买口红送化妆盒、买电脑送鼠标），"买 A 送 X"（如买规定的商品送商场购物卡等）。

但是，好的赠品要和产品有一定的关联，尽量让消费者产生物超所值的感受。企业不要小看赠品，不要以为"白送"给消费者，消费者就会买账，赠品要能够满足消费者的需求。赠品的赠送还应遵循一个原则，就是容易得到，这和奖品是有差别的。

③ 合理的活动流程设计。不重视活动流程设计的企业往往会因为执行不到位，最终导致整个活动的结果和预计相差甚远。

活动的执行一定要定人、定岗、定责任，保证每个活动环节有序地按计划执行，并且做好突发事件的预案，保证活动的顺利进行。活动的监控是活动流程设计中必不可少的，企业做赠送活动时，一定要设置监控岗位。

④ 有吸引力的活动形式。赠送活动的形式要能吸引目标消费者的积极加入。

活动形式往往是整个策划中创造空间最大的环节，活动在组合上要有创新，并有一定的连续性。

⑤ 活动整体成本的预算。活动整体成本往往是做赠送活动最大的挑战。在设计赠送活动时，企业必须时时考虑成本问题，"少投入，多产出"是基本原则。成本问题也更显出策划在赠送活动中的作用，一个好的策划往往能有效节省费用。在降低成本上，企业应该更多地考虑可利用的资源，甚至无成本的资源。例如，"借船出海，借势而上"等都是造势的好方式，巧妙利用软文，远比硬广告要便宜很多。

（3）活动过程的执行和控制：过程控制是整个赠送活动和消费者面对面的过程，过程控制的好坏不但关系到赠送活动的效果，也会直接影响企业的形象和品牌。企业要保证做到以下几点：保证人员岗位明确、保证赠品送到目标消费者手中、保证赠品派送的路径清晰、保证活动现场火热有序、保证意外事故得到及时处理、保证对产品的推介到位、保证消费者反馈信息收集全面、保证各赠点与整体活动统一协调等。

（4）活动的后续跟踪：赠送活动结束后，还会有一些不能在活动中解决的事宜，这些善后事宜的处理一定要及时。例如，赠送的大奖兑现，要及时快速地送到获奖者手中，并告知更多人群。

活动要及时跟踪，及时获取消费者的反馈信息。这些都将成为企业今后市场决策的依据。很多企业专门做调查，了解市场，其实是借了赠送活动的便利之机，消费者也更愿意加入被调查行列，企业则节省了调查费用。

（5）活动的评估和分析：活动的评估和分析十分重要，它不仅是一次简单的总结，更是对活动的投入和产出做一个明确的计算。

一次活动的评估和分析，能为以后的活动计划提供参考和修正的基础，对以后的活动有借鉴意义，降低活动执行过程中的损耗。如投入和产出分析、目标达成分析、设计方案评估、活动执行力分析、活动监控力分析、对今后企业的影响分析、活动修正与改善分析，等等，整个活动的评估和分析一定要形成报告并存档，作为以后活动的参考资料。

一个真正有计划和有目标的赠送活动，不但要有连续性，更重要的是企业必须认识到这仅仅是企业营销行为的一部分，围绕赠送活动目标开展新的营销活动，是将赠送效果最大限度提升的关键。

智慧的"赠送"

某电脑卖场计划做促销活动，可是翻遍所有可以送的产品，发现几乎都送过了，那这次到底送什么呢？一家咨询公司给了该电脑卖场一个好点子——送选择！让该电脑卖场和一家连锁超市联合，送该超市的购物卡，让电脑消费者可以在超市的几万个单品里选择他们所需要的产品。

点评：

赠送要送到消费者的心坎里去，这样的赠品才会得到消费者的认可。当很难确定消费者需要什么的时候，可以把选择权交给消费者，这样企业轻松，消费者也满意。

五、营销活动的"信"

"人言为信"，程颐认为："以实之谓信。"可见"信"，不仅要求人们说话诚实可靠，切忌大话、空话、假话，而且要求做事也要诚实可靠。而"信"的基本内涵也是信守诺言、言行一致、诚实不欺。"信"与"诚"时常结合在一起，是为"诚信"。

然而，在营销活动中，失信的现象较为普遍，营销活动易造成信用危机，影响经济发展，扰乱市场秩序。例如，假冒伪劣商品屡禁不止，许多企业被假冒伪劣产品侵权，有较大损失。另外，商家对顾客态度冷漠敷衍、虚假广告、毁合约、做假账的现象也较为普遍。凡此种种，不胜枚举。

造成失信现象频发的原因是多方面的，主要有：现代社会急功近利，物欲横流，许多人虽利用科技创造了物质财富，但自己反被物质财富所奴役；许多人每天的目标是赚多点钱，以提高生活水平，但道德价值观念却开始降低；在物质主义、功利主义和享乐思想的冲击下，许多人崇尚金钱、权力，以此作为衡量个人成功与否的标准。

当人们意识到自己可以积极争取权利和利益时，却错误地认为自由就是无规定和不受约束地为所欲为，因此，人们往往为了一己私利而不择手段、损人利己，将道德规范、承诺信誉、合约法律置之度外，做出种种自私行为，形成现今种种"见利忘信"的现象。

现场"做戏"推销

　　一家电子消费品公司新出了一款小电子产品，需要在某市市场上打开销路，但是苦于知名度太低。老板大为苦恼，乃向圈内营销专家请教。营销专家支了一招，老板拍案叫绝，立马实施。

　　次日，一场好戏开演：在某市最繁华的商场里，一对"夫妻"执意要求退货，当然，货就是那个小电子产品。无论商场工作人员怎么解释，这个产品不是他们卖出去的，这对"夫妻"就是不死心，和商场工作人员吵了起来，商场经理来了，无数看热闹的顾客来了，有了观众，这对"夫妻"表演就更卖力了。

　　这对"夫妻"转而开始内讧。丈夫执意要退货，妻子却开始夸起这件产品的好处来，不同意退货，一唱一和。观众欣赏得兴趣盎然，商场工作人员目瞪口呆。

点评：

　　用一种现场"艺术"来打开产品的知名度，真的是"别开生面"。一场闹剧之后，有顾客向商场咨询是否有该电子产品出售，同样的场景出现在该市的四五十家商场里。当地的报纸开始炒作此事，警方最后以扰乱市场秩序的罪名逮捕了这对"夫妻"，结束了长达一个月的行为广告促销。

虚假的招聘广告

　　国外一家企业要到中国投资一个项目，但是他们苦于不了解中国市场，不知道怎么管理和营销。于是在报纸上登了一则招聘广告，用100万元年薪招聘一位总经理，要求应聘者提供行业分析、竞争对手分析和独特的商业计划书。

　　重赏之下，勇夫云集。很多同行业的管理人员前来应聘。这家公司就不停地面试，在面试中把这个项目了解得非常清楚，获得了很多商业机密，各种招数一并收入囊中，还在行业内推销了自己。最后的结果是一个人都没有聘用。

点评：

　　在企业的经营和推广行为中，道德虽然没有法律那么具有硬性的约束力，但它依然可以体现出"不怒而威"的软实力，如果企业触犯了也同样不好消受。无德获取的成功只能是暂时的，一旦败露，后果必定很惨。

胡师傅无烟锅

曾经风靡一时的胡师傅无烟锅，在广告中宣称，自己使用了宇宙飞船所使用的锰钛合金和紫砂合金，能将锅体温度控制在油烟挥发的临界点240℃以内，从而达到无油烟的效果。

点评：

诚信是一堵无形的墙，不要撞，一旦硬撞，必定头破血流。经查实，该产品为铝合金制成，并未通过国家相关部门检测。其发明人胡师傅承认所谓的锰钛合金和紫砂合金，不过是自己空想出来的，消费者购买该产品后，不仅油烟缭绕，还出现了脱落现象。

自古以来的为商之道是"诚信为本"，倡导的是"童叟无欺"。试图弄虚作假、蒙蔽欺诈的企业，只能得逞一时，一旦被暴晒在阳光之下，遭到的将会是被消费者唾弃和抛弃的下场，尤其是在互联网信息非常透明、传播速度和扩散面倍增放大的时代，一个企业将会为弄虚作假付出极为高昂的代价。

本 章 小 结

本章先对国外企业营销道德与文化建设状况进行了简单概述。西方行业组织历史悠久，早期行会通过订立行规规范行业内行为。英国 ASA 构建了自主限制体系管理广告。第二次世界大战后，尤其20世纪60年代后，西方道德改革运动兴起，修正了"经济与道德不相容"观念，经历了自觉提高道德标准和水平、内部管理制度化、重视员工道德教育等阶段。

近年来，我国已经认识到企业营销道德对企业发展的作用。营销道德的实际作用：在经营方面，营销道德是无形资产，可规范和约束商业经营人员；在管理方面，营销道德可激发商业间协作，提高企业的管理效益；还能提高员工素质，促进商品经济价值观的形成，抑制商业活动中的腐败现象。

非道德行为发生的原因主要有：金钱至上，不讲诚信、欺诈，商业贿赂、权钱交易，人格权商品化等，严重损害消费者权益，扰乱经济秩序。

事实上，企业与环境、政府、消费者、客户等利益相关者之间也存在多种问题，如企业破坏生态环境，与政府沟通不健康，存在偷税漏税行为，对消费者进行虚假宣传、误导消费等。

而企业期待的营销道德原则是：企业发展应遵循人本原则、德才兼备原则、公平原则、诚信原则和服务原则等道德原则。

最后，本章重点概述了企业营销中的优秀传统文化中"仁""义""礼""智""信"基因。营销理念的"仁"，在营销中体现为关心消费者需求；营销规则的"义"是指公正、合理而应做之事，制定营销规则可在原有基础上创新、破除旧规则，但新规则不可随意改变，可用利益推动新规则的实施，建立互利共赢规则；营销手段的"礼"包含尊重、遵守、适度、自律等原则；营销计划的"智"不可或缺，需知行合一，知己知彼，顺应市场规律，凭远见布局促品牌长远发展；营销活动的"信"即诚信，要求言行诚实可靠，信守诺言、言行一致、诚实不欺，以诚信为本，切忌弄虚作假。

思考与练习

一、填空题

1. 西方行会最早产生于_____世纪的意大利，之后在西班牙、英格兰、荷兰等地发展。其重要职责包括团结、联合商人争取权利、订立行规行约规范行为，以及_____。

2. 美国从19世纪开始经历的道德改革运动，参加者包括企业、_____和_____，该项活动修正了"经济与道德不相容"的传统思想。

3. 在经营方面，企业营销道德是一种无形的资产，既可能使企业、个人树立良好的形象，也可能使长期积累的_____毁于一旦；在管理方面，能激发商业间的协作，有助于建立人与人之间的_____。

4. 营销规则的"义"要求现代营销活动追求正常的利润，有时也不排除对超额利润的追求，但必须要有以"义"为基础的行为规范，即"_____"，主张在"义利合一"的关系基础上，既重经济效益，又重社会效益。

5. 营销活动的"信"即诚信，其基本内涵是_____、言行一致、诚实不欺，在营销活动中，企业应以诚信为本，切忌_____。

二、选择题

1. 英国广告行业协会设立的负责非广播广告自律管理的机构是（　　）。

    A. CAPC　　　　　　　　　　　B. ASA

    C. FCPA　　　　　　　　　　　D. Journal of Business Ethics

2. 以下哪个不是我国企业营销活动中出现的非道德行为原因（　　）。

    A. 金钱至上　　　　　　　　　　B. 人格权商品化

    C. 遵守原则　　　　　　　　　　D. 商业贿赂

3. 在营销手段的"礼"中，强调在各种类型的人际交往活动中，以相互尊重为前提，要尊重对方，不损害对方利益；同时又要保持自尊的是（　　　）。

A. 遵守原则　　　　　　　　　　　B. 适度原则

C. 尊重原则　　　　　　　　　　　D. 自律原则

4. 营销计划中的"智"要求营销人员深入市场调研，将认知转化为有效策略，做到知己知彼，还需要（　　　）。

A. 知晓市场规律与行业趋势　　　　B. 频繁调整营销计划

C. 只关注短期利益　　　　　　　　D. 盲目跟风市场潮流

5. 下列关于营销活动的"信"的说法，错误的是（　　　）。

A. "信"要求人们说话诚实可靠

B. 营销活动中失信现象不会影响经济发展

C. 现代社会急功近利等因素导致营销活动中失信现象严重

D. 企业应秉持诚信原则，切忌弄虚作假

三、简答题

1. 国外企业在营销道德与文化建设方面有哪些举措？

2. 我国企业营销道德在经营方面有哪些作用？

3. 简述营销规则的"义"体现在哪些方面，以及如何制定营销规则？

4. 营销计划中"赠送"活动若想成功，应避免哪些无智做法？

5. 我国企业与各利益相关者存在哪些关系问题？

四、案例分析

案例一

海参养殖行业的潜规则

　　受新冠疫情影响，中央广播电视总台2020年"3·15"晚会延期4个月后，于2020年7月16日晚8点在央视财经频道现场直播。央视记者调查发现，在山东即墨地区，为了清理海参养殖湖里的其他生物，每亩池子约投放两公斤敌敌畏，由于敌敌畏毒性大，被投放的池塘鱼虾、蟹等生物全部死亡。由于海参自身有很强的抗药性，敌敌畏毒不死海参，但其他生物能"清理"干净。据报道，使用敌敌畏在当地海参养殖中是比较普遍的现象，其中较大的海参养殖基地恒生源也存在同样的情况。使用过敌敌畏的池塘水，最终不经处理就会排放到大海。由此暴露的海参养殖行业"潜规则"问题，引起了一场行业的信任危机。

思考题：

1. 海参养殖行业的"潜规则"是什么？

2. 敌敌畏海参事件给了我们哪些启示？

案例二

口味差的功能饮品

西南某企业生产了一种功能型饮品，经鉴定效果不错。企业在西南某市上市初期，进行了一次免费的产品派送。企业的赠品准备得很充足，每户四瓶饮品，打算送10万户，赠品的成本接近60万元。结果送了不到一半，问题出了一大堆。由于该饮品的味道比较特殊，很多消费者喝不惯，不少产品被原封未动地扔进了垃圾桶，产品的口碑也变得极差，产品上市不成功，最后不得不慢慢退出了市场。

思考题：

1. 简要剖析这款功能型饮品上市失败的原因。

2. 应如何设计赠送活动？

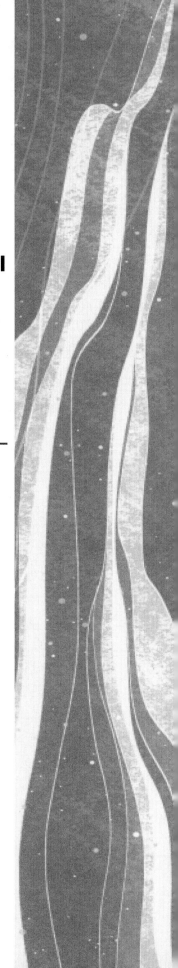

第三章 ▍

营销道德与道德营销

第一节
道 德 营 销

在市场上，利益交换面对面，老百姓上了一回当，不可能第二次受骗，同类产品，老百姓连续上了几回当，对整个行业肯定也会嗤之以鼻。营销无德，市场的终结之日也就为期不远了。

一、道德营销相关概念

（一）道德营销的含义

道德营销不同于营销道德。道德营销是指合乎道德的营销，它要求现代企业的营销活动不仅要以需求为导向，更要符合道德要求，在考虑消费者现实需要的同时，还要兼顾他们的潜在需要和长远利益；不仅要满足消费者的利益，还要兼顾其他利益相关者的利益。总之，道德营销要求现代企业通过合乎道德标准（前提条件）的整体营销活动来达成企业目标。

（二）企业道德营销的内涵

道德营销是由企业的责任决定的。企业通过道德营销而承担的责任主要有以下三个方面。

1. 企业对自身的责任

企业对自身的责任，包括对企业所有者、经营者及企业员工等的责任。

由于企业是作为社会经济实体而存在的，其目的和任务在于满足社会需求，追求经济效益，所以企业道德营销的责任首先是尽可能多地盈利，然后实现企业的最大价值。如果企业不能做到尽可能多地盈利，使国家财政收入增加，使投资者和经营者的利益得到保障，使员工的工资、福利得到提高，那么企业的生存就会变成问题，企业的自我积累和企业的发展便无法保证，企业的社会责任更是无从谈起。

2. 企业对消费者的责任

关于企业对消费者的责任，典型的观点有三种：契约论、合理注意论和社会成本论。

（1）契约论认为：在市场体制中，企业实际上是参与企业行为的各种利益相关者之间订立的一组合约的连接点，缺少任何一个利益相关者的参与，企业都不可能存在。企业道德是为企业及其员工提供的各种规则、标准、规范或原则，能使企业处理好自身发展与社会发展之间的关系，使企业目标和社会和谐目标双重实现。根据契约论的观点，企业有四种主要道德义务。

第一，遵守契约条款的义务。提供给消费者的产品应达到企业所宣称的或默示的程度。如卖方有责任做到所提供的产品在普通场合可以安全使用，或依据卖方的宣传消费者可以知道在哪些特殊场合使用。明确的或隐含的质量特性包括可靠性、寿命、维修保养、产品安全等。

第二，披露的义务。卖方有义务告诉买方任何可能影响购买决策的事实。例如，产品有缺陷，可能对使用者的健康和安全构成危险，卖方有义务告诉买方。有人还主张应披露产品成分、功能特点、使用成本、产品等级等。

第三，不误导的义务。当卖方故意欺骗买方，使后者对产品有错误的认识时，便产生了误导。一个人受到误导，就会按欺骗者希望的去做，而不是自由地做出选择。自由选择是契约公正的基本条件，卖方不可误导买方。

第四，不强迫的义务。在恐惧或情绪紧张时，人们的行为往往是不理智的。如果卖方利用买方的恐惧或紧张情绪，促使买方签订一项在理智情况下不可能签订的契约，卖方就是在施加不当的影响。

（2）合理注意论主要基于以下几个观点：买卖双方是不平等的，消费者缺乏制造商所拥有的产品知识和业务专长，处于弱势地位，特别容易受到伤害；制造商处于优势地位，因此应该承担特殊合理注意的责任，以保证消费者的利益不会受到制造商所提供产品的危害。

现代产品操作起来越来越简单，但内在结构及机理却越来越复杂、精深，科学技术日新月异地发展，普通消费者难以搞清楚产品的原理，更无法明了在设计和制造过程中埋下的隐患和暗藏的危险。因此，制造商不仅有义务向消费者提供应达到所宣称的或默示程度的产品，而且还有合理注意的义务，使消费者免受产品的伤害。如果一个普通人能够预见有必要采取措施以避免消费者在使用产品过程中受到伤害，而制造商没有采取行动，则属于制造商没有尽到合理注意的义务。

合理注意论存在的一个问题是：无法明确地衡量一个企业是否行使了合理注意，也就是说，缺乏行之有效的规则来确定做到什么程度才算履行了合理注意的义务。任何产品多多少少都存在造成伤害的可能性，如果要求制造商消除哪怕发生概率很小的伤害，就会使产品的价格超过消费者的承受能力。即使是风险较高，降低风险与降低风险所需的额外成本之间如何权衡也是一个难题，且在实际中，不容易量化产品对人的健康或生命造成伤害的风险。

另一个问题是：虽然制造商比消费者拥有更多的知识和业务专长，但他们也不是无所不知的。如果制造商和消费者事先无法发现某种产品缺陷，便无法确定谁应该为这种产品缺陷造成的后果负责。

（3）社会成本论认为，制造商应该对产品的任何缺陷所引起的任何伤害负责，支付由此产生的成本，即使制造商在设计和生产过程中已经履行了合理注意的义务；即使对所有可以预见的危险，都采取了合理的措施以警告使用者；即使造成伤害的缺陷是无法合理地预见或者予以消除的；即使严重错误是某个公司成员所为，公司也难辞其咎，由这种不负责任的行为造成的伤害应该由具有赔偿能力者给予赔偿。

但是按照这个理论，要求制造商对无法预见、无法避免的伤害承担责任是不公平的，而且把伤害成本转嫁给所有消费者，对无辜的消费者来说也是不公平的。再者，免除消费者的责任，就会导致他们在使用过程中疏忽大意的情况更多地出现，这样一来事故可能更多，社会成本也就更高了。这种做法会大大增加制造商和保险公司的负担，从而使一些制造商和保险公司难以为继。

3. 企业的社会责任

企业在追求利润最大化的同时，或在经营过程中，也要考虑相关利益者，考虑对社会应承担的责任或对社会应尽的义务。具体表现为：企业在经营过程中，特别是在进行决策时，除了要考虑投资人的利益或企业本身的利益之外，还应适当考虑与企业行为有密切关系的其他利益群体及社会的利益，考虑对他人是否有不利的影响，如是否会造成社会公害、环境污染、资源浪费等。企业在进行决策时，对这些问题进行考虑并采取适当的措施加以避免，其行为本身就是在承担社会责任。

从20世纪80年代开始，企业的社会责任问题在各国重新被提起并逐步形成了"企业的社会责任运动"，成为全球范围内一个共同的话题。企业社会责任的理念使企业的关注重点超越了经济利润，包括了对社会和环境的关注。在完全市场经济的国家，企业追求社会责任的动力被凸显放大到相当高的程度，并与是否拥有竞争力相联系。

事实上，越来越多的企业实践和众多的研究成果说明，在社会责任和企业绩效之间存在着正向关联度，企业完全可以将社会责任转化为实实在在的竞争力。

企业的社会责任可以明显地带来以下好处：提升财务业绩，降低运营成本、提高效率，提高销售量和顾客忠诚度，构筑人才高地，降低监管力度和打破市场壁垒。

做有社会责任的企业

2021年，加多宝（中国）饮料有限公司在履行企业社会责任方面表现突出。作为凉茶行业的领导品牌，加多宝不仅在产品创新和市场拓展上取得了显著成绩，而且在社会责任方面也做出了积极贡献。在新冠疫情期间，加多宝迅速成立抗疫捐赠小组，与湖北省慈善总会合作，为火神山医院、雷神山医院等防疫指挥中心和医疗单位捐赠了价值1700余万元的凉茶产品，支持医护人员的抗疫工作。此外，加多宝还通过"加多宝·学子情"公益项目，资助贫困学子圆梦大学，该项目已持续二十几年，累计资助上万名学子。2021年，加多宝进一步响应国家乡村振兴战略，将"加多宝·学子情"项目升级，支持青年学子返乡就业和创业，助力乡村振兴。在环保方面，加多宝旗下的昆仑山矿泉水有限公司发起了"昆仑山·守护水之源"环保公益行动，致力于水源地保护。

点评：

加多宝（中国）饮料有限公司的案例体现了企业在追求经济效益的同时，积极履行社会责任。在营销道德方面，加多宝通过实际行动展现了企业的社会价值和道德担当。新冠疫情期间的快速响应和捐赠行为，不仅体现了企业对公共健康危机的敏感性和责任感，也增强了品牌的公众信任度。通过长期坚持"加多宝·学子情"公益项目，加多宝在教育领域持续投入，帮助贫困学生改变命运，这不仅有助于社会公平和人才培养，也为企业积累了良好的社会资本。此外，加多宝在环保领域的努力，如"昆仑山·守护水之源"项目，展现了企业对可持续发展的承诺，这与当前全球环保趋势相契合，有助于提升企业的国际形象。企业承担社会责任不仅仅能提升社会形象，更能获得进入国际市场的通行证，提升企业的长期盈利能力。企业表现出的较高的社会责任水平，大幅度提高了信用度。

（三）道德营销的层次

在实际的经济生活当中，各类企业市场营销的行为千变万化、手段不断翻新，对营销道德的遵守程度也不尽相同，表现出鱼龙混杂、良莠不齐的特点。一般而言，企业营销过程中道德营销有四个层次的追求。

（1）最高级层次。在营销活动中，企业努力追求客户满意，提高客户的满意度和忠诚度，企业的营销行为超越现行社会道德的标准，引领社会道德的进步，企业的营销活动受到广大客户的忠诚和信赖，并可以获取超额利润，企业得到稳定地经营和发展。

（2）较高级层次。企业采取对客户负责的行为，企业的营销活动符合社会道德的标准，企业可以获得客户的信任，可以稳定地经营并具有一定的抗风险能力。

（3）一般级层次。企业遵纪守法，遵守社会道德的法律底线，可以维持经营，但是企业经营的抗风险能力不强，受突发事件或者经济波动等的影响比较大。

（4）最低级层次。企业采取违背法律法规的行为，可以短期或者暂时获利，但是企业的根本利益、长期利益受损，严重时可能导致企业突然死亡。

不同道德层次的企业，具有不同的价值取向和企业文化理念，因而在实际经济活动中的营销行为也不同；不同道德层次的企业的营销行为会导致不同的经营效果。企业的营销行为遵守社会道德，不但不会带来损失，反而会带来超额利润。

在营销决策中，企业的经营活动应避免最低级层次的道德营销活动，把握好企业市场营销中的道德问题，切实关注企业的长远利益与稳定性因素，将道德优势转化成竞争优势，实现企业的自身价值。

 典型案例

道德采购

星巴克于2002年发布了第一份企业社会责任报告，目标是使其企业社会责任倡议与其产品一样知名。该品牌实现这一目标的方式之一是通过道德采购。

2015 年，星巴克证实其 99% 的咖啡供应链均来自道德采购，并通过不断努力及与当地咖啡种植者和组织的合作，寻求将这一数字提高到 100%。

该品牌的方法基于咖啡和农民权益（Coffee and Farmer Equity，CAFE）实践，这是咖啡行业与保护国际合作制定的第一套道德采购标准之一。CAFE 根据特定的经济、社会和环境标准评估咖啡农场，确保星巴克能够采购其产品，同时保持积极的社会影响。

由于道德采购，星巴克被Ethisphere 评为 2021 年全球最具商业道德的公司之一。

点评：

不讲道德的企业和个人是危险的，势必要付出代价。从长期看，讲道德对企业是利大于弊的。星巴克的企业文化表明：信任可以让人排除一切怀疑、顾虑，当企业赢得了消费者的信任，也就赢得了消费者对品牌的忠诚。建立信任需要用心并坚持，诚实、公正、责任心是获得消费者信任的纽带，道德营销是赢得顾客、公众信任的唯一途径。

二、顾客满意

（一）顾客满意与顾客抱怨

顾客满意是指顾客对一件产品或服务满足其需要的绩效与期望进行比较所形成的感觉状态。如果可感知效果低于期望，期望得不到满足，则顾客不满意，常产生抱怨；如果可感知效果与期望相匹配，期望得到满足，顾客就满意；如果可感知效果超过期望，顾客就会高度满意，直至产生忠诚。

顾客抱怨是对产品或服务不满意的表达方式。但没有抱怨并不一定表明顾客很满意，即使产品或服务的相关规定要求符合并满足顾客的愿望，也不一定确保顾客很满意。顾客抱怨与企业对待顾客的行为关系密切，若企业及时正确地受理顾客抱怨，那么仍然可以使顾客满意或忠诚；否则顾客将不再购买，甚至发生投诉或诉讼行为。

站在企业的角度，产品或服务的目标不能只是使顾客满意，使顾客满意只是营销管理的第一步。

（二）顾客信任

顾客满意只是顾客信任的前提，顾客信任才是企业应追求的结果。顾客信任是指顾客对该品牌产品及该企业产生信任感，他们可以理性地面对企业的成功与不利阶段。

（三）顾客满意的特性

1. 顾客满意的主观性

顾客的满意程度是建立在顾客对产品或服务的体验上的，感受的对象是客观的，而结论是主观的。顾客的满意程度与顾客的自身条件（如知识和经验、收入状况、生活习惯、价值观念等）有关。

2. 顾客满意的层次性

处于不同需求层次的人对产品或服务的评价标准不同，因而不同地区、不同阶层的人或一个人在不同条件下，对某个产品或某项服务的评价也不尽相同。

3. 顾客满意的相对性

顾客对产品的技术指标和成本等经济指标通常不熟悉，他们习惯于把购买的产品与同类其他产品，或将当下的消费情况与以前的消费经验进行比较，因此得到的满意或不满意的结果具有相对性。

4. 顾客满意的阶段性

任何产品都具有生命周期，服务也有时间性，顾客对产品或服务的满意程度来自过程的使用体验，是在过去多次购买和提供的服务中逐渐形成的，因而呈现出阶段性。

（四）顾客满意的Kano模型

日本质量专家Kano依照顾客的感受及顾客要求的满足程度，把质量分成三种：理所当然质量、期望质量和魅力质量。

1. 理所当然质量

对于理所当然质量，当其特性不充足（不满足顾客要求）时，顾客很不满意；当其特性充足（满足顾客要求）时，顾客无所谓满意不满意，这是应当充足的特性。以冰箱为例，冰箱制冷这一特性就是理所当然质量，不制冷，顾客肯定很不满意，制冷是基本要求。同样，冰箱的安全也是理所当然质量，一台冰箱具有的基本质量是安全操作，不存在什么满意或不满意问题，这是隐含或必须具备的质量。如果冰箱出现短路，人们会不满意。

对于理所当然质量，企业就要保证基本质量特性符合标准，实现或满足顾客的基本要求，然后把注意力集中在怎样降低故障出现率上。

2. 期望质量

对于期望质量，当其特性不充足时，顾客不满意；充足时，顾客就满意。特性越不充足，顾客越不满意；特性越充足，顾客越满意。期望质量是质量的常见形式。同样以冰箱为例，能耗是冰箱的质量特性之一，能耗小，人们就很满意；能耗大，人们就会不满意。这是明示的一般需求。

对于期望质量，企业关心的就不是符不符合标准的问题，而是思考怎样提高标准本身，不断提高质量特性，提升顾客满意度。

3. 魅力质量

对于魅力质量，当其特性不充足时无关紧要，顾客感到无所谓；当其特性充足时，顾客就十分满意。魅力质量是质量的竞争性元素，通常有以下特点：有全新的功能，以前从未出现过；能极大地提高顾客满意度；引进一种没有出现过甚至没考虑过的新机制，顾客信任或忠诚度得到了极大的提高；一种非常新颖的风格。例如，冰箱门上有电脑显示或声音提示其中冷藏的食品保质期，假如没有这一功能，无关紧要，顾客无所谓，但有这一功能，顾客就很欣喜，十分满意。冰箱的这一提示功能就是魅力质量。

对于魅力质量，企业需要通过满足顾客的潜在需求，使产品或服务达到意想不到的新标准。企业应关注的是如何在维持前两个质量的基础上，挖掘顾客需求，创造新产品和增加意想不到的新功能。

值得一提的是当魅力质量失去其固有的特点的话，则开始变为期望质量，最后变为基本质量，即理所当然质量。

三、绿色营销

（一）绿色营销的含义

绿色营销是指社会和企业在充分意识到消费者日益提高的环保意识及其产生的对清洁型无公害产品需要的基础上，发现、创造并选择市场机会，通过一系列理性化的营销手段，来满足消费者及社会生态环境发展的需要，实现可持续发展的过程。

绿色营销涉及的不仅仅是企业的营销策略问题，而且是一个社会营销伦理问题。绿色营销是企业在充分满足消费者需求，争取适度利润和发展水平的同时，注重自然生态平衡，减少环境污染，保护和节约自然资源，维护人类社会长远利益及其长久发展。绿色营销是将环境保护作为企业生存、发展的条件与机会的一种新型营销观念。

（二）绿色营销的道德原则

1. 以人为本的原则

绿色营销充满对消费者当前与未来利益的人文关怀，是满足消费者绿色消费，保证消费者身心健康，提高消费者生活质量的根本途径。企业把可持续发展观作为企业的营销哲学，把保护生态环境作为第一责任，在营销的全过程中实现消费者利益、企业利益、社会利益与环境利益的协调统一。

绿色营销是企业主要的社会责任。企业经营活动必须关注消费者需求的全面性，这包括对健康、安全、无害的产品的需求，对安全、无害的生产和消费方式的需求，对美好生存环境的需求，对和谐社会关系的需求。企业在选择生产何种产品及应用何种技术时，必须考虑尽量减少对环境的不利影响。例如，企业设计产品及包装时，要减少原材料消耗，并减少包装对环境的污染。

2. 天人合一的原则

绿色营销观念要求不仅要考虑企业的利益、消费者的需求，还要考虑对环境的影响，要把经济利益与环境利益结合起来，坚持"天人合一"的生态价值观，正确处理人与自然的关系，确立人与自然协调发展的途径。

倡导企业开展绿色营销，重要的是树立市场绿色营销观念，而不仅仅是把它作为一种销售方式。把企业的经济效益和环境效益、社会效益结合起来，尽量保持人与自然环境、社会环境的和谐，不断改善人类的生存环境。

奶盒返航新生计划

2024年4月21日，为迎接"世界地球日"，蒙牛集团旗下冰激凌品牌"绿色心情"携手商品回收及环保处置平台爱回收，在上海宣布启动"乳品包装减塑新生计划"，并开启绿色生活公益快闪活动，呼吁更多消费者参与包装回收行动，为生态环境保护贡献"绿色力量"。

本次公益行动是蒙牛集团与爱回收母公司上海万物新生集团合作的首个落地项目，后续双方将携手推动更多项目落地。在"乳品包装减塑新生计划"中，双方围绕绿色公益倡导、包装回收、周边开发及公益捐献等定制多项活动，回收后的乳品包装将被二次利用制作公益周边，并将公益周边通过公益组织捐赠给乡村留守儿童。

点评：

蒙牛集团绿色营销观念是多种营销观念的综合，它要求蒙牛集团在满足顾客需要和保护生态环境的前提下取得利润，把三方利益协调起来，实现可持续发展。这既提升了国民的环保意识，也因此让全民更记住了蒙牛，对消费者的消费行为起到了指引的作用，引导消费者自觉回收空盒，从而在一定的程度上减少了垃圾，同时培养了消费者良好的环保意识并逐步养成习惯。

3. 可持续发展原则

绿色营销观念强调经营活动的可持续性。可持续性包括生态持续性、经济持续性和社会持续性。可持续性发展原则要求企业在生产和消费中，使资源可得到补充，使环境不超过污染处理能力，以确保人类长期的生存和发展需要。

可持续发展原则与我们传统文化所倡导的"造福子孙""泽被后世"的理念是相通的。因此，企业在营销活动中，对产品的创意、设计和生产，以及定价与促销的策划与实施，都要以保护生态环境为前提，力求减少或避免环境污染，保护和节约自然资源，维护人类社会的长远利益，实现经济与市场的可持续发展。

4. 诚实不欺准则

企业通过绿色营销，把企业自身利益目标融入消费者和社会利益目标中，在交易中遵循诚实不欺的伦理准则，可消除企业有损于消费者及社会长远利益的营销"近视症"，从而提升企业的整体形象。绿色营销不是一种诱导顾客消费的手段，也不是企业塑造公众形象的美容法，它是一个导向持续发展、永续经营的过程，其最终目的是在化解环境危机的过程中获得商业机会，在实现企业利润和消费者满意的同时，达成人与自然的和谐相处、共存共荣。

绿色饭店

秦皇岛某酒店在国家级绿色饭店的评审中脱颖而出，以卓越表现成功荣获"五叶级中国绿色饭店"的称号。

该酒店始终将绿色理念贯穿于日常运营之中，从规划到运营都紧密结合自然资源。其建筑设计巧妙地运用了大面积玻璃窗，充分地利用自然光，有效降低了电能消耗。此外，酒店还引进了先进的太阳能热水系统和智能照明设备，确保每一处细节都充分体现环保理念。客房及公共区域均设有绿色环保标识，旨在引导宾客自觉减少能源与资源的无谓消耗，共同营造绿色环保的住宿环境。酒店精心设计的每一项设施，都以节能降耗为原则，力求在实现环保目标的同时，也不失舒适的居住体验。

酒店的餐饮部门秉承绿色健康的原则，精心挑选当地天然食材，融入海洋风味特色，打造出一系列低碳环保的美食佳肴。从食材采购到菜品制作的每一个环节，都实施严格把控，确保每一道餐点都符合绿色环保标准，让宾客在享受美味的同时，也为地球环保贡献一份力量。酒店餐厅不仅注重美食的口感与特色，更致力于推广健康饮食、平衡膳食的理念，让宾客在品尝美味佳肴的同时，也能享受到健康生活的乐趣。同时，酒店还积极倡导"绿色宣传行动"，倡导合理饮食，减少食物浪费，从而将绿色环保理念深入到餐饮服务的每一个细节之中。

酒店积极推广绿色出行理念，倡导员工和宾客优先选择公共交通或环保出行方式，以降低碳排放。同时，酒店实施严格的节能管理制度，并定期对日常设备进行检查，以确保各类设施均处于最佳节能状态。

酒店不仅致力于自身的绿色运营，更积极投身于各类社会公益活动。酒店定期组织员工参与海滩清洁行动，倡导关灯节能，并开展植树造林、健康骑行等丰富多彩的活动，以此传递绿色环保的理念。这些公益举措不仅彰显了酒店的环保责任，更激发了广大民众积极参与环保行动的热情。

点评：

"绿色饭店"体现了企业对社会的关注，体现了对消费者身心健康的关爱。绿色营销把企业利益完全依托在满足消费者安全无害环保的需要上，不但遵循了不损害人的最基本的道德原则，而且也体现了与人为善、成人之美、维护人权的道德精神，使绿色产品与绿色包装、绿色价格、绿色通道、绿色促销和绿色销售服务相互配合，融为一体。提供能满足顾客安全无害需求的特定产品或服务，同时获取企业的最大利润，这是一种人我两利的道德行为，这样做能更好地推动社会经济的可持续发展，促进企业经营的良性循环。

四、服务营销

（一）服务营销的概念

服务营销是指企业在充分认识消费者需求的前提下，为充分满足消费者的需求而在营销过程中所采取的一系列活动。服务营销进一步丰富和拓展了市场营销的内容，由于传统的营销理念和手段已不能适应企业的发展，服务活动在现代经济中频频出现，地位也日益提升。因此，开展服务营销是提升顾客满意度和忠诚度的一种重要手段和方法，也是树立和传播企业形象的重要途径。

（二）服务营销的特征

1. 服务营销的不可感知性或无形性

服务营销以提供无形服务为目标，因为服务是一种活动或者利益，而不是事物，所以不能像有形商品那样被看到、感觉或触摸到。消费者对服务营销的效果往往是通过服务质量的实物线索（如地点、人员、设备、价格等）来判断，无形性体现了服务营销对企业的挑战：不仅实施服务营销的难度增加，对营销人员也提出了更高的要求。

2. 服务营销的差异性

由于服务基本上是由人表现出来的一系列行为，那么就没有两种服务会完全一致，没有两个顾客会完全一样，每位顾客都会有独特的需求，或者以一种独特的方式来体验服务，因而会产生差异性。

3. 服务营销的不可分离性

大多数商品首先是生产，然后再进行消费；但服务却是先销售，然后同时进行生产和消费，服务的消费者要直接参与服务的生产过程，并与服务提供者密切配合。服务质量和顾客满意程度在很大程度上依赖于"真实瞬间"发生的情况，这就使得服务营销具有复杂性和不可分离性。

4. 服务营销的不可运输性

由于服务不具有实体特征，因而不能被运输，从而使得服务的分销具有不同于有形商品的特点。有形商品可以在一地或多地生产，然后运送到中间商或最终用户所在地进行销售，大多数服务却不能这样做。对服务来说，要么顾客必须到生产设施所在地，要么生产设施必须运到顾客所在地。

（三）服务营销的作用

服务营销的兴起对增强企业的营销优势、丰富企业的营销活动内涵有着重要的意义。

首先，服务营销有利于丰富市场营销的核心——充分满足了消费者的需要。市场营销的本质是对消费者需要的满足或为消费者提供实际利益，服务营销正是从这点出发，在提供有形商品给消费者的同时，向消费者提供一系列无形服务，使市场营销的本质内涵得以全面呈现。

其次，服务营销有利于增强企业的竞争能力。当今企业所面临的市场竞争异常激烈，注重消费者的服务需求，及时地向消费者提供满意的服务，企业才能在市场竞争中立于不败之地。

再次，服务营销有利于提高产品的附加价值。服务是企业提供给消费者的利益中的一个重要组成部分，企业只有通过服务营销，努力提供其产品高于竞争对手的附加价值，才能提高消费者的满意度，赢得信赖，巩固市场地位，获得更大的利益，实现自己的经营目标。

最后，服务营销有利于提高企业的综合素质，树立企业的良好形象。服务营销人员是企业对外交流的主体，是企业与消费者联系的纽带。因此，服务营销工作可以促进营销人员素质和企业经营管理水平的全面提高，进而提高企业的综合素质。

（四）企业服务营销存在的问题

1. 服务营销理念不明确

当前我国企业有了一定的服务营销理念，但在企业的经营运作过程中，把理论应用于实践并取得成效的比例却不高。在竞争愈来愈激烈的市场上，企业开拓市场、把握市场的能力远远落后于形势所需。现代营销观认为，企业营销的出发点是消费者而不是企业本身，重点应关注消费者所需要的服务而不是企业所能提供的服务。但目前大多数企业还是以自己为中心，而不是站在消费者的角度为其提供相应的服务。

2. 提供的服务存在趋同性

服务的趋同性是指没有对服务市场进行细分，对各类消费者群体只提供一种服务。随着消费者消费需求的不断变化，不同的消费者之间的需求存在很大差异。有的消费者希望能获得高档的、全面的整体性服务，有的则希望获得低价的优惠服务。那么，企业就必须根据自身情况，选择一个或者几个细分市场提供服务。

3. 服务品牌意识不强

品牌是一个含义很广泛的概念，品牌策略是整个产品决策的重要组成部分。设计服务品牌的目的是使自己的服务有别于其他竞争者，它确立的是企业在消费者心目中的形象。一些企业的经营者商标意识、市场竞争意识还不够强，经营者忽视商标的作用，对服务中使用的商标不及时注册，到需要保护时才想到注册。商标意识不强的另一种表现是：某些企业只满足于做其他品牌的加盟店，不创造自己的品牌，而这样做忽视了企业的长远发展，最终易导致失败。

4. 服务人员素质较低

有不少服务人员的素质没有达到要求，对服务工作的理解较多地停留在"服务人员不需要什么技术"的层面，认为服务人员只要热情就能干好，正是这种偏见，大大降低了服务的质量。有些服务人员不了解消费者的心理，过分的热情反而引起了消费者的反感。有的企业认为培训服务人员，纯粹是浪费精力、财力，得不偿失。因此，多数服务人员未经培训就上岗，更谈不上工作中的培训。由于服务人员在企业中没有真正发挥作用，这就大大影响了企业服务质量的提高，影响了企业服务营销的发展。

注重顾客体验的服务营销

某火锅是中国著名的餐饮品牌，以其卓越的服务而闻名。该火锅的服务细节体现在多个方面，因而赢得了广泛的顾客满意度和品牌忠诚度。例如，顾客在等待用餐时，该火锅提供一系列免费的服务，如美甲、护肤、擦鞋、阅读杂志等，以缓解顾客的等待焦虑。在用餐过程中，服务员会主动提供热毛巾、围裙，并及时为顾客更换骨碟。对于长发的女士，服务员会提供发圈以避免头发掉入火锅中。此外，该火锅还会根据顾客的需求提供个性化服务，如为戴眼镜的顾客提供眼镜布，为小孩提供玩具、儿童餐具、婴儿床等，这些细致入微的服务让顾客感受到被尊重和关怀，提升了顾客的整体用餐体验。

点评：

该火锅的成功在于其对顾客体验的深刻理解和不断创新的服务理念。通过提供超出顾客期望的服务，该火锅创造了一个温馨、舒适的用餐环境，使得顾客在享受美食的同时，也享受到了高品质的服务。这种服务不仅提升了顾客的满意度，还通过口碑传播，吸引了更多的新顾客，增强了品牌的市场竞争力。

第二节

企业营销的道德评价

一、道德评价的实质

（一）道德评价的意义

从一般意义上讲，道德评价是指在日常活动中，人们依据一定社会的或阶级的道德规范准则体系，对他人或自身的行为和品质做出是非、善恶的价值判断，以达到"扬善抑恶"的目的。在不同的社会历史条件下，不同的阶级执政有不同的道德评价标准，因此，道德评价标准具有历史性和相对性的特点。

（二）企业营销道德评价

营销道德评价是指对现代企业某一营销行为是否合乎道德的评价，即：是善的还是恶的；是符合道德行为客体（社会、政府、其他企业、消费者）福祉，还是损害道德行为客体福祉的；是可以接受和值得称颂的，还是应当遭受谴责的。营销道德评价标准的总和就是营销道德，简单地说，运用营销道德对现代企业某一营销行为进行道德评价的行为就是营销道德评价。

（三）营销道德评价的复杂性

有关现代企业营销行为是否合乎道德标准的评价是相当复杂的，其复杂性主要表现在以下几个方面。

1. 营销行为评价标准的动态性

不同时代、不同国家的营销道德评价标准差别很大。因时代的不同、国家制度和文化的差异，对同一营销行为的道德评价结果大不相同。例如，在过去一段时间广为接受（或排斥）的营销行为，现在却普遍被人们排斥（或接受）；而在一个国家被广为接受（或排斥）的营销行为，却在另一个国家普遍被人们排斥（或接受）。企业营销道德评价具有一定的动态性。

2. 营销行为评价的差异性

虽然现代企业的营销行为具有一定的共性，这为确定具有广泛普遍性的营销道德、评价纬度和评价项目提供了理论基础，但是不同企业的营销行为存在很大差异，这意味着对不同类型企业的营销道德评价不能使用完全一致的评价指标。例如，在评价服务行业中企业的营销道德时，不会涉及包装的道德性问题，此时就有必要对具体的评价纬度和评价项目进行调整，添加或删除部分评价纬度和各纬度中的一些评价项目。

3. 评价主体观点的多面性

有些违背道德标准的行为，如虚假广告、销售假冒伪劣产品、欺骗定价等，其不道德性为人们一致认同；但是有些营销行为，如高压促销、高价格加成、对大客户实行价格优惠等差别定价等是否道德，人们的态度恐怕就难以一致了。例如，对于企业的差别定价行为，有些受访者认为是不道德的，因为这是企业在利用某些消费者的弱点来赚取超额利润；而一些受访者则不以为意，认为这是正常的营销行为，企业的"逐利性"这一特征决定了他们完全可以在必要的时候实施差别定价。由于存在这两种不同的观点，就无法对实施差别定价的企业给出一个唯一的道德评价。

因此，在对现代企业营销道德进行评价时，不仅要了解各个评价主体对企业营销道德的总体评价，而且要明确各个评价主体评价企业营销道德时，所采纳的视觉角度和具体标准。由于观点差异的客观存在，难以有一个被所有人都认同的道德评价体系。

另外，一个营销行为不能简单地被评价为是道德的或是非道德的，因为企业的营销活动涉及许多方面的利益关系。不同的评价主体、不同的利益相关者（包括企业、营销人员、消费者和社会）对同一营销行为的态度和价值判断不同。

二、企业道德评价的方法

借鉴西方发达国家的经验，做到自我评价、内部评价、外部评价相结合，以自我评价与内部评价为基础，结合外部评价的作用，使企业从业人员的职业道德状况始终处于社会、单位和个人的监督之下，有利于企业从业人员职业道德水平的提高。

（一）自我评价法

自我评价法是企业从业人员对自己在职业工作中是否遵守职业道德而进行的总结和评判的方式。自我评价是一种内在的、自觉进行的评价方式，主要靠内心信念起作用，它使人们对职业道德行为的必然性和正当性做出合理的解释，使企业从业人员在道德评价中形成一种自知、自尊、自诚的精神，从而成为企业从业人员对其自身行为进行调整的巨大精神力量。

自我评价在企业职业道德评价中占有重要位置。企业根据职业道德基本规范的要求，设置若干项自我评价的内容，再根据每项内容的具体要求设计多项具体指标，通过自我评价，对企业从业人员进行职业道德约束。

（二）内部评价法

内部评价法是指企业内部对企业从业人员的职业道德行为进行评价的方式。内部评价法主要通过内部的考核评分、工作效率评价、对比评价、追踪评价等方法，对企业从业人员进行较为详尽的评价。这种评价方法的可操作性比较强。企业内部评价标准一般包括以下几个方面。

（1）爱岗敬业，即企业从业人员要热爱企业工作，忠于职守、尽心尽力、尽职尽责。这是企业从业人员做好本职工作的基础和条件，是最基本的道德素质要求。

（2）诚实守信，即企业从业人员在从事企业工作时应当实事求是地做事，讲信用、重信誉、信守诺言，这是企业职业道德的基本工作准则。

（3）廉洁自律，即企业从业人员要公私分明、不贪不占、遵纪守法、清正廉洁。这是由企业本身的特点决定的，是职业道德的内在要求和行为准则。企业活动涉及国家单位、投资者、债权人等方面，企业从业人员只有自身做到廉洁自律，才能理直气壮地行使核算和监督的企业职能，保证企业活动的正常进行。

（4）客观公正，即企业从业人员要端正态度、依法办事、实事求是、不偏不倚，保持应有的独立性。

（5）坚持准则，即企业从业人员要熟悉国家法律法规和国家统一的企业制度，始终坚持按法律法规和国家统一的企业制度的要求进行企业核算，实施企业监督。因此，坚持准则就是坚持依法办理企业事务。

（6）提高技能，即企业从业人员要增强提高专业技能的自觉性和紧迫感，勤学苦练、刻苦钻研、不断进取，以提高业务水平，包括专业理论水平、实务操作能力和职业判断能力等诸方面。

（7）参与管理，即企业从业人员在做好本职工作时，要努力钻研相关业务，全面熟悉本单位经营活动和业务流程，主动提出合理化建议，协助领导决策，积极参与管理。

（8）强化服务，即企业从业人员要树立服务意识，提高服务质量，努力维护和提升企业良好的社会形象。

上述各项可以给出具体评价指标，并按分值评定出相应等级，如各项考核得分高于90分的，评定为A级；考核得分高于80分低于90分的，评定为B级；考核得分高于70分低于80分的，评定为C级；考核得分高于60分低于70分的，评定为D级；考核得分低于60分的，评定为E级。评价程序也必须进行规范，可以由企业各相应单位准备文件、资料并报送评定机关，由评定机关派出评审小组进行审查，再由评定机关确认个人信用等级、颁发等级证书（A、B类）或下发等级评定通知书（C、D、E类），并上报企业道德委员会备案。每年年终评定一次，并将评定结果记入企业从业人员个人信用档案。

（三）外部评价法

外部评价法是指财政部门、社会组织或外部人员，对企业从业人员的职业道德行为开展评价的活动方式。外部评价的方式包括以下几类。

（1）社会舆论。就内容和性质来说，社会舆论可划分为政治舆论、文艺舆论、宗教舆论和道德舆论等。道德舆论与其他社会舆论相联系，相互补充，是企业从业人员职业道德社会评价最重要、最基本的方式。要有效运用各种舆论工具、加强舆论监督，形成浓厚的道德舆论氛围，使身体力行社会主义思想道德的人受到社会舆论的大力肯定和褒扬，使背离社会主义思想道德的行为受到社会舆论的批评乃至谴责，营造"守信光荣、失信可耻、无信堪忧"的社会舆论环境。

（2）传统习俗。传统习俗是指人们在社会生活中长期形成的一种相对稳定的、习以为常的行为倾向，并成为一定群体的传统习惯和社会风俗。以道德行为是否符合传统习俗作为评价标准来判断行为的善与恶，即适合传统和习惯的做法就是善的行为，否则就是恶的行为。

（3）政府部门评价。由财政、税务、审计、监察等部门对企业从业人员遵守职业道德的情况进行检查、评价。可采用电脑随机抽样的方法，检查企业从业人员的工作，对有问题的人员做出相应的处理；同时建立企业从业人员诚信公布栏，进而评价该企业的信用等级。

（4）中介机构评价。由会计师事务所等社会中介服务机构，对企业从业人员职业道德行为进行评价，他们负责对各单位的资料及有关情况进行审计、验资和开展其他业务工作。中介机构的注册会计师是企业工作中社会评价的重要力量，它通过执行业务，为维护社会公众的利益和投资者的合法权益，促进社会主义市场经济的健康发展，起着重要的作用。

（5）客户评价。客户评价是外部评价法的重要方式。因为客户作为旁观者，较易对企业行为做出客观、公正的评价。客户评价具体可采用以下两种方法：一是深入客户进行调查研究，调查主要可采用问卷调查、与客户座谈两种方式；二是制定客户监督制度，如建立公开举报制度，设立举报电话和意见箱，制定工作人员守则，以醒目的方式唤起客户的注意，评选出优秀的企业从业人员。

三、营销道德理论模型

目前，国内外学术界对企业营销决策伦理评价的必要性已有相当程度的共识，如何进行有效的道德评价，为实际工作者提供一个具有较强操作性的决策分析模型，仍是一个有待进一步研究的课题。

目前营销人员在进行方案评价和决策实施结果评价时，大多是根据自身的经验，为数不多的决策者会使用一些评估工具，真正适用于道德伦理决策的工具非常少，或者可以说更多的决策模型是偏向于描述性的，没有量化的标准，不方便决策者直接使用。因此，一些合理的、便于企业在营销决策时使用的决策工具是必不可少的。

（一）国外营销道德决策模型

从20世纪60年代起，国外的学者就在不断地探索如何运用各种营销道德决策模型，并取得了一定的成果，这里主要介绍有代表性的四种营销道德决策模型。

1. 布兰查德和皮尔的"营销道德检查模型"

美国商业领袖肯·布兰查德（Ken Blanchard）和美国企业道德管理学派的创始人诺曼·文森特·皮尔（Norman Vincent Peale）于1988年在《道德管理的力量》一书中，提出了一个包括三个道德检查项目的营销道德检查模型。这三个道德检查项目如下。

（1）这合法吗？法律是必须遵守的最低要求的行为规范，因此，不违法是最基本的要求。决策分析时，首先要问自己的是，这合法吗？这里所说的合法与否，是指从字面上的法律来说的，故是否合法，答案很清楚。

（2）长、短期利益平衡吗？即决策是否兼顾了短期利益和长期利益？

（3）自我感觉如何？我的行为是否将使我感到骄傲？假如我的决定曝光给公众（如在报上登出来），我会感觉很好吗？假如我的亲人知道了，我会感觉很好吗？

它们最大的优点是简单实用，无须掌握那些看起来比较抽象的道德原则，便可做出大致符合道德的决策。

但作为完整的道德评价，这三个检查项目是难以胜任的。其局限性主要在于以下几个方面。

第一，法律往往是滞后于现实的，尤其在我国，社会主义市场经济不太成熟，法律法规难免会有缺陷及不足，仅仅遵守字面上的法律，不足以避免非道德的决策。虽然不道德行为最终会损害企业利益，但有时这一过程很长，可能需要几年、十几年，甚至几十年才能反映出来。

第二，仅仅以是否合法来衡量决策方案，所追求的道德层次不高。总体来说，这三个检查项目有其实用价值，对决策备选方案进行初步筛选起到了作用，同时，能避免许多因没有考虑道德因素而导致的严重决策失误。

2. 谢尔比·亨特和斯科特·维特利的"营销道德决策理论模型"

1986年，美国大学教授谢尔比·亨特（Shelby Hunt）和斯科特·维特利（Scott Vitell）从描述性角度解释了道德决策过程，探寻了影响道德判断的因素和原因，建立了营销道德决策理论模型。1991年，他们又对1986年的模型进行了一些修正，扩充了各个环境因素的具体内容，并且把情境约束因素换成内容更多的行为约束因素。

该模型探讨了现实生活中营销人员是如何做出道德决策的。谢尔比·亨特和斯科特·维特利认为，道德决策过程包括道德判断、建立道德意图、道德行为发生、行为实际产生的后果评价。当营销人员面对道德困境时，各种环境因素（文化环境、行业环境和职业环境）、组织环境因素和个人因素（价值观、道德品质、信念体系、道德敏感程度等）

会影响营销人员确定可供选择的方案。同时，营销人员对这些方案从义务论和结果论两个角度进行评价，其中义务论评价受当时的义务论规范的影响，结果论评价受行为结果出现的可能性、行为结果出现的希望程度和利益相关者的重要程度的影响。营销人员的总体道德判断是综合了义务论评价和结果论评价两种评价的结果。

在建立道德意图阶段即形成行动意图阶段，谢尔比·亨特和斯科特·维特利认为意图由总体道德判断和结果论评价决定，意图建立后是否最终产生实际的行为还受行为约束因素的影响。最后，营销人员对行为的实际结果进行评价，这种评价将反过来成为个人经验的一部分，影响以后的道德行为或不道德行为的发生。

但是这种决策理论模型明显暴露出不足，如没有考虑到个体在关系体中道德决策的调整过程，交易双方必须遵循互惠和公平交换原则。交易者的营销道德决策行为与其说是个人的道德决策行为，不如说是关系网络中所有成员的共同道德决策行为，因为只有个人在做出服从关系体道德观的决策后，才得以用网络成员的身份进行交易，否则如果某个体的决策不符合关系体的道德标准，就可能导致其与网络成员间关系的破裂，也就不可能有道德决策后的交易行为产生。因此，个体为保持关系体状态，获得关系体中的持续收益（包括功利性和非功利性的），就必须调整自己的道德判断及意向，以适应关系体中的共同道德标准。

3. 费雷尔和格雷沙姆的"营销道德决策模型"

1985年，著名学者费雷尔（O.C. Ferrell）和格雷沙姆（Gresham）在前人研究的基础上，提出了营销道德决策模型。该模型从论述道德问题的出现开始，认为道德问题是从社会文化环境中产生的。

该决策模型提出，当一个营销人员面临道德困境，进行道德决策时，受个人的知识、价值观、态度和意图及当时的社会道德规范影响，同时受组织内有影响力的其他人的影响较大。例如，因为权力和服从的需要，高层管理者比一般同事对个人具有更大的影响力。费雷尔和格雷沙姆采用差异学习理论和角色定位理论，阐释了组织内有影响力的其他人对决策者的作用机制，认为差异学习的产生可以预测道德行为或不道德行为是否发生。

营销人员在进行道德决策时，还受不道德行为发生机会的影响，这种机会与是否存在职业道德守则、公司政策和奖惩制度相关。例如，对不道德行为奖励越大，不道德行为发生的可能性越大；对不道德行为惩罚越小，不道德行为发生的可能性越大。而对实际发生行为的评价，又反过来影响个人的道德观念和不道德行为发生的机会。

该决策模型指出，影响营销人员道德决策的基本因素有个人因素和组织因素：个人因素包括知识、价值观、信念、态度和目的，组织因素包括组织内有影响力的其他人和不道德行为发生的机会。但对社会、文化、行业等其他外部环境没有加以考虑，仅仅提到了道德问题或道德困境是从社会或文化环境方面产生的。另外，该模型没有对道德判断和道德选择加以区别，而认为二者是统一的。

4. 基恩·莱兹尼克的"营销道德分析框架"

1983年，美国马奎特大学营销学教授基恩·莱兹尼克（Gene R. Laczniak）提出一个基于三大判定理论（罗斯显要义务理论、加勒特相称理论和罗尔斯的社会公平理论）的问题式模型，他的模型分析框架由八个问题构成：如果对所有问题，答案都是肯定的，则该行为极有可能是不道德的；如果对每个问题的回答都是否定的，则该行为可能是道德的。

（1）该行为是否违法？

（2）该行为是否违背任何一般的道德义务（包括忠诚的义务、感恩的义务、公正的义务、仁慈的义务、自我完善的义务、不伤害的义务）？

（3）该行为是否违背相关营销组织的特定义务（如制药公司负有提供安全产品的特定义务）？

（4）该行为的动机是否是邪恶的？

（5）该行为是否会导致任何重大邪恶的事情发生？或者是否会由于该行为而出现重大邪恶的事情？

（6）是否故意放弃了好处相同或更多而邪恶更少的备选方案？

（7）该行为是否侵害了消费者不可剥夺的权利？

（8）该行为是否使他人或群体利益受损？利益受损的他人或群体是否属于弱势群体？

以上八个具体化的问题相对比较好回答，这一分析框架不仅照顾到了一般性的问题，还提出了针对特定行业、特定产品的特殊问题，但有些问题比较抽象，实际应用中可操作性不够强。

（二）国内营销道德决策模型

1. 二层次企业决策道德评价模型

针对国外学者所建立的决策模型只是区分道德与不道德，但普遍缺乏道德层次性的判定。上海交通大学教授周祖城提出了由"可接受"和"满意"组成的二层次企业决策道德评价模型，并提出了相应的准则。该决策模型认为，企业所追求的道德层次不同，有的企业对所追求的道德层次的定位是比较高或很高的，也有企业（而且为数不少）满足于不受法律制裁和舆论谴责就行了。很明显，这两类企业所需的道德评价决策准则是不同的。[①]

周祖城还认为，道德评价可分为三个层次：损人害己、损人不利己、损人利己、损公肥私是不道德的，是不能接受的；利人利己、公私兼顾是道德的，属于可以接受的，但道德层次不高；先人后己、先公后私、无私奉献是高尚的道德，是鼓励的。

从最低的道德水平到高尚的道德水平甚至卓越的道德水平，从理论上讲是一个连续体。各种层次道德水平的界限如何确定是很困难的事情，该道德评价模型没有提出用哪些标准来衡量高尚的道德和卓越的道德，在理论上有待完善。

2. 基于综合契约论的企业营销道德决策模型

北京交通大学教授黎群和李林波在研究戴维·弗里切的跨国企业营销道德决策模型的基础上，提出了改进的企业营销道德决策模型，该模型的核心是要让营销主体面对不同的道德组织及利益相关者，提出各种权益要求，做出合乎道德的营销决策。[②]

① 周祖城. 企业决策的伦理评价模型[J]. 决策借鉴，2001，14（3）：11-14.

② 李林波. 企业营销决策的伦理判断研究[D]. 北京：北京交通大学，2007：43-45.

该模型的一个鲜明的特点是适应跨国商业活动所遇到的不同文化环境的不同道德规范。该模型强调将最高规范纳入评估范围，同时要考虑所有适用的当地社团规范。这就保证了决策者对自己、对所在地、对各利益团体所遵循的道德规范，这样就能比较科学地将文化的共性和个性统一起来，克服了相对主义的无原则性和伦理霸权主义。

该模型的另一个特点是灵活，即给予决策主体一定的"道德自由空间"。

当然，这个决策模型还属于一般性模型，即具有一定的普遍性，但没有专门针对营销活动进行细分。此外，对于具有不同伦理准则的社团，也没有进行细分和确定，还需进行更深层次的研究。

四、影响营销道德决策的因素

（一）外部因素

1. 市场经济因素

市场经济因素是指在一定的社会经济发展水平条件下，市场体系与市场机制发育的程度及市场供求状况的趋势。市场经济是竞争经济，当市场体系与市场机制较成熟和完善时，公平竞争与诚信原则获得充分发展。当市场趋势越呈现出供大于求的格局时，市场竞争越激烈，企业在竞争中的行为越是受到其他企业和消费者的监督和制约，市场因素的优化，为企业营销道德的建设提供了良好的市场环境。

2. 文化因素

社会文化是在人们的社会实践中形成的，是一种历史现象的沉淀。任何企业均在一定的社会文化中生存和发展，受到社会文化的制约和影响。企业在经营活动中所遵循的道德规范，必然与其所处的文化及道德环境有着千丝万缕的内在联系。文化因素主要由物质文化、精神文化和行为文化构成。

3. 政府因素

政府因素是影响企业营销道德水准的极其重要的客观因素，主要包括政府立法调控体系是否健全，政府对企业违法及违德行为采取何种态度。例如，政府对自然资源、资本和人力资本资源的占有、分配与控制问题，政府对国民经济运行的控制和管理权限问题，政府对生产（谁来生产、生产多少、为谁生产）的控制（涉及企业的产权制度、利润分配与破产机制）问题，政府对国际和国内贸易的控制问题等，都是政府因素的具体体现。

4. 法制体系健全程度

立法程度完善与否，直接关系到企业的营销行为。立法完善，执法机构健全，执法严格，必然会对企业形成强有力的约束，对某些企业的非道德营销行为起到有效的限制作用，迫使企业严格按照市场法则来从事生产经营活动，否则就会受到市场规律和法律的制裁。相反，如果立法不完善，执法不严，甚至纵容或包庇某些企业的违法违德行为，必然会给这些企业提供可乘之机，从而加剧企业的违法违德行为。当前，健全法律法规对于我国的市场经济有序和良性发展具有极其重要的现实意义。

（二）组织因素

1. 企业文化

企业文化是企业的灵魂，是推动企业发展的不竭动力，是企业全体成员共同遵守和信仰的行为规范和价值观体系，是指导人们从事工作的哲学观念。企业文化包括文化观念、价值观念、企业精神、道德规范、行为准则、历史传统、文化环境等，其中价值观念是企业文化的核心。

企业文化可以通过三个方面对个人的道德决策行为产生影响。一是通过企业观念影响个人行为，个人接受了企业倡导的观念，并自觉地用它们来规范自己的行为；二是通过行为规范影响个人行为，遵守规范会得到肯定、承认和奖赏，而违反规范则会招来否定、排斥和惩罚，个人即使是出于趋利避害的目的，也会有意识地接受并奉行行为规范；三是通过企业风气影响个人行为，个人受企业风气的影响，屈服于团体的压力，而选择从众行为。

2. 道德守则

企业道德守则（或道德规范）是企业处理与内外部各种关系的指导原则，是企业文化的具体表现。道德守则是要求企业成员接受的行为规范或标准，对企业中的个体行为具有强有力的影响，可以用于支持道德的行为。道德守则可以使营销人员知道什么样的行为是企业可以接受的，它有助于让营销人员使他人知道其希望以合乎道德的方式开展工作，是有效地规范营销人员行为的内部控制手段。

3. 报酬体系

报酬体系对企业文化体系的整合具有重要影响。业绩考核压力使营销人员面对更多的道德冲突，如营销人员经常面临的情形是客户暗示或者行业内的"回扣"之风，如果自己拒绝这种暗示或忽视这种行业内的道德惯例就可能吃亏，销售额上不去，他们一方面承受着业绩考核的压力，另一方面承受着道德上的压力。这种情形下，如果企业只根据营销人员的业绩指标来定报酬，营销人员很可能会妥协，做出不道德营销决策。

同样，人们会去做受到奖励的事情，而尽量避免去做会受到惩罚的事情。如果人们无须对不道德营销行为造成的后果承担责任，或者通过不道德营销行为完成了业绩，受到了奖励，那么，不道德营销行为就会更频繁地出现。

4. 企业领导者的经营哲学

企业领导者的个人哲学对营销决策的道德水准起决定作用。企业领导者自身的道德认知水平是个人价值观、世界观等道德素质的反映，他们不仅具有最高经营决策权，而且肩负着企业发展、不断改善职工生活等社会责任。企业领导者是企业的人格化、企业的头脑和心灵，其个人哲学必然融入企业经营决策的规定与实施中。如果企业领导者具有正确的经营哲学，在进行营销决策时，既考虑企业的利润目标，又考虑消费者及社会的利益，则能体现出企业营销决策的道德性。反之，如果企业领导者片面追求利润最大化而损害社会与消费者利益，营销决策必然会偏离道德的轨迹。

（三）个人因素

1. 个人道德认知水平

美国心理学家劳伦斯·科尔伯格（Lawrence Kohlberg）对个人的道德发展进行了长期的研究。他认为，个人道德发展与生理发育一样，要经历从幼儿到成年人的过程。在成长过程中，他们的道德推理一般要经历由低到高的六个阶段。

（1）逃避惩罚。

（2）寻求奖赏。

（3）良好关系导向：处于这一阶段的人认为，那些能获得家庭、朋友、上司、同事赞同或能使他们高兴的事情即为恰当的行为。

（4）守法：处于这一阶段的人认为，行为道德与否不能由家庭、朋友、上司、同事等决定；正确的行为包含履行个人的义务，尊重权威，维护社会秩序；对国家和法律的忠诚是最重要的。

（5）社会契约导向：处于这一阶段的人意识到，虽然规则和法律在大多数情况下应该遵从，但必要时也可改变。一些根本的价值，如生命、自由，无论如何都应该维护。"大多数人的好处"是该阶段典型的道德规范。

（6）普遍道德原则导向：处于这一阶段的人，把正确的行为看作是由个人基于普遍道德原则决定的。这些原则包括公正、公共福利、平等、尊重人等。

2. 成就动机

成就动机源于两个方面：取得成功的动机和避免失败的动机。这些动机可以通过多种方式表现出来，包括对地位、晋升和加薪的追求等。强烈的成就动机可以促使个体弱化道德行为标准。对于营销人员来说存在大量的机会，这些机会可能意味着巨额的报酬，在巨额的报酬面前，营销人员会不由自主地将某些不道德行为合理化。成就动机本身没有错，但一旦成为决策的动力，就可能导致许多问题的产生。

3. 归属需要

出于工作的需要，营销人员必须广泛地与人打交道，并与他们建立一定程度的关系。归属需求强烈的营销人员会弱化道德行为标准，以便显示出直接的能力并因此获得对于自己来说很重要的人的认可。营销人员在做道德决策时必须当心，不可让归属需求成为一种支配性的驱动力量。

4. 自我强度

自我强度是衡量个人自信心强度的一种个性变量。自我强度得分高的人比得分低的人更可能克制冲动并遵循自己的判断，也就是说，自我强度高的人更可能做他认为正确的事。可以预料，在道德判断和道德行为之间，自我强度高的管理者比自我强度低的管理者表现出更大的一致性。

5. 控制中心

控制中心是衡量人们相信自己掌握命运程度的个性特征。具有内在控制中心的人，认为他们控制着自己的命运，而具有外在控制中心的人，则认为他们一生中发生什么事全凭运气。从道德的观点来看，具有外在控制中心的人，不大可能对他们行为的后果负个人责任，更可能依赖外部力量。相反，具有内在控制中心的人，则更可能对其行为后果承担责任，并依据自己的内在是非标准来指导自己的行为。在道德判断和道德行为之间，具有内在控制中心的管理者比具有外在控制中心的管理者表现出更大的一致性。

五、促进营销道德决策的途径

（一）外部环境建设

1. 完善法律法规

在激烈的市场竞争条件下，不可避免地会出现一些违背法律、道德的营销行为，必须通过完善立法来规范企业营销行为。美国经济学家、诺贝尔奖获得者加里·斯坦利·贝克尔（Gary Stanley Becker）强调，对违规营销行为，要加大犯罪成本，即加重处罚的力度，如罚款的数额，对当事人追究刑事责任等，使违法者的收益远远低于法律制裁带来的损失，从而在很大程度上遏制住企业做出不道德决策的动机。[①]

法律法规不仅为治理企业的营销道德失范行为提供了依据，而且使企业做营销决策时有了参照的底线。我国关于营销方面的法律法规主要包括：《中华人民共和国消费者权益保护法》（2013年修正）、《中华人民共和国反不正当竞争法》（2019年修正）、《中华人民共和国产品质量法》（2018年修正）、《中华人民共和国广告法》（2021年修正）、《中华人民共和国价格法》等，这些法律法规对于鼓励符合道德的营销决策起到了相当大的作用。

当然，政府要严格执法，维护公平的竞争环境，克服地方保护主义，并广泛吸收发达国家的先进经验，及时预见市场经济发展过程中可能发生的不道德行为，从而最大限度地降低由于法律建设滞后造成的损失。

2. 加强社会监督

（1）加强各种消费者组织的监督。消费者是企业核心利益相关者，他们关系着企业的生存和发展，企业必须全面考虑满足消费者的道德需求，重视营销决策的道德性，树立良好的道德形象。同时消费者要树立理性的消费观念，提高自身素质，提高商品鉴别和识别能力，不盲目追求流行和时尚。消费者的正当利益一旦受到侵害，消费者组织要代表消费者利益，并有权进行调查、调解纠纷，甚至代表消费者向法院起诉。

（2）加强各种新闻媒介的舆论监督作用。各种新闻媒介要敢于对那些从事违法营销活动的当事人，尤其是对制售假冒伪劣产品、强买强卖、乱收费等危害市场秩序的行为进行大胆揭露，使其暴露在光天化日之下，成为"过街老鼠"。

（3）加强各种监督的有机结合。群众监督、舆论监督和行政监督做到有机结合，成为引导、评判和督促企业营销道德建设的健康发展的重要力量。

3. 优化市场体系

完善的市场体系是一个包含多种经济形式、多层次、多种运作方式在内的综合体

---

① Becker, Gary S .Crime and Punishment: An Economic Approach[J].Journal of Political Economy, 1968, 76(2):169-217.

系。健全的市场体系可以为企业间的公平竞争提供基本条件，通过自由竞争，淘汰那些没有营销道德的企业或个人，从而优化市场环境。此外，健全市场体系，培育竞争环境，并不意味着竞争是不加任何限制的。政府对于竞争的引导和必要干预，可以避免企业间竞争的无序性和盲目性，从而在宏观上达到平衡运行，实现资源的有效利用。

（二）内部环境建设

1. 加强道德思想教育

在经营活动中，企业要有正确的经营指导思想，以社会营销观念为导向，用正当的、合法的手段获利，不能唯利是图，更不能见利忘义、见利损人。企业的营销活动不仅要满足广大消费者的需求，而且要符合消费者和社会的长远利益。同时，企业要承担相应的社会责任，关心社会福利的增进，要将获取利润与满足消费者需要及社会利益结合起来，形成诚实守信、买卖公平的经营思想，构建适应我国社会主义市场经济体制的营销道德体系。

许多在经营上取得成功的著名企业，无不以良好的道德形象闻名于世。阿里巴巴一直秉持着"客户第一、员工第二、股东第三"的经营理念，强调企业的社会责任和道德价值观。华为一直强调"以客户为中心，以奋斗者为本"的企业核心价值观。京东在企业文化中强调"客户为先、创新、拼搏、担当、感恩、诚信"等价值观。顺丰快递一直以服务质量和客户体验为生命线，通过制定严格的服务标准和规范，确保每一个环节的服务质量，同时，顺丰快递也强调员工的行为规范和职业道德，确保员工在为客户提供服务时始终保持诚信和专业。

2. 注重企业文化影响

企业文化是影响员工营销道德的重要内部因素，任何企业都是在一定的文化环境中生存和发展的，都要受到文化的制约和影响。企业文化直接影响着员工的营销道德，它规定、制约着员工的营销行为。

（1）将营销道德思想纳入企业核心价值观中。企业可以用简短的、概述性强的口号将企业的核心价值观表达出来，让企业的每一个员工都清清楚楚地知道并了解它，如海尔的"真诚到永远"、长虹的"敬业报国"。

（2）将企业文化灌输给员工。企业可以通过多种组织形式，将以营销道德为主导的企业文化灌输给员工，并对其行为产生影响，如为成绩突出的员工举办庆功会、以当事人的名字命名新产品或专利、举办各种形式的讨论会和交流会等。此外，充分发挥典型人物的模范作用。要形成健康的企业文化，典型人物是必不可少的，树立典型可以帮助员工通过身边发生的事例，看到具体的努力方向，企业营销活动中的最主要的典型是销售冠军、热情服务模范、技术标兵等。

（3）将营销道德观念融入企业营销战略。之所以要将营销道德观念融入企业营销战略，主要是因为企业营销战略涉及的利益相关者越来越多，他们的力量不容忽视，他们的意见左右着企业营销战略的制定和实施。

企业进行营销决策时，要考虑营销行为是否对各利益相关者有影响，要回答"我们的营销战略做到对核心利益相关者负责了吗"和"我们能将长期的企业利益、消费者利益与社会利益结合起来吗"等问题。因此，从战略的高度来把握道德问题，可以避免整体实施不协调和行为混乱的问题，从而达到系统化实施企业营销道德建设的目的。

3. 利用道德准则规范行为

企业要想有效地约束员工的行为，必须建立起一套切实可行的道德准则作为员工行动的指南。法律法规只是道德规范的最基本要求，合法的营销行为不一定合乎道德标准。建立营销道德准则，最根本的是确立并实施社会营销观念，形成一套履行道德与社会责任的行为准则，自觉维护消费者的利益与社会福利。

在我国，有许多企业都制定了道德规范。华为设有多个道德遵从委员会，引导员工遵守所在国家的规则，约束员工的行为，确保在全球的经营活动符合道德规范。中国中车发布"正道品行"行为识别系统，包括坚定信念、热爱企业，客户向导、服务至善，合规经营、筑牢根基，开放包容、协同共赢等内容。这些都堪称企业制定道德规范的典范，表明了企业对经营道德的重视。

4. 成立营销道德委员会

企业可以借鉴国外大公司设立道德委员会和道德主管的做法，成立营销道德委员会，其职能包括定期举行会议讨论道德问题，向企业的全体成员传播企业的道德准则，对可能出现的违反准则的行为进行检查，把营销道德委员会的活动向董事会汇报等。当然，不必完全照搬国外的做法，应当结合我国企业的实际情况来设立相关机构。

营销道德委员会作为企业管理层和执行层的联系枢纽，将能有效监督企业日常营销决策的执行。

本 章 小 结

道德营销不同于营销道德。道德营销要求现代企业通过合乎道德的整体营销活动来达成企业目标，其内涵是由企业的责任决定的，如企业对自身的责任、企业对消费者的责任、企业的社会责任。

道德营销有最高级、较高级、一般级和最低级四个层次的追求。在营销决策中，企业的经营活动应避免最低级层次的道德营销活动，把握好企业市场营销中的道德问题，切实关注企业的长远利益与稳定性因素，将道德优势转化成竞争优势，实现企业自身价值。最关键的是让顾客满意，正确处理顾客抱怨，最终达到顾客信任，从而使顾客对该品牌产品及该企业产生信任感，他们可以理性地面对企业的成功与不利阶段。

绿色营销和服务营销是两种具有特殊意义的道德营销，前者是将环境保护作为企业生存、发展的条件与机会的一种新型营销观念，其原则是以人为本、天人合一、可持续发展、诚实不欺准则；后者是企业在充分认识消费者需求的前提下，为充分满足消费者的需求而在营销过程中所采取的一系列活动，服务营销进一步丰富和拓展了市场营销的内容，其特点是不可感知性或无形性、差异性、不可分离性、不可运输性。服务营销充分满足了消费者的需要，有利于增强企业的竞争能力，有利于提高产品的附加价值，有利于提高企业的综合素质，树立企业的良好形象。

企业营销道德评价是指对现代企业某一营销行为是否合乎道德的评价。营销道德评价的复杂性主要表现在营销行为评价标准的动态性、营销行为评价的差异性、评价主体观点的多面性等。企业道德评价方法有自我评价法、内部评价法、外部评价法。外部评价的方式包括社会舆论、传统习俗、政府部门评价、中介机构评价、客户评价等方面。

国外营销道德决策模型主要有布兰查德和皮尔的"营销道德检查模型"、亨特和维特利的"营销道德决策理论模型"、费雷尔和格雷沙姆的"营销道德决策模型"、基恩·莱兹尼克的"营销道德分析框架"；国内营销道德决策模型主要有二层次企业决策道德评价模型、基于综合契约论的企业营销道德决策模型。

影响营销道德决策的外部因素有市场经济因素、文化因素、政府因素、法制体系健全程度；组织因素有企业文化、道德守则、报酬体系、企业领导者的经营哲学；个人因素有个人道德认知水平、成就动机、归属需要、自我强度、控制中心等。

促进营销道德决策的途径包括外部环境建设和内部环境建设。外部环境建设包括完善法律法规、加强社会监督、优化市场体系；内部环境建设包括加强道德思想教育、注重企业文化影响、利用道德准则规范行为、成立营销道德委员会。

思考与练习

一、填空题

1. 道德营销是由_____决定的。

2. 顾客满意是指顾客对一件产品或服务满足其需要的_____与_____进行比较所形成的感觉状态。

3. 绿色营销的道德原则：以人为本原则、_____、_____、诚实不欺准则。

4. 我国关于营销方面的法律法规主要包括：《中华人民共和国消费者权益保护法》、_____、《中华人民共和国产品质量法》、_____、《中华人民共和国价格法》等，这些法律法规对于鼓励符合道德的营销决策起到了相当大的作用。

5. 服务营销具有无形性、差异性、_____和_____四个特征。

二、选择题

1. 下列说法正确的是（　　　）。

    A. 道德营销不同于营销道德　　　　　　B. 道德营销就是营销道德

    C. 绿色营销就是保护环境　　　　　　　D. 上述三个答案都不正确

2. 道德营销是由（   ）所决定的。

    A. 社会责任   B. 企业责任

    C. 个人责任   D. 上述三个答案都不正确

3. 社会舆论属于（   ）。

    A. 内部评价   B. 自我评价

    C. 外部评价   D. 上述三个答案都不正确

4. 与实物产品比较，服务产品的特征是（   ）。

    A. 无形性   B. 不可分离性

    C. 不可运输性   D. 差异性

5. 营销道德评价的复杂性主要表现在（   ）。

    A. 营销行为评价标准的动态性   B. 营销行为评价的差异性

    C. 评价主体观点的多面性   D. 上述三种答案都正确

三、简答题

1. 简述绿色营销。

2. 简述顾客满意的特性。

3. 服务营销的作用有哪些？

4. 在道德决策建设中，如何注重企业文化影响？

5. 影响营销道德决策的因素有哪些？

四、案例分析

餐盒变文具

    晨光文具在开学季续写美团"青山计划"，用该计划的环保材料推出"环保记"碳中和文具，并以"追光吧，少年"营销活动，将环保话题具象到学习中的一笔一画。晨光文具还携手美团共同举办绿意盎然的发布会，在终端店头搭建主题场景，让消费者提前感受到开学的快乐，同时重温校园时光。

思考题：

1. 简述晨光文具的营销理念。

2. 晨光文具绿色营销的创新意义是什么？

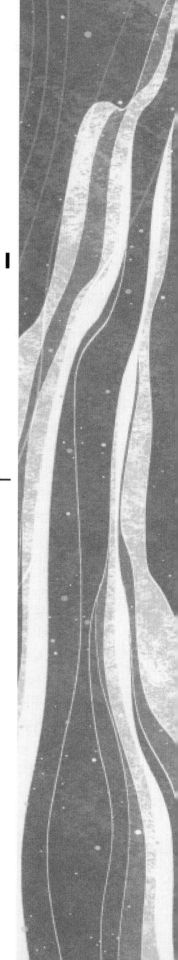

第四章

市场调研中的道德与文化问题

▌本章学习目标

- ◢ 了解市场调研的含义及其内容、作用、功能等相关知识。
- ◢ 掌握调研问卷失真问题。
- ◢ 理解与客户、委托人、竞争者、公众等相关的道德与文化问题。

▌关键词汇

- ◢ 市场调研（Market Research）
- ◢ 问卷失真（Questionnaire Distortion）
- ◢ 客户名单（Client List）

▌引子

- ◢ 兵法云："知己知彼，百战不殆；不知彼而知己，一胜一负；不知彼，不知己，每战必殆。"商场如战场，瞬息万变，企业没有自己的调研队伍，没有自己的信息系统，无异于是聋子、瞎子。

第一节
市场调研

随着企业竞争的加剧及消费者需求的多样化，市场调研工作的重要性日益突出，市场调研可以为企业制定营销决策提供可靠依据。

一、市场调研及相关概念

（一）市场调研的定义

市场调研是指调研人员运用科学的方法，有目的、有计划、系统地收集、整理和分析研究有关市场营销方面的信息，提出解决问题的建议，供营销管理人员了解营销环境、发现机会与问题，以进行市场预测和营销决策。市场调查与市场调研二者互相联系又互相区别，市场调查针对调查的信息进行整理和分析，如实反映市场供求与竞争的情况；而市场调研则是在市场调查的基础上，运用科学的方法，对所获得的数据与资料进行系统的、深入的分析研究，从而得出符合客观事物发展规律的结论。市场调研是企业了解产品市场和把握顾客的重要手段，是帮助企业决策的重要工具。

（二）市场调研的内容

市场调研主要涉及影响营销策略的宏观因素和微观因素，如市场需求、产品、价格、促销、分销、营销环境等。根据不同的调研目的，市场调研内容的侧重点也会有很大不同。总体来讲，市场调研的内容大致包括以下几个方面。

1. 市场需求调研

市场需求是企业营销的中心和出发点，要想在激烈的竞争中获得优势，企业就必须详细了解并满足目标客户的需求。因此，市场需求调研是市场调研的主要内容之一。市场需求调研的具体内容包括：市场需求量的调研、市场需求产品品种的调研、市场需求季节性变化情况调研、现有客户需求情况调研（数量、品种）。

2. 产品调研

不同的市场对产品的需求不一样，产品在地区之间的需求会出现差异化，产品调研成为市场调研中不可忽略的方面。产品调研的内容包括：产品品质需求调研、产品品种需求调研、产品质量调研等。

3. 价格调研

价格会直接影响产品的销售额和企业的收益情况，价格调研对于企业制定合理的价格策略具有至关重要的作用。价格调研的内容包括：产品市场需求、变化趋势的调研，国际产品市场走势调研，市场价格承受心理调研，主要竞争对手价格调研，国家税费政策对价格影响的调研等。

4. 促销调研

促销调研主要侧重于消费者对促销活动的反应，了解消费者最容易接受和最喜爱的促销形式。促销调研的具体内容包括：调研各种促销形式是否突出了产品特征，是否起到了吸引客户与争取潜在客户的作用。

5. 分销渠道调研

分销渠道的选择合理、产品的储存和运输安排恰当，对于提高销售效率、缩短运输周期和降低运输成本有着重要的作用。分销渠道调研的具体内容包括：对批发商和连锁零售商的经营状况、销售能力的调研，配送中心规划的调研，物流优化组织的调研，如何降低运输成本的调研等。

6. 营销环境调研

营销环境调研的内容包括：政治法律环境、经济发展环境、国际产品市场环境、产品技术环境，以及替代产品发展、竞争环境等。

（三）市场调研的功能

在营销实践中，进行任何市场调研都是为了更好地了解产品市场，搞清楚战略失败的原因或减少决策中的不确定性因素。市场调研工作需要收集市场规模、竞争对手、消费者等方面的相关数据，并基于相关数据的支持提出市场决策建议。

市场调研的功能就是通过市场调研可以得到什么结果，主要体现在以下三个方面：一是收集并陈述事实（获得市场信息的反馈，可以向决策者提供当前市场信息和进行营销活动的线索）；二是解释信息或活动（了解当前市场状况形成的原因和一些影响因素）；三是预测功能（通过了解过去市场信息推测未来可能的市场发展变化）。

（四）市场调研的作用

市场调研的作用主要取决于使用者怎么运用调研结果，市场调研主要在以下几个方面发挥作用。

（1）通过分析市场信息，避免企业在制定营销策略时发生错误，或可以帮助营销决策者了解当前营销策略及营销活动的优缺点，并提出适当建议。例如，本企业产品在什么市场上销售较好，有多大发展潜力；在某个具体的市场上预期可销售数量是多少；如何才能扩大企业产品的销售量；如何制定产品价格，才能让销售量和利润两个方面得到保证；怎样组织产品推销，销售费用又将是多少；等等。这些问题都只有通过具体的市场调研，才可以得到具体的答案，而且只有通过市场调研得来的具体答案，才能作为企业决策的依据。否则，就会形成盲目的和脱离实际的决策，而盲目则往往意味着失败和损失。

（2）了解市场可能的变化趋势，以及消费者潜在购买动机和需求，有助于营销决策者识别最有利可图的市场机会，为企业发展提供新契机。市场竞争日益激烈，除了产品、价格、分销等市场因素外，其他政治、经济、文化、地理条件等市场环境因素也不容忽视，这些因素往往相互联系和相互影响，并且不断地发生变化。企业为适应这种变化，只有通过广泛的市场调研，及时地了解各种因素的变化，才能有针对性地采取措施，调整营销策略，应对市场竞争。

（3）有助于了解当前相关行业的发展状况和技术经验，为改进企业的经营活动提供信息。当今世界，科技发展迅速，新发明、新创造、新技术和新产品层出不穷，日新月异。这种技术的进步自然会以产品的形式反映出来。通过市场调研，企业能获取最新的市场信息和技术生产情报，以便更好地学习和汲取同行业其他企业的先进经验和最新技术，及时改进企业的生产技术，提高企业的管理水平和产品质量，加速产品的更新换代，增强产品和企业的竞争力，保障企业的生存和发展。

（4）为企业市场地位和产品宣传等提供信息和支持。市场宣传推广需要了解各种信息的传播渠道和传播机制，以寻找合适的宣传推广载体和方式，制订详细的营销计划，这也需要市场调研来解决，特别是在高速变化的环境下，过去的经验只能帮助减少犯错误的概率，实时的信息更新才能保证宣传推广的到位。在市场宣传推广的基础上，还需要机构的市场信息支持，如在消费者认同度、品牌知名度、满意度、市场份额等各方面提供企业的优势信息，以满足进一步的需要。

（五）市场调研的步骤和方法

1. 市场调研的步骤

一般来说，市场调研分为四个阶段：

第一，市场调研的准备阶段。这是市场调研的决策设计、筹划阶段。具体工作有三项：确定调研的任务，设计调研的方案，组建调研的队伍。

第二，市场调研的搜集资料阶段。这一阶段是市场调研活动中最为重要、投入较大的阶段。其主要任务是运用科学的方法，对调研对象的相关信息进行系统的搜集。

第三，市场调研分析阶段。这一阶段的主要任务是对搜集的资料进行鉴别与整理，并对整理后的资料做统计分析和理论研究。

第四，市场调研总结阶段。这一阶段的主要任务是撰写市场调研报告，总结调研工作，评估调研结果。

2. 市场调研的方法

传统的市场调研方法主要有问卷调查法、用户回馈访谈会、实验调查收集数据等。由于传统的方法存在费用高、周期长、缺乏针对性、效果差等问题，目前许多企业正寻求更合适的方法开展市场调研工作。

例如，网上调研是借助互联网的优势，适应信息传播媒体的变革所形成的一种新型调研方法，这种方法依附于互联网而存在，并因网络自身的特征而具有与传统调研方法不同的形式。目前数据的采集主要是利用搜索引擎访问相关的网站（如各种专题性或综合性网站），利用相关的网上数据库达到调研的目的。

典型案例

科学估计未来市场

华为技术有限公司在面对全球市场变化和潜在风险时，展现了其对未来市场需求变化的敏锐洞察力和应对策略。特别是在2019年，美国政府将华为列入实体清单，限制其与美国企业的业务往来，这对华为的全球供应链和市场拓展形成了巨大挑战。面对这一变化，华为提前布局，加大研发投入，推动自主创新，尤其是在芯片设计和操作系统方面。华为推出了自家的鸿蒙操作系统（HarmonyOS），以减少对外部供应链的依赖，并为未来可能的市场变化做好准备。

点评：

对未来市场的需求变化要进行预估，这对企业制订有效的经营计划，避免较大风险和损失有特殊重要的作用。华为对市场需求变化的估计不仅体现在对短期市场动态的快速响应上，更体现在对长期技术发展趋势的准确把握上。通过自主研发核心技术，华为在面对外部压力时能够保持业务的连续性和竞争力，这在很大程度上避免了因供应链中断而带来的巨大损失。华为的案例强调了企业在制订经营计划时，需要对未来市场的需求变化进行科学估计，并采取相应的策略来应对。这种前瞻性和灵活性对于企业在不断变化的市场环境中保持竞争力至关重要。

二、问卷设计

（一）问卷的起源与本质

调研问卷最早是由19世纪中期英国人类学家、优生学家弗朗西斯·高尔顿（Francis Galton）提出并使用的，他在进行人体测量研究时使用问卷和调查来收集人类群落的数据。之后经过发展和推广，问卷现在已经在人类学、社会学、心理学、管理学等诸多领域广泛应用，而且在实证研究方法中占据了基础性的重要角色。

作为一种研究工具，调研问卷由一系列相互关联的问题和其他提示语组成，目的是用调查者和被调查者都能理解的语言，将调查者所希望获得的信息从被调查者处收集来。调研问卷本质上是一种间接观察的手段，每一个被调查者都是调查者的委托人，他们要将自己的所察所思通过文字或数字的形式报告给调查者。从问卷内容来看，问题的有效性首先必须满足两个条件：（1）被调查者完全理解调查者的问题所要表达的含义；（2）被调查者愿意对完全理解的问题做出真实的回答。从被调查者来看，被调查者填答问卷的过程实际上是一种单向的无反馈的沟通行为，被调查者对调查者所陈述的问题表达不同程度的赞同，以间接表达自己的态度，没有接收任何反馈的信息。

（二）调研问卷的问题分类

调研问卷的问题，按内容一般可分为三类：

第一类是特征问题，用来测量被调查者的基本情况，如年龄、性别、职业、文化程度及职位等，它们往往作为问卷中的人口统计学特征以区分大样本中的小样本。

第二类是行为问题，用来测量被调查者过去发生和现在进行的某些实际行为和事件，如"你是否曾经在另外一个组织中任职"等。

第三类是态度问题，用来调研被调查者对某一事物的看法、意愿、情感、认识等涉及主观的因素，如"你是否觉得组织的薪酬是公平的"等。

（三）问卷设计的原则

（1）有明确的主题。根据调研主题，从实际出发拟题，问题目的明确、重点突出，没有可有可无的问题。

（2）结构合理、逻辑性强。问题的排列应有一定的逻辑顺序，符合被调查者的思维程序。一般是先易后难、先简后繁、先具体后抽象。

（3）通俗易懂。问卷应一目了然，并使被调查者愿意如实回答。问卷中语气要亲切，符合被调查者的理解能力和认知能力，避免使用专业术语。对敏感性问题要采取一定的调研技巧，使问卷具有合理性和可答性，避免主观性和暗示性，以免答案失真。

（4）控制问卷的长度。回答问卷的时间要控制在20分钟左右，问卷中既不浪费一个问题，也不遗漏一个问题。

（5）设计合理，便于资料的校验、整理和统计。

（四）调研问卷的失真问题

1. 问卷中问题的顺序安排不合理

有的问卷一开始就要求被调查者填写个人信息，如真实姓名、身份证号码、收入、职业、学历、家庭地址、电话等，好像在填申请表，而不是调研问卷。这种做法不仅会使被调查者反感，而且会在无形中给人以压力，迫使人们提高警惕。由于担心个人信息被滥用而蒙受损失，很多人会拒绝参与这样的调研，或者填写虚假信息。这便造成有效问卷回收率低并且影响调研结果的真实性、可靠性。

被调查者"不愿答"的问题有几种情况：一是被调查者要花大力气来提供资料，尤其是自身的资料；二是调查的某些问题与调查的背景不太符合（如普通商品的消费与个人隐私问题放在同一问卷中就不合适）；三是没有合理目的的问题；四是敏感性问题。

2. 问卷形式过于严肃、死板

以网上在线调研为例，许多调研问卷都存在着形式单一、内容单调的情况。过于严肃死板的问卷，会在不同程度上压抑被调查者的主动性。

3. 态度不中立，有诱导性倾向

有些调研问卷设计者在设计问题时把个人观点融入其中，使用了带有感情色彩和倾向性的词语。这些带有感情色彩和倾向性的词语，会对被调查者起到诱导暗示作用，有可能使其放弃自己的不同观点。例如，"很多人都觉得光明牛奶口感特别好，你认为呢？"这个问句就暗含了个人观点，带有浓厚的感情色彩。

与此类似的诱导性提问往往会导致两个后果：一是被调查者不加思考就同意所引导问题中暗示的结论；二是由于引导性提问大多是引自权威或多数人的观点，这样，被调查者考虑到这个结论已得到普遍认同，自然会产生从众心理。尤其是对于一些敏感性问题，在诱导性提问下，人们不敢表达自己的真实想法，于是顺着问卷设计者的观点，随口附和。因此，没有站在中立的立场设计问卷，调研问卷中有以个人的主观看法、意见为基础提出的问题，常常会引出与事实不符，甚至与事实截然相反的结论，此乃调研大忌。

有诱导性的调研问卷

某电视台想调研其旗下某综艺节目的传播效果，现调研观众的观看行为和态度。在设计的问卷中，标题和说明部分均表明调研是关于该综艺节目的。问卷要求被调查者列举最喜欢的三个综艺节目（开放题），结果该节目名列榜首，98%的被调查者声称最喜欢该节目。

点评：

显然结果是有偏差的，原因是标题和说明部分给出了该节目的名称，使得被调查者先对该综艺节目产生或加深了印象，从而诱导被调查者在回答自己喜爱的综艺节目时，有意无意地给出这一节目名称，导致结果出现偏差。

4. 用词不准，语义模糊、有歧义

用词不准会影响调研结果的准确性。例如，在调研居民生活水平的问卷中有"您家的住房面积是多少"这个问题，住房面积这一词语就容易引起歧义，可能被理解为建筑面积，也有可能被理解为使用面积，由于不同的被调查者存在不同的理解，所以收集到的数据也就失去了分析的意义。

5. 答案有遗漏，不够周全

设计调研问卷时对答案的基本要求是包含所有可能出现的情况。然而有时很难一一罗列所有可能出现的情况，这便使得被调查者无法从中选出最符合自身观点的选项，从而降低了调研结果的可信度。例如，在职业调研中，仅列出医生、教师、工程师、作家、军人等选项，而没有包括自由职业者、创业者等其他职业。尤其对于专业性较强的问题的选项，更要仔细斟酌。因为任何一项重要信息的遗漏都可能意味着调研结果价值的降低。可以在调研问卷中设置一个"其他"项，如果选择其他的比例较高，那么就说明对于这个问题的选项设置不尽合理，甚至有可能遗漏了某些重要问题。

对价格和服务满意吗

企业想知道消费者对某产品的价格和服务质量是否满意，询问消费者"您对它的价格和服务质量是满意还是不满意？"消费者对此产生疑问，不好回答。

点评：

　　该问题实际上包括价格和服务质量两个方面的问题，结果"对价格不满意""对服务质量不满意"或"对价格和服务质量不满意"的被调查者可能回答"不满意"，该结果显然无法使企业获得想了解的信息。因而，该问题应分为两个问题询问："您对它的价格是满意还是不满意？""您对它的服务质量是满意还是不满意？"这样，企业可以分别得到某产品的价格和服务质量方面的信息。

第二节
与客户相关的道德与文化问题

一、客户名单

（一）客户名单的概念

　　客户名单是指经营者将其作为交易对象的客户名录、地址及交易习惯等资料。客户名单可分为一般意义上的客户名单和法律意义上的客户名单。

　　一般意义上的客户名单是指商品提供商在日常生产经营中所涉及的客户信息，如某一商品提供商在商品流通领域中商品需求方的名称、营业地或生产商厂址等，其信息量的内涵小，外延大，信息资料比较简单。

　　法律意义上的客户名单是指商品提供商对应的交易对象的客户名称、地址、联系方式、联系人及其他资料等具体信息，包括客户的联系人、联系方式、客户的商品需求类型和需求习惯特点、客户的经营规律、客户对商品价格的承受能力等，信息资料比较详细、丰富、完整。

（二）客户名单的特征

　　客户名单作为经营信息是商业秘密，它除了具有商业秘密的保密性和价值性等共同特征外，还具有独特的法律性质和特征。

1. 客户名单具有特定性

　　客户名单的内容包括客户名称、客户联系方式、客户需求类型和需求习惯、客户的经营规律、客户对商品价格的承受能力等综合性客户信息。客户名单由哪些信息组成、各组成部分之间的关系、该信息与其他信息的区别、如何付诸实施等，都是具体明确的，和从公开渠道获得的普通客户名单有所区别。

2. 客户名单的相对稳定性

客户名单的相对稳定性一方面表现在客户名单具有稳定性，即受法律保护的客户名单中的客户群，应是经营者经过一定的努力和付出（包括人力、财力、物力和时间的投入），在一定时间段内培养起来的相对固定的、有独特交易习惯的客户，如经营者通过广告宣传寻找，甚至是通过长期往来培养，并最终形成的具有较为稳定的购销关系的客户群体。

另一方面，客户名单的相对稳定性表现在经济活动领域，虽然企业具有一些相对稳定的客户，但因为客户一般会根据自身的利益取向，自主、自愿地选择服务对象，所以客户的流动性也很大。有些客户认准的是企业本身，但难免有些客户认准的是"人"。例如，企业的某个业务员因自身的业务能力为企业发展了一些相对稳定的客户，该业务员与这些客户建立了很好的人脉关系，当这个业务员跳槽到其他同行企业时，原来企业的某些客户可能转而成为该业务员现在所在企业的客户。

3. 客户名单的地域性和行业性

有些客户名单虽然非常简单，只有客户的名称、地址和通信方式等，并不包含前文所述的交易习惯等其他信息，但是这些客户名单仍然具有商业秘密的性质。因为一定的地域范围或者行业内，这些客户名单是众所周知的，但在其他地方或者行业却可能是陌生的。

例如，在我国，海尔、格力公司都是国内知名的生产彩电、空调、冰箱等的电器企业，按常理就能推断出它们是电子元器件、相关配件的采购客户，通过互联网及其他公众媒体就能查到它们的地址和联系方式。对国内供货商来说，这样的客户名单很难作为商业秘密予以保护。但在许多国家，也许根本不知道中国有海尔、格力这样的厂商，如果该国的某个企业拥有这样的客户名单，就可能从中获得实在或者潜在的经济利益，可能将其作为商业秘密予以保护。

4. 客户名单的无形性

客户名单往往通过一定的载体予以体现，如名片册、客户档案、电脑文档等，然而，客户名单一旦被企业职工记忆在脑中，便具有无形性的特点。

例如，在2023年的一起商业秘密侵权诉讼案中，M贸易公司主营各类货物进出口业务，拥有稳定的客户群，并与之建立了长期的业务关系。这些信息包括客户名称、联系方式、交易历史、交易金额、客户需求等，构成了M贸易公司的客户名单。关某作为M贸易公司的前员工，在任职期间接触并了解了这些客户信息。当关某离职后，他擅自将这些客户信息用于自己的新公司，与M贸易公司的原有客户进行交易。这里，客户名单作为一种无形资产，被关某非法获取并利用。关某的行为被所在市中级人民法院认定为侵犯商业秘密，因为他未经许可使用了M贸易公司的客户名单这一无形资产。最终，关某因侵犯商业秘密罪被判处有期徒刑四年，并处罚金人民币四百万元。

客户名单作为商业秘密，并不要求具备有形载体，只要有证据证明该客户名单的事实存在，记忆也是复制的一种形式。

二、泄露客户名单

市场调研工作的首要原则是对于客户名单中姓名、住址等信息不可泄露出去。否则，客户的这些信息很容易被用来作为广告宣传、促销的对象。然而，许多调查者出于利益考虑，未能替被调查者保密，或者在没有对被调查者做出相应补偿的情况下，获取并利用客户信息。泄露客户名单主要有以下几种形式。

1. 擅自披露客户名单

在没有得到客户允许的情况下，有些调研公司或个人出于商业目的将被调查者的个人资料出售给企业，企业利用这些个人信息进行推销、宣传等活动。这种行为严重影响了被调查者的生活，侵害了被调查者的个人利益，违背了市场调研中的保密性原则，造成了市场调研中的道德失衡。

2. 替第三方盗窃客户名单

该行为是指在权利人不知晓的情况下，将调研后的客户名单秘密窃取，交给第三方个人或企业，并从中获利。这类盗窃有两种形式：一是盗窃原始资料，如客户名单的纸质文件或电脑磁盘等；二是复制原始资料，包括行为人偷偷阅览权利人的客户名单信息后，可以凭借大脑记忆，或扫描、复制等，再现客户名单信息。

3. 私自带走并使用客户名单

受到报酬、工作待遇或其他物质、精神利益等的引诱，客户名单的知情员工从原企业跳槽到另一企业，并在企业活动中泄露原企业的客户名单。

4. 受威胁或恐吓等交出客户名单

客户名单的知情者受到生命、健康、荣誉、名誉、财产、业务等方面的恐吓或者威胁，受到精神上的强制，被迫在违背真实意愿的情况下提供所知悉的客户名单。

典型案例

陈某带走公司业务资料

陈某于2023年10月应聘到A公司从事外贸业务，半年后担任国际业务部经理，负责公司外贸业务、与外商进行联络，并承担部门业务人员的管理工作，与公司签订了保密合同。2025年3月，陈某带走手头的公司业务资料（主要是客户资料）不辞而别，到某市自己开设了一家经营相同业务的公司，并使用这些资料与境外客户联系业务，这些客户中包括原来A公司的8家经常性客户。根据A公司提供的财务审计报告，陈某离职后造成该公司损失300多万元人民币，但陈某的公司经营三个月总共营业额才80多万元人民币，其中与A公司的那8家客户的经营额只有30万元人民币。2025年6月，公安机关以陈某涉嫌侵犯商业秘密罪进行立案侦查，并将案件移送司法机关。

点评：

　　客户名单不仅仅是客户名称的简单罗列，而且是经营者将其作为交易对象的客户名录、地址及其他资料（包括产品的销售价格、客户喜好等与客户有关的资料）的组合体。这些客户的地址、电话可以从公共渠道（互联网）获取，但在A公司投入了相当的努力（时间、财力、人力）用于了解客户的购买喜好（经常定购哪些型号、购买多少数量）、购买方式、价格底线、付费方式等的基础上，从不特定的公共信息源中寻找潜在的客户，并与之建立了相对稳定的业务关系，这些客户已从一般的、不特定的、可从公共渠道中获知的客户群分离出来，形成一份能产生特定竞争优势的客户名单。这些客户只有A公司的高级管理者和国际业务部的业务人员才有机会接触和知悉，其他经营者并不能从公共信息中复制或分析而获取。因此，陈某的行为除了不道德外，由于牵扯到的经济数额较大，他还应受到法律的制裁。

三、与被调查者相关的道德问题

　　作为调研活动的主要对象，被调查者是信息的主要提供者，他们并没有专业的调研知识，对调研活动并不十分了解。调查者在与被调查者接触过程中，易出现一些违背调研道德的行为。

1. 被调查者被动参与

　　事实上，被调查者必须在调查者面前感到"安全"，这样他们的回答才会是真实和完整的。在市场调研过程中，由于对调查者的"不信任"及自身产生的"不安全感"，许多人不愿意主动接受调研。由于调研的需要，对被调查者的数量会有一定的要求，因此，在有限的时间和一定条件的限制之下，调查者为能够完成调研任务，有时会采取强制性质的调研方式，让被调查者被动接受调研。

2. 纠缠被调查者

　　还有些调查者采用死缠烂打、骚扰性的调研方式，使得被调查者无奈地接受调查。如街头拦截调查中，调查者一直纠缠某位被调查者，被调查者为了尽快摆脱骚扰，而被动地接受调查，这种行为会造成被调查者的心理伤害，从此对调研从业人员"敬而远之"。

3. 欺骗被调查者

　　有的调查者冒用政府机关、大型机构、知名组织的名义进行调研，骗取被调查者的信任，使被调查者认为本次调研是正规、安全的调研，从而接受调研。这种行为就是以欺骗的方式，使被调查者接受调查，损害了整个调研行业的名誉。

4. 隐瞒调研目的

　　被调查者在接受调研时，有权知道本次调研的背景、调研单位和调研的目的，调查者本身也有义务告知被调查者其所属机构，此次调研的背景、目的等信息。但是，大多数被调查者对于自身权利不是很重视，在接受调研时，只重视调研是否耽误时间、自己的个人信息是否会被保密、所提供信息是否会损害自身利益等问题，而对调研的背景、目的、调查者等信息却不感兴趣。更多的是调查者刻意隐瞒调研机构、调研背景及目的等信息，剥夺了被调查者的知情权。

写字楼入驻情况调研

某写字楼物业部门了解到有人在调研写字楼的入驻情况，通知业主不得继续泄露招租的真实情况，以免影响写字楼的业务开展。于是被调查者的不合作决定了这家调研机构输出的数据失实，被调查者被问到收入等隐私问题时，常常会虚报数字，造成调研结果的混乱。

点评：

被调查者担心自身利益受损，拒绝透露真实信息。调研信息的准确性很大程度上取决于被调查者是否愿意接受调研，特别是对于询问调查法。如果被调查者拒绝回答或给出虚假信息，将直接影响调研结果的可信性。

第三节

与委托人相关的道德与文化问题

对于专业调研机构，委托调研的人员或者机构就被称为委托者。在信息的收集过程中，委托者会受到不道德行为的影响，主要包括以下几种。

一、调研计划书难以执行

目前，许多企业都将市场调研工作委托给专业的调研机构，这样做的好处是：一方面，出于调研客观性考虑，由第三方进行调研，能够减少主观的倾向性，使调研结果更加客观；另一方面，调研机构作为从事市场调研工作的专业机构，拥有企业所不能比拟的专业人才、调研资源、调研经验及专业素质。企业在选择调研机构时，会要求几家或者更多的调研机构提供初步的市场调研计划书，这个计划书就成为调研机构获取调研项目的重要筹码。因此，许多市场调研机构都会设计出最优的计划书，从调研方法、调研过程、研究方法等方面尽可能设计出最好的方案，便于企业选择。

但是，在设计市场调研计划书时，过于追求最优化，调研机构很可能忽略自身能力是否能够达到要求，或者客观条件是否允许等问题，甚至有的调研机构为了获取项目，明知计划书难以执行，也依然投标。在这些情况下，市场调研计划书被完整、正确执行的可能性很低，无形当中损害了委托者的利益，甚至是欺骗了委托者，从而也就暴露出调研机构与委托者之间的道德问题。

二、缺乏科学性和客观性

在市场调研过程中，如果想要获取有效信息，必然需要保证调研过程的科学性和客观性。但大多数时候，调研机构往往是揣测委托者的意思，有倾向地进行调研，形成的调研结果对委托者有利，导致最终的调研报告不客观、不科学。

例如，由于一些调研方法实行起来比较困难，科学地抽样需要耗费较高的成本，获取一些数据需要一定的时间等问题，调查者可能出于节省时间、避免麻烦、降低费用等方面的考虑，没有保证调研过程是科学合理的，从而使获取的信息失去了一定的有效性、准确性。相应地，以这样的数据信息作为依据，撰写出来的调研报告也就失去了准确性和客观性。委托者再根据这个缺乏准确性和客观性的调研报告进行决策，很可能会造成决策失误，从而损害了企业自身利益。

典型案例

小张的失败，小李的成功

A企业的业务员小张通过别人介绍认识了某地的准客户谢某，便亲自上门拜访。初次见面，他将A企业的简介、产品、政策向客户做了详细介绍，但谢某听后淡淡地说："你们的企业和产品不错，不过另一家企业的产品价格比你们低，所以你的产品我无法销售。再加上市场前景无法预测，我们还是有机会再合作吧。"小张无功而返。

A企业另一位经验丰富的业务员小李，他先侧面对谢某的公司做了全面了解，然后就开始在市场上进行详细调研，形成了一份完整的市场推广方案。小李拿着这份方案去拜访谢某，从谢某所在市场的基本情况（如人口数量、市场规模、消费水平、市场结构等）到竞品情况（如价格、政策、主要销售区域、存在的问题及销量分析等），再到A企业和产品的定位，以及与竞品相比的优、劣势等进行了全面的阐述，最终达成了谢某与A企业的合作。

点评：

同样的企业，同样的产品与资源，同样的开发对象，小张的客户开发为什么会失败？原因就在于他只是就产品而推产品，就企业而推企业，这样没有新意的客户开发形式难免遭到客户拒绝。而小李之所以能够开发成功，在于他前期做了充足的准备工作，通过市场调研向客户提供了一套行之有效的、完整的市场推广方案，客户看到这么有吸引力和可操作的方案，不心动才怪！

三、擅自公布调研信息

调查者可能因为泄露信息而获益。当调研机构接受其他企业的委托进行调研时，有可能会涉及前委托者的一些信息，这时对于前委托者信息如何处理，就成为一个道德问题，即便不透露调研信息，调查者也难以排除既往知识和信息背景的影响，从而可能做出有损于前委托者利益的行为。

另外，其他组织或个人出于商业目的希望购买委托者信息时，调查者能否抵制住利益诱惑，也会影响委托者信息的保密性。

虚假数据

某市场调研公司在为企业提供市场调研服务时，为了迎合客户需求，夸大市场需求和潜在客户群体的规模。他们通过不正当手段获取了一些不准确的数据，并在此基础上进行了夸大和篡改。

点评：

市场调研的结果经常会面向公众，特别是一些上市公司的调研数据。如果公布的调研数据是不真实的或不完整的，且导致公众误信此结果，就会产生道德问题。虚假民意调查大多是为了配合企业的产品宣传。

第四节

与竞争者相关的道德与文化问题

在一定的经济技术关系和条件范围内，不同企业之间为了实现自己的目标，维护和扩大自己的利益，都会开展争夺市场、人才、资金、信息、原材料等各项竞争活动。

争夺的前提是：知己知彼。只有了解了竞争对手，才能制定有针对性的竞争策略，在竞争中建立自己的优势。但许多企业在市场调研中投机取巧、不择手段，如对员工获得竞争者信息采取激励措施，这无形之中助长了非道德行为的滋生。

一、欺骗

欺骗行为以多种形式出现。例如，以找工作面试作为掩饰进行调研，雇用学生收集信息，有些人甚至利用所收集的信息作为进入企业的筹码，以合作、洽谈和考察为幌子趁机获取竞争对手的商业机密等，这些行为都是有关竞争者信息收集方面的欺骗行为。

二、贿赂

很多情况下，调查者可能利用种种手段影响信息提供者，以达到获取竞争者信息的目的，并导致这些信息提供者侵犯其雇主的利益。影响信息提供者最常见的手段是通过行贿的方式交换被视为商业秘密的商业信息，如用现金行贿、用提升机会行贿等。尽管行贿被公认为是不道德的行为，但是许多管理者都承认采取过相同或者类似的行为，不少管理者甚至有意高价雇用来自竞争对手公司的员工，从而获得竞争者的商业秘密。

利用贿赂的方式获取信息，破坏了员工与企业之间的信任关系，并且很可能引起对手的报复而导致大家一起进入恶性循环的怪圈。

三、监视

先进技术确实为组织和个人提供了种种便利，但同时也增加了企业为获取竞争者信息而参与不道德监视的可能性。今天，电子监控、窃听器等都为获取隐私提供了便利。诸如此类的非道德行为可能出现在很多情况下：（1）在竞争对手办公室安装窃听器；（2）为了估计竞争对手的销售量，派人监视并且计算竞争对手产品出售情况；（3）使用摄像等方式获取对手的订货情况；（4）通过监视对手配货车辆的数量估计其销售情况。

四、信息收集过程中的主动泄露

市场营销的一个难题是保守秘密。虽然很多公司在雇用员工之前一般会签订保密方面的协议，但是由于在收集信息时，并不能意识到未来可能出现的问题，进而造成信息泄露。例如，员工带着情绪离开原来的企业，并且受聘于竞争对手企业，为了报复，该员工开始泄露原企业的相关信息，很明显这属于不道德行为，严重者会触犯法律。

还有一些有争议的情况，如营销人员不小心将一份新的报价单留在顾客办公室，结果被前来拜访的竞争对手看到了，虽然营销人员没有主动泄露信息，但是事实已经被对方看到，不管对方使用与否，这都是营销人员的失职，从理论上讲应列为"主动泄露"信息，营销人员要承担"自己不小心"而导致的后果。

与公众相关的道德与文化问题

公众是市场调研的利益相关者之一。许多所谓的调研结果通过广告传递给公众，以影响或者引导公众的消费偏好。滥用广告宣传具有误导性的市场营销调研结果可能会给企业带来短期利润，但是会损害公众的利益。与公众有关的不道德市场调研包括：不完整和误导性报告，不客观调研等。

一、不完整报告

调查者发布给公众的报告不是完整的，而是将其中的部分相关内容隐藏起来，只将其中对企业有利的内容公之于众。例如，某企业进行市场测试，仅将特定区域的测试结果发布给公众，在这些区域中，企业无论从名气上还是销售量上，都比在其他区域更加成功。这样的市场调研结果发布之后，可以提高企业在公众心中的形象。

二、误导性报告

当调研结果被有目的地呈现在公众面前且导致公众产生不公平结论的时候，有关误导性报告的道德问题就产生了。误导性报告经常发生在企业利用广告对调研结果进行宣传的过程当中。例如，某企业公布对产品A的调研结果时称：60%的顾客认为产品A不差于另一企业的产品B。这样，公众很自然地会形成一种感觉，那就是大多数人认为产品A好于产品B。然而，事实可能是，60%的消费者认为产品B好于产品A。

三、调研不客观、不真实

一般而言，公众由于信息的不对称及缺乏市场调研的专业素质，很难判断市场调研是否具有客观性。公众并不会仔细研究调研的整个过程，可能仅仅看看标题，以便获得调研是否客观的信息。这样可能导致的一个潜在问题是：企业进行市场调研时使用"引导性问题"，并将调研结果公之于众。

为了避免不客观调研对公众的影响，调查者应该事先告诚管理者可能存在的不客观因素，尤其是调研结果将公之于众的时候。因此，在调研的最后报告当中，调研从业者应该尽量确保不产生任何偏见。对公众公布报告结果的时候应谨慎地使用调研数据，以避免发生误导公众的问题。不客观、不真实的调研，可能导致的不良后果如下：

（1）降低公众参与调研的积极性，增加合理调研的难度。这样，市场调研的参与率、调研结果的可靠性及最后结果的质量都将受到影响。

（2）误导决策者对公众观点的理解，影响政策制定的准确性。歪曲的市场调研结果将导致决策者错误地领会公众的意思，并可能因此做出危险的反馈。

（3）扰乱公众对市场调研信息正确性的判断能力。有欺骗性的民意测试可能导致公众对他们所听到、看到和接触到的调研结果反应冷淡、迷惑及产生不信任感。

本 章 小 结

按内容分，本章可分为两部分。

第一部分是市场调研及其相关概念，主要内容如下。

市场调研是企业了解产品市场和把握顾客的重要手段，是帮助企业决策的重要工具。市场调研内容主要涉及影响营销策略的宏观因素和微观因素，如市场需求、产品、价格、促销、分销、营销环境等，其功能主要体现在三个方面：一是收集并陈述事实；二是解释信息或活动；三是预测。

市场调研的作用很明显：通过分析市场信息，避免企业在制定营销策略时发生错误，或可以帮助营销决策者了解当前营销策略及营销活动的优缺点，并提出适当建议；了解市场可能的变化趋势，以及消费者潜在购买动机和需求；了解当前相关行业的发展状况和技术经验，为改进企业的经营活动提供信息；为企业市场地位和产品宣传等提供信息和支持。

市场调研分为四个阶段：准备阶段、搜集资料阶段、分析阶段、总结阶段。主要方法有问卷调查法、用户回馈访谈会、实验调查收集数据等。

调研问卷中的问题按内容一般可分为三类：特征问题、行为问题、态度问题。问卷设计的原则是：有明确的主题，结构合理、逻辑性强，通俗易懂，控制问卷的长度，设计合理，便于资料的校验、整理和统计。当前调研问卷的失真问题比较严重，表现在：问卷中问题的顺序安排不合理；问卷形式过于严肃、死板；态度不中立，有诱导性倾向；用词不准，语义模糊、有歧义；答案有遗漏、不够周全等。

第二部分是与调研相关的道德与文化问题，主要内容如下。

一是与客户相关的道德与文化问题：擅自披露客户名单，替第三方盗窃客户名单，私自带走并使用客户名单，受威胁或恐吓等交出客户名单。调研过程中存在的道德与文化问题：被调查者被动参与、纠缠被调查者、欺骗被调查者、隐瞒调研目的等。

二是与委托人相关的道德与文化问题，如调研计划书难以执行、缺乏科学性和客观性、擅自公布调研信息。

三是与竞争者相关的道德与文化问题，如欺骗、贿赂、监视竞争者，以及信息收集过程中的主动泄露。

四是与公众相关的道德与文化问题，如不完整报告，误导性报告，调研不客观、不真实等。

思考与练习

一、填空题

1. 调研问卷最早是由19世纪中期英国人类学家、优生学家_____首先介绍并使用的。

2. 市场调研的内容大致包括以下几个方面：市场需求调研、_____、_____、促销调研、分销渠道调研和营销环境调研。

3. 从问卷内容来看，问题的有效性首先必须满足两个条件：（1）被调查者完全理解调查者的问题所要_____；（2）被调查者愿意对完全理解的问题做出_____。

4. 与委托人相关的道德与文化问题有：调研计划书难以执行，_____，擅自公布调研信息。

5. 营销环境调研的内容包括：政治法律环境、_____、国际产品市场环境、产品技术环境、替代产品发展、_____。

二、选择题

1. 下列哪项属于与公众相关的道德与文化问题。（　　　）

    A. 执行不完整
    B. 误导性报告
    C. 调研不客观、不真实
    D. 上述三项都正确

2. 有些调查者冒用政府机关、大型机构、知名组织的名义进行调研。这种调研属于（　　　）。

    A. 强制式调研
    B. 纠缠式调研
    C. 欺骗式调研
    D. 隐瞒式调研

3. 回答问卷的时间一般控制在（　　　）分钟左右，问卷中既不浪费一个问题，也不遗漏一个问题。

    A. 20
    B. 30
    C. 60
    D. 上述三项都不正确

4. 问卷调查中，"很多人都觉得光明牛奶口感特别好，你认为呢？"这个问句存在（　　　）。

    A. 态度不中立，有诱导性倾向
    B. 问卷形式过于严肃、死板
    C. 用词不准，语义模糊
    D. 上述三项都不正确

5. 对于客户名单说法正确的是（　　　）。

    A. 客户名称
    B. 交易对象的地址及其资料
    C. 产品的销售价格、客户喜好等
    D. 分为一般意义和法律意义两种

三、简答题

1. 泄露客户名单主要有哪几种形式？
2. 什么叫市场调研？
3. 简述问卷设计的原则。
4. 举例说明客户名单的地域性和行业性。

四、案例分析

案例一

出货量保持增长的原因和启示

　　2025年2月18日全球权威市场调研机构Omdia公布的2024年全球电视出货量数据显示，海信系电视全年出货量达到2914万台，出货量份额占14%，排名全球第二。2022年的卡塔尔世界杯上，"中国第一、世界第二"的标语，让全球体育观众都对海信电视留下了深刻的印象。截至2024年，海信电视已连续3年出货量全球排名第二、中国第一，也是唯一连续七年保持增长的企业。海信电视的成功，得益于其对市场的深入调研与精准把握。在政策激励与市场强劲需求的双重驱动下，电视大尺寸化加速，海信抓住75英寸及以上大屏电视市场机遇，以19.8%的出货量份额居全球第一。同时，高刷电视迎来普及浪潮，海信高刷电视以19.6%的出货量份额居全球第二。

思考题：

1. 海信成功的原因主要是什么？
2. 从海信公司的案例分析市场调研的重要性。

案例二

聪明的调查

　　一个德国信号发生器制造商打算在全球扩展业务。但自行察觉到一个既存的问题，即该公司的产品在其他14个国家中销售虽已有15年历史，但国内销售额仍占总销售额的45%，这显示过去的全球营销策略有盲点。这家制造商过去曾做过的唯一的市场调研就是阅读相关的贸易期刊。这次，该制造商仅愿意花一千美元的调研费，让某调研公司进行市场调研。

　　由于经费太少，有效追踪评估的市场指标中，唯一的选择是产品价格。该调研公司决定调研该制造商全球营销策略起作用最大的前五个国家的定价情形，包括美国、英国、荷兰、日本与法国。该调研公司同时列举出五种同级产品的25家经销商的销售价，以比较价格差异，信息搜集方式采用竞争者访谈的方式，询问各公司在不同国家的定价策略与价格。

调研结果令所有人感到吃惊，甚至这家制造商的总裁，在看到这项为期两周的调研结果后也深感惊讶，他最后承认，这项调研或许是他曾经做过的最佳投资。

下面是部分调研结果：

制造商产品在德国国内的销售价过低，为了占有市场几乎是以出厂价销售，对制造商的赢利毫无贡献。

产品在美国的定价过高，特别是考虑到美国是该制造商进行全球开发时最重要的目标市场。

给经销商的价格过高，使其获利过低，造成经销商自行抬高价格，以获取足够的利润。

很多欧洲的客户不在本国购买该公司产品，而是避开经销商直接到德国购买，这样可以节省40%的开支。

发现新的竞争对手，一家日本厂商正企图以低价策略侵入市场，S2000型为其探路石，后续还有4~5家厂商要推出很具有竞争力的产品。

针对调研中的实际问题，该德国信号发生器制造商采取了一系列行动策略。两年后，国际市场的销售比重由55%增至75%，公司的利润提高了3倍。虽然日本厂商加入并在3年内占领了15%的市场，但是该公司的市场占有率仍然大幅度提高。

思考题：

1. 简述市场调研的必要性。

2. 根据市场调研结果，试述该制造商可能采取的行动策略。

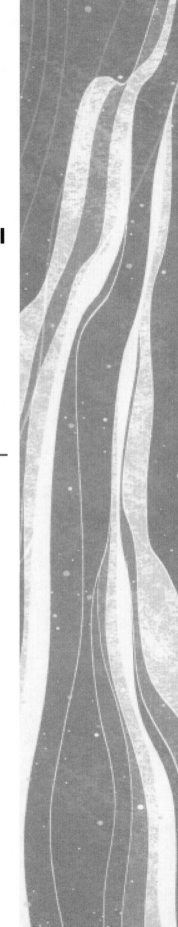

第五章 ▌

企业产品及定价中的道德与文化问题

▌本章学习目标

- ◣ 了解产品定位、产品设计、产品包装、产品召回、产品价格及其相关概念。
- ◣ 了解产品缺陷及产品召回的含义。
- ◣ 掌握产品设计及产品包装中存在的非道德行为表现。
- ◣ 掌握价格及其存在的非道德表现。
- ◣ 理解产品定位的方法。

▌关键词汇

- ◣ 产品设计（Product Design）
- ◣ 产品缺陷（Product Defects）
- ◣ 产品包装（Product Packaging）
- ◣ 产品价格（Product Price）

▌引子

- ◣ 没有任何一个地方比错误定价更让你白白送钱给别人。

第一节
企业产品的道德与文化

有人说"质量是企业的生命"。因此，企业的每一位员工都必须有质量意识！只有在每一个工位上都保证产品质量过关，企业才能生存！

一、产品及其相关概念

（一）产品的内涵及意义

任何顾客需要的满足必须依靠适当的产品，好的产品能在市场上具有更强的竞争力，实现交换的可能性也会更大。

产品不仅是指那些看得见摸得着的物质产品，也包括能使人们的需要得到满足的服务甚至是创意。例如，人们会花几千元购买一台大屏幕彩电来满足休闲娱乐的需要，也可能花费同样的钱去进行一次长途旅游以达到休闲娱乐的目的。为顺利地实现市场交换，企业经营者不仅要十分重视在市场需求引导下的产品设计与开发，还应当从更广泛的意义上去认识产品。产品有狭义和广义两种概念。

（1）狭义的产品是指生产者通过生产劳动而生产出来的、用于满足消费者需求的有形实体。这一概念强调产品是有形的物品，在生产观念盛行的时代极为流行。在这种认识中，生产者可能只关注于产品的物质特征及生产成本，而消费者则关心通过产品实体的消费来满足某种需要。因此，在生产力高度发展、商品日益丰富、市场竞争十分激烈的现代市场环境下，狭义的、传统的产品概念已不能适应时代发展的需要。

（2）广义的产品不仅指基本的产品实体这一物质属性，还包括产品的价格、包装、服务、交货期、品牌、商标、商业信誉、广告宣传等一系列有形或无形的特质。

综上所述，将产品定义为：产品是能够提供给市场以引起人们注意，让人们获取、使用或消费，从而满足人们某种欲望或需求的一切东西。产品包括两种形态：一种是实体产品（有形产品），呈现在市场上具有一定的物质形态，如面包、衣服、汽车、房屋等；另一种是软体产品（无形产品），指各种劳务或销售服务，如运输、通信、保险等劳务及产品的送货服务、维修服务等。

总之，产品是市场营销中首要的、基本的构成要素。

（二）产品与商品

有人把产品理解为商品，其实是不确切的。产品和商品的区别在于，商品是用来交换的产品，商品的生产是为了交换，而当一种产品经过交换进入使用过程后，就不能再被称为商品了。当然，如果产品又产生了二次交换，那么在这段时间内，它又能被称为商品。

为了学习上的方便，本书不再严格区分产品与商品，而是把产品和商品当作同一事物。

二、产品定位

（一）产品定位的概念

产品定位是指使产品在未来潜在消费者心中占有的位置，重点是针对未来潜在消费者在产品特征、包装、服务等多方面所下的功夫，并考虑到竞争对手的情况。企业通过市场调研可以掌握市场和消费者消费习惯的变化，以在必要时对产品进行重新定位。具体地说，就是要在目标消费者的心中为产品创造一定的特色，赋予产品一定的形象，以适应消费者一定的需求和偏好。

（二）产品定位的方法

1. 产品差异定位法

产品差异定位法即通过生产和用途的差异化使产品区别于竞争者的产品。营销人员应自问：本公司所销售的产品与其他同类产品相比，有什么显著的差异性？

典型案例

多品牌差异化策略的应用

在中国市场上，某外企日用消费品公司采取了差异化营销策略，通过细分市场并针对不同的目标消费群体进行产品定位，成功地推出了多个品牌。这些品牌不仅在功能上有所区分，还在包装、宣传等方面展现出各自的特色，形成了鲜明的品牌个性。该外企的策略是在同一产品类型中设立多个品牌，以覆盖更广泛的市场空间。该外企通过创建多个品牌来满足不同消费者的需求，每个品牌都有其独特的市场定位和消费者群体。在产品的功能、包装设计和广告宣传上寻求差异化，以吸引不同的消费者。同时，在中国市场上采取了大范围、高强度的广告策略，通过专家法和比较法等广告手段，强调其产品的优越性。

该外企的差异化营销策略使其在中国市场上取得了显著的成功。通过满足不同消费者群体的个性化需求，该外企不仅扩大了市场占有率，还降低了经营风险，即使某个子市场表现不佳，也不会影响整个公司的运营。

点评：

通过深入理解市场和消费者需求，该外企成功地在消费者心中为每个品牌建立了独特的位置。这种策略不仅提高了品牌的市场竞争力，还增强了消费者的品牌忠诚度。该外企的案例也说明了差异化营销在面对市场同质化竞争时的重要性，以及如何通过品牌差异化来实现市场的细分和目标消费群体的精准定位。此外，该外企的多品牌策略也体现了其对市场多样性的适应能力，以及在不同产品类别中寻求增长的灵活性。

2. 主要属性/利益定位法

营销人员自问：产品所提供的利益，目标市场认为很重要吗？一营销人员曾经成功地协助一家鞋子零售商将其低价位连锁店的形象，重新定位为富有价值的连锁店。这种价值定位通过广告主题"物美价廉的好鞋子"体现，避开过分强调价格，而特别强调品质。

"价值"定位

一家私立医院在针对消费者所做的初级研究中，发现个人保健是病人认为非常重要的利益点，但是没有一家竞争者强调这一点。因此，这家私立医院给自己的定位是："我们关心你的……还有很多。"结果使这家私立医院在个人保健中，由排名第三迅速提升为第二，造成虽有4家提供不同层次个人保健的医院，但却只有1家强调不同层次个人保健为其特有的特性。在此特别强调的是，营销人员为企业塑造的外在形象定位，对企业内部人员也会产生积极的影响。

点评:

在产品定位中，最重要的针对消费者的特征莫过于品质、选择性、价格、服务及地点等。企业所持的销售观念、购买特征会随着在目标市场中重要性的改变而有所改变。这家私立医院明白：在为产品与服务定位时，品质和价格这两项特征会转变为第三种非常重要的特征——价值。如果率先塑造且确实掌握，价值将会成为企业一种绝佳的竞争力，因此价值是定位的良好考虑点。

3. 产品使用者定位法

找出产品的正确使用者或购买者，会使定位在目标市场上更突出，进而在目标群体中为自己的地点、产品、服务等塑造一种特定的形象。例如，一家纺织品连锁店定位为：以其过人的创意为缝纫从业者服务的零售店，即为喜爱缝纫的妇女提供"更多构想的商店"。

再如，一家公司曾以使用者定位法来定位，该公司专门销售热水器给冲泡即溶咖啡者，以取代需要酿煮的咖啡。在该案例中，公司针对目标客户群直接将产品定位为："在办公室中泡咖啡的人，向烦人的酿煮咖啡说再见吧！"在向办公室负责准备咖啡的个人邮寄信函时，直接以"办公室咖啡准备者"称呼。此时的定位即直接针对使用者及办公室行政人员。

4. 场合定位法

有时可根据消费者如何及何时使用产品给产品定位。例如，"口腔问题，找云南白药牙膏""冷热酸甜，想吃就吃——冷酸灵牙膏"等，都是根据产品的使用场合进行定位。

5. 分类定位法

分类定位法是非常普遍的一种定位法。例如，美乐淡啤酒的定位与一般高热量啤酒进行区分就是分类定位法的典型例子，这塑造了一种全新的淡啤酒。由于淡啤酒的市场大幅增长，美乐淡啤酒便重新定位为优先选购的领导品牌，以防止被其他淡啤酒影响市场地位——"只有一种淡啤酒……那就是美乐淡啤酒"。

例如，有一家地方性大众运输公司，它揭露开车所花费的成本及停车费太高，所以反对开车，该公司所主张的是："搭乘大众运输工具最经济。"

6. 针对特定竞争者的定位法

这种定位法是直接针对某一特定竞争者，而不是针对某一产品类别的。挑战某一特定竞争者的定位法，虽然可以获得成功（尤其是在短期内），但是就长期而言，有其限制条件，特别是挑战强有力的市场领袖企业时，更趋明显。市场领袖企业通常不会放松市场竞争，他们会更巩固其定位。例如，五谷道场针对方便面行业中油炸热量偏高的问题推出了非油炸方便面，强调"非油炸更健康""慢下来，享受一碗非油炸好面"，满足了消费者对健康和美味的需要，突出了与竞争对手的差异性。

7. 关系定位法

关系定位法是一种以长期客户关系为核心的定位策略，强调通过建立信任、互动和个性化服务来区别于竞争对手，而非仅依赖产品功能或价格。其核心是让消费者感受到品牌与他们的情感连接和专属价值。

典型案例

情感共鸣与情境营销的胜利

某奶茶通过市场调研发现，消费者在特定的情境下，如"小饿小困"时，需要一种便捷、快速的饮品来提振精神。该奶茶抓住这一消费者心理，将自己定位为"小饿小困"时刻的最佳伴侣。这种定位不仅与消费者的日常需求紧密相连，而且创造了一种情感上的联系，使得该奶茶在消费者心中占据了特殊的位置。具体来说，该奶茶通过广告和营销活动，将产品与"小饿小困"的情境联系起来，使消费者在这些时刻自然地联想到该奶茶。营销传播强调产品能够带来的舒适感和满足感，与消费者建立情感上的联系。该奶茶在超市、便利店等零售渠道广泛铺货，以确保消费者在需要时能够轻松购买到产品。通过一系列营销活动，该奶茶品牌知名度和市场占有率大幅提升，成为奶茶市场的领导品牌之一。该奶茶不仅在产品功能上满足了消费者的需求，更在情感层面与消费者建立了深厚的联系。

点评：

通过将产品与消费者日常生活中的具体情境相结合，该奶茶成功地在消费者心中建立了品牌的独特地位。这种策略不仅提高了产品的市场竞争力，还增强了消费者的品牌忠诚度。该奶茶的案例说明了情感营销的重要性，通过情感共鸣来吸引和保留消费者，是现代营销中不可忽视的策略。此外，该奶茶在渠道布局上的策略也确保了其产品能够迅速触达目标消费者，这是其成功的关键因素之一。

8. 问题定位法

采用这种定位法时，产品的差异性就显得不重要了，因为若有竞争者的话，也是少之又少。此时为了涵盖目标市场，需要针对某一特定问题加以定位，或在某些情况下，为产品建立市场地位。

典型案例

男性消费者着装选择问题的解决

某知名男装品牌成功的背后是精准的问题定位。在竞争激烈的服装市场中，该男装品牌发现，许多男性消费者在购买服装时面临选择困难，尤其是在正式场合的着装选择上。针对这一问题，该男装品牌将自己定位为"男人的衣柜"，专注于提供适合各种正式场合的男装，从而解决了男性消费者在着装选择上的痛点。该男装品牌通过市场调研明确了目标消费者群体的需求，即需要一套既正式又舒适的服装来应对工作和社交场合。品牌推出了一系列适合不同场合的男装，如商务正装、休闲西装等，以满足不同消费者的需求。该男装品牌通过广告和公关活动，强调其产品能够解决男性消费者在正式场合着装选择上的问题，提升品牌形象。

该男装品牌成功地在消费者心目中树立了专业、可靠的形象，成为男性消费者在正式场合着装的首选品牌。自此以后，该男装品牌的销售额和市场份额均有显著提升，成为中国男装市场的领导品牌之一。

点评：

通过识别并解决消费者在特定情境下的问题，该男装品牌不仅满足了消费者的需求，还成功地在竞争激烈的市场中脱颖而出。这种策略使得品牌能够在消费者心中占据明确的位置，从而在众多竞争者中获得优势。该男装品牌的案例也反映了市场调研的重要性，只有深入了解消费者的需求和痛点，企业才能制定出有效的市场定位策略。此外，该男装品牌在产品开发和营销传播上的策略也体现了其对问题定位法的深刻理解和精准执行。

三、产品设计

（一）产品设计的意义

产品设计反映了一个时代的经济、技术和文化发展情况。

产品设计包括全面确定整个产品的外观、结构、功能及营销策略，涉及整个生产系统的布局，因而产品设计的意义重大，具有"牵一发而动全局"的重要意义。如果一个产品的设计缺乏生产观点，那么生产时就将耗费大量的费用来调整和更换设备、物料和劳动力。相反，好的产品设计不仅表现在功能的优越性上，而且要便于制造，生产成本低，这才能使产品的综合竞争力得以增强。许多在市场竞争中占优势的企业都十分注意产品设计的细节，以便设计出造价低而又具有独特功能的产品。许多发达国家的公司都把设计看作是热门的战略工具，认为好的设计是赢得顾客的关键。

（二）产品设计的方法

1. 组合设计

组合设计是指将产品具有统一功能的单元设计成具有不同用途或不同性能的可以互换选用的模块式组件，以便更好地满足用户需要的一种设计方法。当前，模块式组件已广泛应用于各种产品设计中，并从制造相同类型的产品发展到制造不同类型的产品中。组合设计的核心是要设计一系列模块式组件，研究几个模块式组件应包含多少零件、组件和部件，以及在组合设计时每种模块式组件的数量等。

当前，在竞争日益加剧、市场争夺异常激烈的情况下，仅仅生产一种产品的企业是很难生存的。因此，大多数企业都在寻求新的途径，使企业的系列产品能以最低的成本设计并生产出来，而组合设计则是解决这个问题的有效方法之一。

2. 计算机辅助设计

计算机辅助设计是运用计算机来完成产品和工序设计的方法。计算机辅助设计的主要职能是设计计算和制图。计算机设计计算是利用计算机进行机械设计等基于工程和科学规律的计算，以及在设计产品的内部结构时，为使某些性能参数或目标达到最优而应用计算机技术所进行的计算。计算机制图则是通过图形处理系统来完成，在这一系统中，操作人员只需要把所需图形的形状、尺寸和位置的命令输入计算机，计算机就可以自动完成图形设计。计算机辅助设计常用软件包括Auto CAD、Pro/E、CATIA、Solidworks、UGNX、Sketch Up等。

3. 面向可制造与可装配的设计

面向可制造与可装配的设计是在产品设计阶段，设计师与制造工程师进行协商探讨，利用团队工作避免传统设计过程中"我设计，你制造"的方式引起的各种生产和装配问题，以及因此产生的额外费用和最终产品交付使用的延误。

客户体验：市场中的增长神器

一家国内银行针对其投资理财业务中的核心客户流程进行了改造。这些客户流程包括客户开户、产品购买、服务咨询等关键环节。银行通过深入分析客户需求，识别出在这些流程中客户最关心的元素，并针对这些元素进行了改进。例如，优化App的使用体验，提升支行网点服务的热情度，以及确保客服热线能够及时响应客户问题。

改造措施包括：

（1）优化数字界面，使客户能够更便捷地进行账户管理和产品选择。

（2）提供线下服务，确保客户在支行获得专业且友好的服务。

（3）加强客服培训，提高问题解决效率，减少客户等待时间。

这些改造措施成功地提升了客户满意度，老客户群体的资产管理规模提升了9%，并且银行额外增长了约5%的营收。这表明，通过关注并满足客户需求，银行不仅提高了客户忠诚度，还实现了业务增长。

点评：

银行通过深入了解客户在投资理财过程中的需求和痛点，有针对性地优化了服务流程，从而提升了客户体验。这种以客户需求为出发点的策略，不仅增强了客户满意度，还直接转化为业务成果，如资产管理规模的增长和营收的提升。这个案例强调了在竞争激烈的金融服务行业中，优秀的客户体验是企业获得竞争优势的关键。同时，这些举措也证明了数字化转型和员工培训在提升客户体验中的重要性。通过这些措施，企业能够更好地满足客户需求，实现持续增长。

四、产品包装

（一）产品包装及其意义

产品包装是消费者对产品的视觉体验，是产品个性的直接和主要传递者，是企业形象定位的直接表现。好的包装设计是企业创造利润的重要手段之一。策略定位准确、符合消费者心理的产品包装设计，能帮助企业在众多竞争品牌中脱颖而出，并使企业赢得可靠的声誉。

包装设计具有建立品牌认知的营销作用，即利用包装设计呈现品牌信息，建立品牌识别，使消费者知道商品的品牌名称、品牌属性，进而建立品牌形象。在品牌形象的架构中，产品包装被视为品牌形象联想的来源之一。

产品包装首先要表现出销售力，承担着吸引消费者的主要功能。

在商品极大丰富的今天，消费者对每个产品的关注时间都非常短暂，产品包装要能抓住消费者从货架上扫过的每一瞬间。因此，只有产品包装能够综合利用颜色、造型、材料等元素，同时表现出产品、品牌等企业的内涵和信息，突出产品与消费者的利益共同点，对消费者形成较直观的冲击，才能影响消费者对产品和企业的印象，有效地完成吸引消费者的目的。

产品包装作为一个品牌的外在表现，是企业希望自己的品牌给消费者的一种感觉。它所产生的差异及由此而表现出的"品牌特征"使其成为吸引消费者的主导因素。产品包装所承载的物质利益与精神利益就是消费者要购买的东西，产品包装所代表的品牌要能在消费者心中形成一个烙印，充分表现出品牌的内涵，假如没有表现出内涵或是不突出，消费者看到包装没有产生联想，则会使品牌成为无源之水。

产品的包装在包装前需要进行测试，如为保护产品经得起磨损而进行的工程技术测试，为保证画面清晰、色彩协调而进行的视觉测试，为验证包装对经销商的吸引力而进行的消费者测试等。

（二）企业常用的产品包装策略

1. 类似包装策略

声誉良好的企业对本企业的各种产品在同一市场要采用相同的包装图案、色彩、特征。例如，美国的可口可乐公司所营销的可口可乐饮料，就曾采用统一标准的包装、统一的商标、统一的配方。但这种包装策略也存在一些缺点：需要广泛的经销网点才有收效；容易引起过度的价格竞争；忽视了市场上消费者千差万别的需求，从而可能失去部分市场。

2. 等级包装策略

同类似包装策略恰好相反，一些企业根据本企业产品质量档次的高低差异或产品的不同种类，采用不同等级的包装，使产品包装的价值和它的质量等级相称，以方便不同层次的消费者购买。例如，很多香烟生产企业，就按照产品质量等级的不同，采取软、硬纸盒及金属盒等包装形式，或者采用不同的包装规格和包装图案。但这种包装策略也存在一些缺点，由于产品的品种较多，相对来说每种包装的产品生产批量较小，因此增加了包装的研究成本、生产成本、管理费用和营销费用。

3. 组合包装策略

组合包装策略是指企业将相关联的几种产品置于同一包装中，进行连带推销。例如，某些化妆品、节日礼品、儿童食品、五金工具的包装和陶瓷器皿的套装等；再如儿童"六一"礼品袋有将不同的玩具、学习用品装在一个袋子里的，也有将各种糕点糖果装在一起的。这样可以方便消费者一次购买到所需的有关物品，还可以引发连带性购买行为，有利于新产品的市场推广。

4. 再使用包装策略

再使用包装策略是指原来的商品使用完毕后，再给予包装的容器以新的用途。例如，酒喝完后，其瓶可作花瓶。这种包装策略使消费者有新奇感，有时能因其瓶而购其酒，移作他用的包装物又可较长时间地留在人们身边，起到宣传商品的作用。这种包装策略的缺点是消费者购买了产品的不必要功能，增加了使用成本，可能会造成过度包装。

5. 附赠品包装策略

这种包装策略在儿童商品中使用较多，且有较大的促销作用，如某些儿童商品在包装盒内附赠连环画、玩具、奖券等。这种包装策略的优点是为产品增加了吸引力，使回头客增加；缺点是容易造成消费者超额消费。

6. 产品包装集奖策略

这种包装策略是一种通过产品包装设计激励消费者重复购买或收集的营销手段，常见于食品、饮料、玩具、快消品等行业，如某些酒类、香烟、方便食品等。产品包装集奖策略的优缺点与附赠品包装策略基本相同。

7. 标签化策略

标签可以是附在产品上的简易签条，也可以是精心设计的、作为包装一部分的图案。有的标签可能只有品牌等少量内容，有的标签则包括较多的信息。

标签具有很多作用，如帮助消费者识别产品或品牌；有可能为产品分等级；说明有关产品的生产者、制造地点、生产时间、产品的内容（成分、性质等）及如何更好地和安全地使用这一产品；标签还能够以它吸引人的设计来促进产品的销售。

标签可分为四个类别：识别性标签、分等级标签、说明性标签和促销性标签。

（三）产品包装道德取向

产品包装道德取向至少要体现如下三个方面的要求。

1. 真实性

这是诚实守信原则的具体体现。真实性是指产品包装中不得含有虚假的内容，不得欺骗和误导消费者。具体要求是包装中对商品的性能、产地、用途、质量、价格、生产者、有效期限、允诺等有表示的，应当准确、清楚、明白。这是商品包装的核心。

2. 健康性

商品包装的内容应当有益于人们的身心健康，促进商品质量的提高，保护消费者的合法权益，遵守社会公德和职业道德，维护国家与民族的尊严与利益。

3. 合法性

市场经济条件下的商品包装，必须符合国家有关法律政策，如不能使用与名牌包装相同或相近的包装，使消费者难以辨别真假。在产品的包装上要依法注明：产品质量等级的标志、产品生产企业名称和地址；危险品和剧毒品等危及人体健康的产品包装要有明显标志等，若违反法律则要受到法律的制裁。

过度包装危害多

2024年9月，某市市场监督管理局开展了月饼、茶叶等节令商品过度包装专项检查。发现多起不符合《限制商品过度包装要求 食品和化妆品》（GB 23350—2021）强制性国家标准中"单件净含量>50g的空隙率应≤30%"要求的违法案件。其中一家生产月饼的食品厂，其月饼礼盒包装空隙率甚至达到79.55%。市场上一个100克的月饼价位在6～15元之间，而配上一个豪华包装的盒子就能卖到几百元甚至上千元。

点评：

包装的本意是保护商品、美化外观，消费者掏钱买的是商品而不是包装，如果厂家或商家本末倒置，使包装成本远远超出产品成本，则在一定程度上侵犯了消费者的合法权益，而且浪费了资源、污染了环境。包装的大小、形状、色彩、文字说明和图案必须协调一致，支持产品的定位。漂亮的包装设计并不一定是好的设计，最好的包装设计是那些适合企业、适合产品、适合市场的设计。

（四）产品包装中的"缺德"行为

产品包装不仅具有保护、储存商品的功能，同时还具有介绍产品、宣传品牌，激发消费者购买欲望的广告效应。因此产品包装必须遵守社会公德，遵守一定的道德和规范。近几年来，我国产品包装在取得巨大成就的同时，也有一些不道德的行为。

1. 哗众取宠

哗众取宠的包装经常可以遇到，如购回包装精美、价格亦不低的"黄金条"，打开一看是加工后的"地瓜"，净含量也不足。这种"过分包装"带有很大的虚假成分。有的普通面饼，一煎一烙，一黄一白，就被称为"夫妻饼"；还有"一江春水向东流""兔子不吃窝边草"等让人摸不着头脑的商品名称。

2. 追求感官刺激

例如，一张普通的"席梦思"床垫，却在床垫上面绘制了一幅巨大的美女照片；一双小小的袜子，也用外国美女照片包裹在外面……某些书商、作者或编者，甚至不顾社会公德，唯利是图，策划有损社会风尚和社会伦理的书名，有些书商更是别有用心地在书籍名称上做手脚，恶搞《红楼梦》《水浒传》《西游记》《三国演义》等名著的书名，以此吸引受众眼球。书是特殊商品，是精神食粮。书名是书的点睛之笔，有高度概括性，同时包含了美好的韵味和深刻的寓意，通过它可以想象到书中的内容和情节，可以感受到书的品位和优劣。那种以逐利为目的以挑逗消费者为手段的产品包装，是有违社会公共利益的行为。

3. "欺行霸市"

给自己的公司、工厂、商店或酒店取一个人们易识、易记、亲切、朴实的名称，能反映产品包装者的道德素养和文化品位。可有的生产者、经营者却不是如此，街头巷尾，一些店名、货名都"称王称霸"，有的还"称皇称帝"。殊不知绝大多数顾客在"王""霸"面前望而却步，反而像"康师傅""万家乐""小天鹅""娃哈哈""红豆"这样的名称才更让人感觉亲切、吉祥、纯洁和深情。

4. 名不副实

产品包装要严格遵守有关商品包装的规定和要求。生产者、经营者在向消费者提供产品包装时，必须考虑保护好消费者的合法权益。包装上所称的商品价格、用途、产地、规格、等级、主要成分、生产日期、有效期限、检验合格证明、使用方法说明书、售后服务及服务的内容、范围等信息，必须与包装商品实际一致。现在某些产品包装，要么缺乏比较全面的信息介绍，要么与内容不一致，要么躲躲闪闪地介绍，要么有意误导消费者，造成消费者购到商品后，有的质量无保证，有的售后服务无着落，有的数量与实际不符。

5. 损伤民族感情

有些产品包装和商业广告中，有违民族感情和民族风俗的事也曾有发生。某些厂商把日本、美国的国旗印在小学生服装上或某些文化衫上；有些包装在某一特殊民族地区有伤民族之间的感情；还有的把中华民族的语言搅得乌七八糟，成语首当其冲。例如，卖车的"骑（其）乐无穷"，卖饮料的"饮（引）以为荣"，卖衣服的"百衣（依）百顺"，卖酒的"醉（最）有风度"、卖热水器的"随心所浴（欲）"等，成语被弄得面目全非，对中小学生也造成了误导。

五、产品召回

（一）产品召回的相关概念

1. 产品召回的定义

产品召回是指生产商将已经送到批发商、零售商或最终用户手上的产品收回。产品召回的主要原因是所售出的产品被发现存在缺陷。

产品召回制度和一般的三包产品退换货是不同的两个概念。三包产品退换货是针对个体消费者，而且不能说明产品本身有任何问题；而产品召回制度则是针对由厂家原因造成的批量性问题而出现的处理办法。其中，对于质量缺陷的认定和厂家责任的认定是最关键的。

在发达国家，产品召回方式有两种：一种是"自愿认证，强制召回"；一种是"强制认证，自愿召回"。实际上，研究国外汽车召回的案例就会发现，政府指令召回或强制召回是极少的，但受政府影响的召回数量却较多，因为大多数情况下制造商都会在政府调查的某个阶段承认产品缺陷，依据法规开展主动召回。我国产品召回中也有很多是政府调查使企业主动召回的。

2. 缺陷产品的定义

缺陷产品是指因设计、生产、指示等原因在某一批次、型号或者类别中存在具有同一性的、已经或者可能对人体健康和生命安全造成损害的危险的产品。

国际上对"缺陷"内涵的基本界定可以归纳为：一是在产品正常使用过程中或正常使用条件和环境下，二是在产品可以预见的误用过程中或可以预见的误用条件和环境下，这样的两种情形中产品所存在的对消费者的人身、财产安全构成威胁的危险。

3. 缺陷产品认定

《中华人民共和国产品质量法》（2018年修正）第四十六条规定："本法所称缺陷，是指产品存在危及人身、他人财产安全的不合理的危险；产品有保障人体健康和人身、财产安全的国家标准、行业标准的，是指不符合该标准。"

4. 缺陷产品的危害

由于缺陷产品往往具有批量性的特点，因此，当这些产品投放到市场后，如不加以干预，其潜在的危害是巨大的，有可能对消费者的生命、财产安全或环境造成损害。

为维护消费者权益，有必要制定相关法律和行政规定，监督缺陷产品的生产者，使之对其设计和生产的缺陷产品进行收回、改造等，并采取措施消除产品设计、制造、销售等环节上的缺陷。缺陷产品的危害主要表现在以下三个方面。

（1）产品设计缺陷引起的危害，即设计上的原因导致产品存在危及人身、财产安全的不合理危险。例如，使用瓦斯炉的火锅，因结构或安全系数设计上的不合理，有可能导致在正常使用中发生爆炸，该产品即为存在设计缺陷的产品。

（2）产品制造缺陷引起的危害，即产品加工、制作、装配等方面的原因导致产品存在危及人身、财产安全的不合理危险。例如，生产的幼儿玩具制品，未按照设计要求采用安全的软性材料，而是使用了金属材料并带有锐角，危及幼儿人身安全。该产品即存在产品制造上的缺陷。

（3）告知缺陷（也称指示缺陷或说明缺陷）引起的危害，即由于产品本身的特性而具有一定的合理危险性。对这类产品，生产者应当在产品或者包装上，或者在产品说明书中，加注必要的警示标志或警示说明，告知使用注意事项。如果生产者未能加注警示标志或者警示说明，标明使用注意事项，导致产品产生危及人身、财产安全的危险的，该产品即属于存在告知缺陷的产品。例如，燃气热水器在一定条件下对使用者有一定的危险性，生产者应当采用适当的方式告知安全使用注意事项，如必须将热水器安装在浴室外空气流通的地方等。如果生产者没有明确告知，就可认为该产品存在不合理的危险。

（二）产品召回的标准

产品召回标准即确定产品是否存在缺陷的问题，缺陷是产品被召回的基础。

《中华人民共和国消费者权益保护法》规定，经营者发现其提供的商品或服务存在缺陷，有危及人身、财产安全危险的，应当立即向有关行政部门报告和告知消费者，并采取召回措施。《消费品召回 效果评价》（GB/T 40993-2021）由国家市场监督管理总局、国家标准化管理委员会批准发布，于2022年3月1日起正式实施，规定了产品召回实施效果评价的原则、总体要求、指标体系等内容。

特斯拉召回事件

根据国家市场监督管理总局2025年1月24日的消息，特斯拉当天宣布在中国召回部分进口及国产电动汽车。

根据此次召回计划，一是自即日起，召回生产日期在2023年7月16日至2024年12月14日期间的部分进口 Model S、Model X 及国产 Model 3、Model Y 电动汽车，共计335716辆。本次召回范围内的车辆，车辆上电时的反向电流可能损坏行车电脑主板上的电源组件，导致后视摄像头功能异常，可能造成倒车影像无法显示，从而影响驾驶员倒车时的视野，增加车辆发生碰撞的风险，存在安全隐患。

二是自即日起，召回生产日期在2022年1月3日至2023年9月23日期间的部分国产 Model 3、Model Y 电动汽车，共计871087辆。本次召回范围内的部分车辆，因电子助力转向系统软件问题，可能触发转向助力受限，造成电子助力转向功能失效，存在安全隐患。特斯拉将通过汽车远程升级（OTA）技术，免费为召回范围内的车辆升级软件或推送新开发的功能。

点评：

产品如果存在缺陷，可能带来巨大的安全隐患。如果不及时采取措施，就会延误迅速在社会上消除隐患的时机，使危害进一步扩大。

第二节
产品定价中的道德与文化问题

一、产品价格

产品价格是产品价值的货币表现，其大小是由产品的价值决定的，但是产品的价格也受产品供求关系的影响。当产品供不应求时，价格将高于价值；当产品供过于求时，价格将低于价值。价格围绕价值波动是商品经济的基本规律。

在现代市场营销中，有人从另外一个角度解释了价格的含义，价格是指消费者为了获得某种想要的商品时，所放弃的或用来交换的价值。

事实上，前者体现的是价格的本质问题，而后者则是更多地从消费者的角度出发，体现了现代市场营销的基本思想。

二、价格的作用

1. 价格能起到调节、诱导市场需求的作用

价格的高低往往直接影响着产品在市场中的地位和形象，影响着顾客对该产品的态

度，也影响着产品的销路。合理的价格能对顾客的心理产生良好的刺激作用，可以说价格本身就是一种促销因素。

2. 价格是参与市场竞争的有效手段

在所有的市场竞争手段中，价格竞争可谓是最直接、最有效的一种手段。在同类产品中，价格越低，市场竞争力越强，因此价格是企业极为关心的问题。当一个企业做出调整价格的策略时，其他生产同类产品的企业，往往会对其产品价格的变化，尤其是对降价做出迅速的反应。价格竞争也是最危险的一种竞争手段，一旦决策失误，往往会使企业陷入困境，因此企业必须慎重使用。

3. 价格是实现企业盈利的核心因素

在市场经济中，企业是市场价格的适应者而非操纵者。因此，从这个意义上讲，企业的所有营销工作都必须围绕适应市场价格这一主题展开。企业要实现盈利目标，不仅要为消费者提供满足其需求的产品，也要制定出消费者能接受的产品价格。

4. 为消费者提供货真价实的产品，是企业应履行的社会责任

所谓货真价实，就是企业必须依据产品的成本、消费者的承受能力和竞争对手的状况来制定价格，并把真实的价格信息提供给消费者。

三、非道德定价

在实际的产品定价中，经常出现欺诈性定价、掠夺性价格、垄断价格、误导性定价及暴利定价等一系列违反道德标准的不合理定价行为。

1. 欺诈性定价

欺诈性定价是指经营者利用虚假的、使人误解的标价形式或者价格手段，欺骗、诱导消费者、其他经营者与其进行交易的行为。

例如，有的企业故意抬高标价，然后声称"特价优惠""酬宾大减价""清仓大出血""转产大甩卖"；有的商家动辄"全市最低价"，声称如有更低者，商家给予"补差"，实际上难以确认是否属实，消费者更难得到"补差"；有的服务性商家"低价诱进门，进门就'宰'人，掏尽钱包请走人"；有的商家漫天要价，使不知情者上当受骗，即使知道，有时也难逃被"宰"的命运。

上述欺诈行为，可以总结为如下几点：

（1）虚假降价，指谎称降价而实际上没有降价的行为，如虚假宣传，伪装削价行为；虚拟原价，谎称降价，实则提价的行为等。

（2）模糊标价，指故意用模糊语言、文字、计量单位等表示价格的行为，如以虚假的优惠价、折扣价、处理价、最低价及其他虚假的价格信息，引诱消费者进行交易等。

（3）两套价格，指经营者对同种商品或服务恶意使用两种标价签或价目表，以低价吸引顾客、以高价结算的行为。

价格欺诈行为不仅损害了其他经营者和消费者的利益，而且破坏了正常的市场秩序，造成了经济市场的紊乱，因此属于法律禁止的不正当定价行为。

2. 掠夺性定价

掠夺价格是指在竞争性市场上，将价格定到不合理的低水平或者亏本性的低价，以达到将竞争对手驱逐出市场的目的，由此产生的损失可以由其未来的利润来弥补——当竞争对手退出市场后，企业可以凭借垄断地位获得超额利润。

判断是否为掠夺性定价行为的关键在于界定是否为不合理的低价或者亏本性定价，这不仅要看企业所定价格与成本的比较，还要考虑企业的目的和意图。

与其他非道德定价方式直接导致价格升高的目的不同，掠夺性定价在短期内是降低价格的，长期内才有可能使价格升高，因此使得这种定价方式短期内不会引起争议，消费者的利益至少在短期内没有受到伤害，甚至还会获得降价带来的好处。因此，掠夺性定价的不道德性主要是体现在其妨碍了公平竞争上。

3. 垄断定价

价格垄断行为是指经营者通过相互串通或者滥用市场支配权力，操纵市场调节价，扰乱正常的生产经营秩序，损害其他经营者或者消费者的合法权益，或者危害社会公共利益的行为。判断正当价格竞争与价格垄断的标准在于：一看企业在制定价格时是否确实占有该市场的垄断地位，这是价格垄断的必要前提；二看这种价格的形成是否排斥了正常的价格竞争，这是价格垄断的基本实质；三看该行为是否是为了谋取巨额利润或特殊利益，损害了其他经营者及广大消费者的利益。

垄断价格的主要表现为：

（1）欺行霸市。经营者凭借市场支配地位，违反法律法规的规定牟取暴利；凭借市场支配地位，以排挤、损害竞争对手为目的，以低于成本的价格倾销；或者采取回扣、补贴、赠送等手段变相降价，使商品实际售价低于商品自身成本。

（2）串谋定价。串谋定价是通过协议、决议或者协调等串通方式来统一确定、维持或变更价格，或通过限制产量、供应量来操纵价格的行为。串谋定价能人为地垄断并制定高于正常市场的价格，从而使消费者受到直接的经济损失，并造成价格信号扭曲，破坏价值规律的正常作用。串谋定价旨在控制价格，损害公平竞争，因而串谋定价是一种非道德的预谋行为。

（3）歧视定价。歧视定价是指经营者凭借市场支配地位，在提供相同商品或者服务时，对条件相同的交易对象实行价格交易的差别待遇，它是垄断定价的引申。有关歧视定价的道德问题，主要是考量是否从根本上削弱了竞争关系。这里的竞争可分为两种水平：一是企业对其竞争者实施的歧视价格，我们称之为初级水平竞争；二是企业对服务于同一顾客的其他企业实施的价格歧视，我们称之为二级水平竞争。一般来说，在初级水平上的竞争，只是造成竞争者利润上的一定损失，并不构成对整体竞争水平的危害，但二级水平的竞争，由于企业（如大零售商）采用了歧视定价，结果会使竞争者（如小零售商）被迫退出竞争市场，从而引起整个竞争市场发展失衡。

4. 误导性定价

误导是一种心理效应，指借助文字、图案等知觉线索，让人对特定对象产生错误的理解。误导性定价是指利用误导，使消费者对产品产生不切实际的期望，造成负面社会效应。

例如，某通信公司开展长途电话服务优惠活动，在发放的宣传单上标注"长途电话注册优惠期间，国内长途每分钟0.20元（该款标示特别醒目）……优惠套餐：预存100元无赠费，预存200元送100元话费，预存300元送150元话费，预存500元送250元话费，预存1000元送500元话费"。消费者理解为长途电话每分钟0.20元，如果预存200元、300元、500元和1000元，还可获赠预存金额一半的话费。事实上，用户拨打长途话费仍是每分钟0.30元，所谓的每分钟0.20元，是按照后面说的优惠套餐折算而来的。

再如，某市一世纪城店销售特色鱿鱼丝，销售价格为每袋136元，价签标示时用大号字体标示"13"，用小号字体标示"6.0"，诱导消费者误认为销售价格为每袋13.60元；销售火腿礼盒，销售价格为每盒168元，价签标示时用大号字体标示"16"，用小号字体标示"8.0"，诱导消费者误认为销售价格为每盒16.80元。

5. 暴利定价

一般来说，商品价格的提高，若属于成本的原因就是公平合理的，若属于市场条件的原因，就应该是不公平、不合理的。实际上，高利润本身是不存在是否道德的区分的，界定暴利的关键在于是否是在损害了消费者选择权和知情权的情况下取得的。

现实生活中的牟取暴利主要是指生产者或经营者严格脱离了价值规律，充分利用自身的优势地位获取超高利润，或采取非正当手段获取高额利润。

（1）以所谓"新产品"获取暴利。一些经营者以新产品面市拉高利润率，有的出现数倍、数十倍甚至数百倍的利润。因此，有些生产者或经营者不断地更新产品的名称，有的甚至连产品的组成要素都点滴未改，成了名副其实的"换汤不换药"，仅仅是靠更换名称来牟取不正当的高额利润。

（2）打着工艺美术品的旗号牟取暴利。工艺美术品的价格早已放开，属于市场调节价。但长期以来，人们对工艺美术品的价格一直搞不懂。一幅画、一幅字、一件工艺装饰品中蕴含着巨大的艺术价值，其价格确实难以用简单的成本与利润来计算。但是，有些人却以赝品、次品来冒充工艺美术品，以大大超过其价值的价格来牟取暴利。

（3）行业垄断是产生暴利的土壤。我国市场经济虽已日臻完善，但毕竟还需要一个过程。由于政策、自然条件等原因，目前一些行业仍处于垄断地位。部分企业从形式上虽然改资换"姓"，但在执行市场价格过程中，仍是独家经营，无人与其竞争，即使有人竞争，也不在同一起跑线、一个平台上，形成了不公平的竞争或是不对称的竞争。这些行业在执行政府定价或政府指导价的过程中，常常是将一些经营不善、管理不当的支出算入营运成本，最后向政府要求上调价格。其理由就是：开支大，成本高。这时往往是消耗逼着价格走，政府成了他们的调价工具。

本 章 小 结

产品有狭义和广义两种。狭义的产品是指生产者通过生产劳动而生产出来的、用于满足消费者需要的有形实体；广义的产品不仅指基本的产品实体这一物质属性，还包括产品的价格、包装、服务、交货期、品牌、商标、商业信誉、广告宣传等一系列有形或无形的特质。

产品定位是指使产品在未来潜在消费者心中占有的位置。产品定位的方法一般有产品差异定位法、主要属性/利益定位法、产品使用者定位法、场合定位法、分类定位法、针对特定竞争者定位法、关系定位法、问题定位法等几种。

产品设计反映了一个时代的经济、技术和文化发展情况。其意义重大，具有"牵一发而动全局"的重要意义。产品设计方法有三种：组合设计、计算机辅助设计、面向可制造与可装配的设计。

好的包装设计是企业创造利润的重要手段之一。企业常用的产品包装策略有：类似包装策略、等级包装策略、组合包装策略、再使用包装策略、附赠品包装策略、产品包装集奖策略、标签化策略等。

产品包装道德取向至少要体现如下三个方面的要求：真实性、健康性、合法性。

产品包装中的"缺德"行为主要表现在：哗众取宠，误导消费者视线；追求感官刺激，以挑逗消费者为手段的产品包装；"欺行霸市"；名不副实；损伤民族感情。

生产过程中难免出现缺陷产品，表现在设计上的缺陷、制造上的缺陷、告知上的缺陷。一旦被认定后，需要被商家召回。产品召回的主要原因是所售出的产品被发现存在缺陷。

产品价格是产品价值的货币表现，其大小是由产品的价值决定的。价格的作用表现在：调节市场需求和诱导市场需求、参与市场竞争的有效手段、实现企业盈利的核心因素、为消费者提供货真价实的产品，履行社会责任。

非道德定价行为主要有欺诈性定价、掠夺性定价、垄断定价、误导性定价、暴利定价。

思考与练习

一、填空题

1. 产品设计的方法一般包括：组合设计、_____、面向可制造与可装配的设计。

2. 在发达国家，产品召回方式有两种：一种是"自愿认证，强制召回"；一种是

_____。

3. 缺陷产品的危害主要表现在以下三个方面：一是产品设计缺陷引起的危害；二是_____，三是告知缺陷引起的危害。

4. 产品的价格受产品供求关系的影响，当产品供不应求时，价格将高于_____，当产品供过于求时，价格将低于_____。

5. 广义的产品包含两种形态：一种是实体产品，如面包、衣服等；一种是软体产品，如_____、_____、_____等。

二、选择题

1. 在速食零售业中，五谷道场的非油炸方便面，属于（   ）定位法。

A. 针对特定竞争者　　　　　　B. 产品类别

C. 分类　　　　　　　　　　　D. 主要属性/利益

2. 把加工后的"地瓜"通过精美包装，取名"黄金条"，而且价格定得很高，这类产品包装属于（   ）。

A. 追求感官刺激　　　　　　　B. 哗众取宠

C. 欺行霸市　　　　　　　　　D. 主要属性/利益

3. 有的企业故意抬高标价，然后声称"特价优惠""酬宾大减价""清仓大出血""转产大甩卖"，这是典型的（   ）定价。

A. 误导性　　　　　　　　　　B. 掠夺性

C. 暴利　　　　　　　　　　　D. 欺诈性

4. 在我国现实经济生活中，价格欺诈行为主要有（   ）。

A. 虚假降价　　　　　　　　　B. 模糊标价

C. 两套价格　　　　　　　　　D. 以上三个都属于

5. 附赠品包装策略的缺点是（   ）。

A. 促销作用　　　　　　　　　B. 容易造成消费者超额消费

C. 容易增加使用成本　　　　　D. 以上三个都不正确

三、简答题

1. 产品包装道德取向至少要体现哪几方面的要求？

2. 简述价格的作用。

3. 举例说明再使用包装策略的优缺点。

4. 举例说明什么是产品使用者定位法。

5. 简述垄断价格的主要表现。

四、案例分析

定价策略与市场推广的配合

小米自成立之初，就明确提出了"为发烧而生"的口号，以高性价比的产品赢得了消费者的青睐。小米在产品研发上注重成本控制，通过优化供应链、降低生产成本等方式，实现了产品的高性价比。同时，小米还注重产品的创新和用户体验，不断推出具有竞争力的新品，满足消费者的多样化需求。这种高性价比的策略，使得小米在市场上拥有了广泛的用户基础，为其后续的市场营销奠定了坚实的基础。

一、持续更新新闻发布与营销活动，保持高关注度

小米通过不断的新闻发布和营销活动，成功吸引了大量关注。利用雷军的个人魅力和有效的传播策略，小米将产品发布会打造成为一场吸引广泛关注的连续剧。全域矩阵营销和争议性话题的运用，更是提高了品牌的市场存在感和消费者的期待值。

二、巧妙定价，创造惊喜效应

在定价策略上，小米总是能制造出预期与现实的反差。通过雷军的公开表态和市场预期管理，消费者对产品价值的认知得到了提升。当消费者准备好接受较高价格时，小米却以低于预期的价格发布产品，这种惊喜效应大大增强了产品的性价比感知。

三、明确品牌定位，利用创始人IP

小米通过与行业领导者的对标，清晰明确了自身产品的市场定位。同时，雷军作为创始人的个人IP具有广泛的影响力，为品牌增添了信任和亲和力。他将复杂的技术通俗化，有效塑造了产品的价值，并通过其个人形象和沟通技巧，加强了消费者与品牌之间的情感连接。

思考题：

1. 谈谈你对小米公司的市场定位战略与市场定价策略的理解。
2. 简述"小米"品牌的推广战略。

第六章

分销及促销中的道德与文化问题

▍本章学习目标

- ◪ 了解分销与促销等相关概念。
- ◪ 掌握分销渠道的标准、类型和存在的道德问题。
- ◪ 掌握特许经营渠道中存在的道德问题。
- ◪ 理解售后服务、逆向渠道等相关知识。
- ◪ 理解广告促销、打折促销、捆绑销售、有奖促销、会员制促销
  等相关知识。

▍关 键 词 汇

- ◪ 分销渠道（Distribution Channel）
- ◪ 特许经营（Franchise）
- ◪ 促销（Promotion）

▍引 子

- ◪ 没有必要让广告看起来像广告。如果你能把它做得就像编辑部
  出版的文章一样，它吸引的读者比别种形式的广告会多50%。

第一节

分销与分销渠道

一、分销与分销渠道的相关概念

1. 分销的含义

在西方经济学中，分销是建立销售渠道的意思，即将产品通过一定的渠道销售给消费者。从这个角度来讲，任何一种销售方式都可以称为分销。分销是产品由生产地点向销售地点移动的过程，产品必须通过某种分销方式才能到达消费者手中。

2. 分销渠道的含义

分销渠道就是分销中的"一定的渠道"，即指某种货物和劳务从生产者向消费者移动时，取得这种货物和劳务的所有权或帮助转移其所有权的所有企业和个人。

分销与分销渠道的含义大同小异，在许多著作中，分销已经被分销渠道所替代。本教材主要对分销渠道进行研究。

分销渠道的起点是生产者，终点是消费者或用户，中间环节包括参与商品交易活动的批发商、零售商、代理商和经纪人，虽然后两类中间商并不对商品拥有所有权，但他们帮助达成了商品的买卖交易活动，因此也可作为分销渠道的一个环节。只要是在生产者到最终消费者之间，任何一组与商品交易活动有关并相互依存、相互关联的营销中介机构，均可称为一条分销渠道。

一般而言，消费品的分销渠道分为四种：两个层次（生产者→消费者）、三个层次（生产者→零售商→消费者）、四个层次（生产者→批发商或代理商→零售商→消费者）、五个层次（生产者→代理商→批发商→零售商→消费者）。产业用品的分销渠道分为三种：两个层次（生产者→产业用户）、三个层次〔生产者→代理商或产业经销商（批发商）→产业用户〕、四个层次〔生产者→代理商→产业经销商（批发商）→产业用户〕。

二、分销渠道的标准和类型

（一）分销渠道的标准

分销渠道的标准是衡量渠道设计合理性和效率的关键指标，包括长度、宽度、效率、成本控制、控制力五大维度综合评估的标准。以下是具体标准及其应用场景。

1. 长度标准：层级与覆盖范围

从长度标准来看，分销渠道分为直接分销渠道（又称短渠道）和间接分销渠道（又称长渠道）。

（1）直接分销渠道的形式有企业直售（如专卖店、电商、电话推销），适用场景为高价商品（如奢侈品）、技术复杂产品（如医疗设备）、需定制服务（如软件许可），优势为利润率高、控制力强，劣势为市场覆盖范围有限。

（2）间接分销渠道按层级划分可以分为：一层渠道［生产者→零售商→消费者（如快消品）］，二层渠道［生产者→批发商→零售商→消费者（如日化用品）］，三层渠道［生产者→代理商→批发商→零售商→消费者（如进口食品）］。优势为覆盖范围广、成本分摊，劣势为控制力弱、响应慢。

生产者在选择分销渠道时依据如下：从市场规模来看，目标顾客分散（如饮料）选择间接分销渠道，目标顾客集中（如工业设备）选择直接分销渠道；从产品属性来看，易损品（如鲜奶）选择直接分销渠道，标准化商品（如文具）选择间接分销渠道；从生产者能力来看，资金雄厚且需强控制的品牌选择直接分销渠道，依赖中间商网络（如中小品牌）的选择间接分销渠道。

2. 宽度标准：市场渗透与竞争密度

从宽度标准来看，分销渠道可以分为宽渠道、窄渠道、选择性分销。

（1）宽渠道是指同一层级使用大量同类中间商来进行销售的方式（如方便面通过多个超市、便利店销售）。宽渠道的优势是快速铺货、提高市场占有率；劣势是渠道冲突风险高。

（2）窄渠道是指精选少数中间商来进行销售的方式（如高端珠宝通过专属门店销售）。优势是合作关系紧密、服务标准化；劣势是扩张速度慢。

（3）选择性分销可用于需求波动大的产品（如季节性服装），以平衡覆盖面与竞争优势的问题。

3. 效率标准：资源投入与产出

效率标准有一些可量化指标：销售额反映渠道销售能力（如某渠道年销售额占比）；渠道费用率是成本与销售额的比值，建议控制在10%~30%；覆盖率是终端销售区域与市场总面积的比值（如覆盖全国80%地级市）；响应时间反映了订单到交货的时间（如生鲜配送需在24小时内）；客户满意度则是通过NPS（净推荐值）衡量（如电子产品渠道NPS≥50为优）。

4. 成本控制标准：效益与规模的平衡

成本控制是效益与规模的平衡。成本结构包括固定成本[如仓储建设、系统投入（如ERP部署成本）]、可变成本[如物流费用（占销售额5%~15%）、促销费用（如"双十一"广告投入）]。

降低成本的策略有多种，比如模式创新社交电商（如拼多多C2M模式等）。

5. 控制力标准：风险与协同的博弈

控制力的标准可以通过定性指标和定量指标来共同反映。

（1）定性指标：渠道满意度可以通过定期调研中间商满意度来获得；冲突管理可通过窜货率的数据（如手机渠道窜货率需≤3%）评估。

（2）定量指标：销售增长率可以反映同比增幅（如某渠道年增长≥20%）；通过利

润率可以了解渠道利润率（如经销商毛利率需≥15%）；通过货款返还率可以了解应收账款回收效率（如DSO≤30天）。

（二）分销渠道的主要类型

1. 直接分销渠道

直接分销渠道是指生产者将产品直接供应给消费者，没有中间商介入。直接分销渠道的形式是：生产者→消费者。例如，大型设备、专用工具及技术复杂且需要提供专门服务的产品，一般采用直接分销。消费品中有部分产品也采用直接分销，如鲜活产品等。

直接分销渠道的具体方式比较多，如订购分销、自开门市部销售、联营分销等。例如，农民在自己农场门口开设门市部，或者在路旁或城市市场上摆个货摊，将其生产的蔬菜、水果、禽蛋等农产品直接销售给消费者；有些生产者自己开设零售商店或门市部，将产品直接销售给消费者，或者雇用推销员，挨家挨户推销产品；有些生产者采取邮购方式，将其产品直接销售给消费者；有的生产者通过网络将其产品直接销售给消费者，即生产者通过网络播放广告，消费者直接通过网络链接购买商品。

直接分销渠道的优点是：有利于购销双方沟通信息，可以按需生产，更好地满足目标消费者的需要；可以降低产品在流通过程中的损耗；由于去掉了产品流转的中间环节，减少了销售损失，能加快产品的流转；有利于购销双方的关系以法律的形式于一定时期内固定下来，使双方把精力用于其他方面的战略性谋划；有利于生产者在销售过程中直接进行促销。

直接分销渠道也存在着明显的不足：对于绝大多数生活资料类商品，产品和目标消费者呈小型化、多样化和重复性的特点；生产者自销产品势必要自己进行市场调研，加重了工作负荷，分散了精力；当生产者仅以直接分销渠道销售商品时，当目标消费者的需求得不到及时满足时，同行生产者就可能趁势进入目标市场，夺走目标消费群体和商业协作伙伴。

2. 间接分销渠道

间接分销渠道是指产品从生产者流向最后消费者的过程中，经过若干中间商转手的分销渠道，即生产者通过若干中间商将其产品转卖给消费者（生产者→若干中间商→消费者）。间接分销渠道是两个层次以上的分销渠道。间接分销渠道和直接分销渠道相比，过程较长。

间接分销渠道的具体方式也不少，如厂商挂钩、特约经销、零售商或批发商直接从工厂进货、中间商为工厂举办各种展销会等。在西方国家，大多数消费品从生产者流向最后消费者的过程中都要经过若干中间商转手，也就是说，间接分销渠道是消费品分销渠道的主要类型。此外，有些产业用品（如单价较低的次要设备、零件、原材料等），也要通过若干中间商转卖给产业用户。

间接分销渠道的优点比较多，如有助于产品广泛分销，缓解生产者人力、财力、物力等力量的不足，有利于企业之间的专业化协作等。

间接分销渠道也有不足之处：可能形成"需求滞后差"，容易造成所谓的市场疲软现象；可能加重消费者的负担，引起抵触情绪；不便于直接沟通信息，企业信息不灵，生产经营必然会迷失方向，也难以保持较高的营销效益。

3. 多渠道分销

许多情况下，生产者往往通过多种渠道将相同的产品送到不同市场或相同市场。也就是说，同一种产品，既可以直接卖给最后的消费者用于生活消费，又可以卖给产业用户用于生产消费；也可通过若干不同渠道将同一产品送到不同市场（消费者市场和产业用户市场）；还可以通过多条渠道将产品送到同一消费者手中。这种多渠道结构也叫"双重分销"。

典型案例

企业营销之渠道建设

作为国内较早建立渠道营销管理部的电信企业，华为很早就把渠道的建设作为企业产品营销的一个重要通路，在不同的阶段提出了不同的渠道销售策略。

从最初创业起，很长一段时间内，华为都把直销作为自己唯一的销售渠道。在企业形成一定规模，再加上正式向国际市场发起进攻之后，华为发现随着客户群体的不断扩大，企业需要一种能为不同的客户提供有针对性的全面的产品的解决方案，因此果断地改变了直销这个一直是华为销售生命线的渠道策略，转而寻求制定一条新的销售渠道。经过不断的完善改革，最终形成了今天的分销商供应渠道模式。目前，华为在海外设立了 22 个地区部，100 多个分支机构，可以更加贴近客户，倾听客户需求并快速响应。

点评：

华为着手打造的这个全面的分销渠道平台是基于销售与服务合作伙伴、培训合作伙伴及直接用户而建立的一个较为完善的体系。这个分销渠道平台包括第一级的高级分销商，以及下属的区域代理商、高级认证代理商、行业集成商、一级代理商、区域分销商等，旨在为客户提供端到端的产品一体化解决方案。同时，分销商的介入有助于实现更具针对性的服务，从而使客户获得最高效率的服务，大大提高了服务的效率。

（三）主要分销渠道分析

采用哪种形式的分销渠道比较好是每个企业最想找到的答案。

有的企业采用直销模式，建立了庞大的直销网络，包括专卖店、直销员和线上平台，还通过举办各种培训和活动，提高直销员的专业素质和销售能力。

有的企业采用分销模式，其分销渠道包括大型零售商、超市、便利店等；注重与分销商的合作关系，提供培训和支持，确保分销商能够充分了解产品特点和销售策略。

有的企业采用多渠道布局的方式，通过自建官网、入驻第三方平台、社交媒体等线上渠道，提供在线销售、会员服务、电子礼品卡等数字化服务；在线下渠道中，建立庞大的实体门店网络，吸引消费者到店消费。

直销、分销和多渠道销售都有其独特的优势和适用场景。直销适合品牌影响力强、产品质量高的企业；分销适合需要快速拓展市场、提高市场占有率的企业；多渠道销售则适合希望覆盖更广泛消费者群体、提高购物便利性和服务质量的企业。在选择销售策略时，企业应根据自身情况、市场环境及消费者需求进行综合考虑和选择。

三、分销渠道中的道德问题

分销渠道中存在的许多道德问题不容忽视。

1. 侵犯消费者隐私权

隐私权的侵犯也许是分销渠道中最棘手的问题。消费者每次通过网络等订购产品、抽奖、申请信用卡等，姓名、地址和购买习惯就会被列入企业的数据库。为了公司利益或满足个人私欲，侵犯消费者隐私权的现象在分销渠道中时有发生。

2. 骚扰消费者

在分销渠道中，电话是增进沟通和了解的重要形式之一。但是很多时候，一些企业或中间商任意拨打消费者的电话。例如，某地的电信公司通过电脑系统自动拨打其客户电话介绍新业务，如果客户没有听完就挂断电话，企业过一段时间还会再打过来。这种行为就构成了对消费者的骚扰，消费者对此十分厌烦。

另外，企业或中间商向有具体地址的消费者寄发各种产品信息，或者用电子邮件、短信向消费者发送广告资料等是一种非常有效的营销方式，可以节约大量的资源，但是有时候接二连三地向消费者发送同一内容的信息，就会给消费者带来很大的麻烦和烦恼。

3. 销售人员缺乏诚信，欺骗消费者

在产品销售过程中，销售人员面对面通过讲解和示范方式，将产品和服务介绍给消费者。但一些销售人员为了自身的利益，在讲解和演示产品时，会故意回避产品的缺点，夸大产品的功效或提供所谓的"优惠价"，做出无法实现的口头承诺，或利用表面像官方文件的信封、类似的剪报、假荣誉和奖章等欺骗消费者。例如，销售人员的一个惯用手法就是"限量销售"，通过这种方式，销售人员制造产品"紧俏"的假象，宣称产品即将断货，或者产品价格即将上涨等，以此给消费者施加压力。这种行为触及道德问题。

4. 传销

探讨分销渠道的道德问题时，传销是不可回避的内容。传销是人员发展上线、下线、金字塔式，限制人权与自由的非法模式。许多国家都立法对传销进行限制或禁止。传销在我国是违法的，是明文规定禁止的。

传销是指组织者或者经营者发展人员，并以被发展人员直接或者间接发展的人员数量或者销售业绩为依据计算和给付报酬，或者要求被发展人员以交纳一定费用为条件，进而取得加入资格等方式牟取非法利益，扰乱经济秩序，影响社会稳定的行为。

每个传销员都处于渠道网络中的某一层次，与自己的上线和下线直接发生联系，既接受自己上线的领导，又可以以独立的身份发展和经营管理自己的网络。这样，通过较高级别的传销员发展低级别的传销员，低级别的传销员再发展更低级别的传销员，如此下去就形成一个金字塔型的销售网络。

传销企业利用大众的投机心理，以产品为媒介组织传销网络，通过高价销售产品，将众多下线的资金聚敛到传销企业和少数上线的手中，使他们获得远远高于行业平均水平的超额利润。因此，传销具有浓厚的投机色彩，并带来很多严重的不良社会问题。

四、特许经营渠道

（一）特许经营的含义

特许经营是指特许经营权拥有者以合同约定的形式，允许申请特许经营的商家，有偿使用其名称、商标、专有技术、产品及运作管理经验等从事经营活动的商业经营模式。

（二）特许经营的分类

按照特许权的形式、授权内容、方式和总部战略控制手段的不同，特许经营可以分为三种类型。

1. 生产特许

特许经营者通过投资建厂或原始设备制造的方式，使用特许人的商标或标志、专利、技术、设计和生产标准来加工或制造取得特许权的产品，然后经过经销商或零售商出售，特许经营者不与最后消费者直接交易。典型案例包括：可口可乐的灌装、奥运会标志产品的生产。

2. 产品商标特许

特许经营者使用特许人的商标和零售方法，批发和零售特许人的产品。特许经营者仍保持其原有企业的商号，只是单一地销售特许人许可的产品，或者在销售其他产品的同时销售着特许人许可的产品。

3. 经营模式特许

特许经营者有权使用特许人的商标、商号、企业标志及广告宣传，可完全按照特许人设计的经营模式来经营；特许经营者企业在消费者中完全以特许人企业的形象出现；特许人对特许经营者的内部运营管理、市场营销等方面实行统一管理，具有很强的控制力。

（三）特许经营渠道中存在的道德问题

1. 对特许经营者的不公平对待

根据契约规定，特许经营者向特许人支付特许使用费，获得在特许期间、特定区域使用特许人独特产品或服务、专有技术、商标或其他某种无形资产等权利，每个特许经营者应该拥有平等的权利，但是特许人的政策总是倾向于销售额较大和新加入的经营者。例如，在经营过程中，一些特许经营者可能存在负担过重的情况，使经营业绩无法表现出来，有时特许人为了平衡利润率对各店有不同的要求，如对新加入的经营者，商品的提供、价格的优惠都有所偏重，而负担往往转嫁给原有的经营者，使原有经营者的业绩不如新加入者。另外，特许人在地区间政策的调节上，也使不同特许经营者负担不均。

2. 特许经营者的"搭车"行为

在特许经营渠道模式中，特许人将自己独特的产品、服务、某种经营方式、某个商标专用权等给特许经营者使用，收取特许使用费。但是特许人在维持特许经营系统内的统一产品质量标准时，会经历一系列困难，可能还会出现特许经营者的"搭车"行为等道德问题。当产品质量问题出现在直营店时，分店经理如果不执行上级命令，他可能被取代或为此受到纪律处分。但是在特许经营中是不可能的，因为特许经营者拥有分店的特许业务，因此特许总部经常不能对不符合要求的特许分店进行管理。

例如，众所周知的麦当劳公司就是一个非常成功的特许经营体系。但是麦当劳曾经指控其法国的一家特许经营店清洁工作低于规定标准，有损麦当劳形象。这就是说，特许经营店利用麦当劳的声誉招揽顾客，却不遵守麦当劳餐馆的清洁标准，是一种典型的"搭车"行为。

3. 特许经营者的"窜货"行为

"窜货"在分销渠道的实际操作中比较普遍，也是比较常见的道德问题之一。在特许经营中，特许人根据契约规定，授予特许经营者在特许期间、特定区域享有使用特许人独特产品、服务、专有技术、商标、其他某种无形资产等权利，同时又必须按契约规定从事经营活动。特许经营者向特许人支付特许使用费，享有经营特许人独特的产品或服务的权利，能自主在契约规定销售区域内经营。

但在实际经营过程中，许多特许经营者为了获取额外利润，经常向契约规定以外的销售区域进行有意识的产品销售，即所谓的"窜货"行为。特许经营者的"窜货"行为侵害了其他特许经营者的利益，扰乱了正常的分销渠道关系，引发了特许成员之间的价格混乱和市场区域混乱。即使特许人对"窜货"行为制定了预防措施和严格的处理办法，但在实际经营中，由于利益的驱使，"窜货"行为屡禁不止。

五、售后服务

（一）售后服务及其意义

售后服务是指与产品销售配套的包装服务、送货服务、安装服务、三包服务（包修、包换、包退）、排除技术故障、提供技术支持、寄发产品改进或升级信息、与客户保持经常性联系、产品使用联系及建立客户档案、收集整理客户信息资料等服务。

企业营销中售后服务的出现是市场竞争所致的必然结果，当企业产品发展到一定程度时，制造技术已相差无几，这也是市场营销战略从产品转向服务的主要原因。售后服务是企业营销中的一部分，没有售后服务的企业营销在消费者的眼中是没有信用的销售；没有售后服务的产品是最没有保障的产品。因此，做好、做细产品售后服务的企业将提升消费者的满意度，进而赢得市场，由此可见售后服务在企业营销中的重要性。

产品的售后服务在整个企业营销过程中有着特殊的"使命"，对企业产品和服务进行市场化起着积极的过渡与推动作用，更是企业在营销过程中体现差异化服务、提升市场占有率的一大法宝。

（二）售后服务中存在的道德问题

1. 服务观点淡薄

服务观点淡薄是众多企业存在的普遍性问题。为了在营销过程中迅速提高销售量，达到销售目的，许多企业在工作人员的培训及用人方面下的功夫不足，许多工作人员没有经过系统的专业知识培训，队伍的建设尚未经过严格、系统的训练和教育，整体业务素质较差，缺乏全心全意为客户服务的意识。许多企业没有建立规范的服务制度和管理体系，工作人员未能尽心尽责，工作态度不积极，目标不明确，对客户提出的问题及投诉不够重视。

2. 服务的深度及广度不够全面

众多企业在营销活动中都设置了售后服务这一环节，但真正能把售后服务做细、做深的少之又少。企业往往是在收到客户投诉及产品出现使用故障时，才帮助消费者解决当时的疑问及难题，并没有做到从问题的根本入手，满足消费者的合法权益，事后更没有做到消费者对企业提供的服务质量是否满意的跟踪。因此，许多企业只注重表面化工作却未能更深、更广地真正为消费者提供完善的售后服务，以致最终未能达到售后服务的目的。

3. 不及时回应客户反馈的信息

虽然现在的企业都知道收集客户的反馈信息，但实际上，对客户反馈的信息没有及时回应或解决，这样的客户回访就只流于表面，只是做做样子给客户看。客户反馈的信息得不到及时回应，客户无法满意，这种客户回访也不能为公司的竞争及战略决策提供依据。

4. 售后服务形式混杂

就目前一般企业的售后服务来看，有的企业采用厂家直接服务的形式，有的企业采用协议外包服务的形式，有的企业采用厂家直接服务与协议外包服务相结合的形式。厂家直接服务主要集中在中心城市，协议外包服务是厂家在非中心城市签订特约服务单位并在中心城市实施遥控管理。采用协议外包服务的厂家很少在售后服务方面为二、三级市场的服务网点工作人员进行统一的专业知识、服务态度、服务用语、服务规范等操作管理方面的培训；同时，二、三级市场的服务网点工作人员不具备多少专业服务意识，导致很多企业在二、三级市场的售后服务评价偏低，严重损害了企业的形象。

5. 缺少售后服务的定价规范

对目前的大多数生产商而言，服务型商品在公司业务份额中的比重越来越大。无论是电梯行业还是汽车行业，产品从下线转移至消费者手中，安装、维护、维修等售后服务所产生的利润已经占总利润的30%以上。而在有些行业，服务型商品市场规模甚至已经达到实物型商品市场规模的4～5倍。但对于服务型商品的定价却没有一个合理的衡量标准，再加上对不同企业的产品而言，配置条件、操作环境、技师技术水平的不同以及服务成本存在很大差异等原因会导致企业在售后服务定价方面各自为政的局面，都把售后服务中产生的成本转嫁到了消费者身上。而且，由于服务形式的多变和服务人员的不稳定性，在为消费者服务的过程中经常出现"偷梁换柱"和"乱收费"现象，在售后服务定价缺乏行业规范和合理监督的形势下，很多表面上对消费者有益的服务，最终损害的还是消费者的自身利益。

典型案例

售后服务之"7天无理由退货"

随着互联网技术和电商平台的发展，线上购物已经成为现代消费者习惯的一部分。消费者在购买商品时，不仅会关注价格和品质，还会考虑售后服务的质量。好的售后服务可以极大地增强消费者的购买信心和忠诚度。面对市场竞争的压力，企业需要致力于提供更好的售后服务，保障消费者权益，提升品牌形象。

京东是中国最大的综合性电商平台之一，在用户体验和售后服务方面一直在不断优化。2019年年底，京东推出了"7天无理由退货"服务，这项服务进一步优化了京东的售后服务体系。

这项服务的具体内容是：消费者在签收商品后的7天内，可以随时提出无理由退货申请。京东将实时审核申请，待申请审核通过后，即可等待快递员上门取件，在确认退货商品完好无损后，将款项退还给消费者。京东的"7天无理由退货"服务给消费者带来了极大的便利和信任，减少了消费者对于商品购买的犹豫。同时，由于京东要求商家在销售商品时向平台交付押金，所以商家也会更加谨慎，提升商品的品质和服务质量。

点评：

京东通过记录和分享该项售后服务，向消费者传递了"我们关心消费者的权益，我们相信我们所销售的商品是高品质的"的品牌形象，提升了消费者对京东的信任度和忠诚度。

六、逆向渠道

（一）逆向渠道的含义

模式中"逆向"的含义是相对于传统营销渠道建设的"顺向"而言的。逆向营销渠道模式是指企业在考虑整条渠道的选择时，从营销渠道的末端开始向上考虑，反方向从渠道金字塔的底部基础层开始工作，先向零售商推销产品，当产品销售量达到一定的数量后，中间商（直接向零售商供货的小型配货批发商）会被调动起来，主动要求经销该产品，接着是二级经销商、总经销商。

（二）逆向渠道的特点

逆向渠道模式能使生产者更快地创建一个时间短、速度快、费用省、效益高的渠道体系，使生产者的工作更加接近目标市场，更高地创造产品的时间效用和地点效用，更好地满足目标市场的需求。实施逆向营销渠道模式的基本思想是：在竞争的环境下以加强零售终端的服务为中心，在建立渠道方法上创造差异化，通过渠道建立思路上的根本性转变，以高效运行的渠道网络谋求生产者的差异化竞争优势。

逆向渠道模式主要的创新思路实际上就是"尽量直接向零售终端供应产品"，这是渠道功能的回归。它能够更好地适应零售环境的变化，特别是在市场启动阶段，"倒着做渠道"使生产者最开始就对零售终端有更强的服务优势。同时，逆向渠道模式也是适应我国国情的渠道模式，在强调流通围绕零售终端进行的同时，又要求利用好批发市场的作用，特别是在中心城市以外的一些"卫星"城市，批发市场对产品经营规模扩大起着至关重要的作用。

逆向渠道模式以系统化的经销商甄选标准和过程化的控制为基础，以协作双赢、沟通为基点来加强对渠道的控制力，达到为消费者创造价值的目的。简单地说，这种渠道模式就是"弱化一级经销商，加强二级经销商，决胜终端零售商"。一方面，生产者通过对代理商、经销商、零售商等各环节的服务和监控，使自身的产品能够及时、准确地通过各环节到达零售终端，提高产品的展露度，使消费者买得到；另一方面，生产者加强零售终端管理，可激发消费者购买欲望，使消费者乐于购买。

第二节
促销中的道德与文化问题

促销是营销者向消费者传递有关本企业及产品的各种信息，说服或吸引消费者购买其产品，以达到提高销售量的目的的行为。促销实质上是一种沟通活动，即营销者（信息提供者或发送者）发出刺激消费的各种信息，把信息传递给一个或更多的目标对象（即信息接收者，如听众、观众、读者、消费者或用户等），以影响其态度和行为。

常用的促销手段有广告、打折、捆绑销售、有奖促销、会员制促销等。企业可根据实际情况及市场、产品等因素，选择一种或多种促销手段的组合。

一、广告促销

（一）广告的定义

广告一词有"广而告之"之意。广告作为一种传递信息的活动，它是企业普遍重视、应用最广的促销方式。市场营销学中的广告是广告主以促进销售为目的，付出一定的费用，通过特定的媒体传播产品或服务等有关经济信息的大众传播活动。

（二）广告的功能

广告作为一种积极有效的信息传递手段，在企业生产经营活动和人类社会生活中发挥着极为重要的作用。其主要功能可以归纳为如下五点。

1. 传递信息，沟通供需

现代产品的销售过程是信息流与物流高度统一的过程，如果没有有效的信息沟通，买卖双方相互隔阂，产品就难以实现销售。而广告能够把产品、服务等信息传递给潜在消费者，迅速而有效地沟通供需，缩短供需之间的距离，加速产品流通进程。

2. 创造需求，刺激消费

广告通过各种媒体向消费者广泛提供信息，不仅能提高消费者对产品的认识程度，诱发其购买欲望，而且还能强化消费者对产品的印象，刺激需求，创造需求。

3. 树立形象，展开竞争

广告既是为树立企业及其产品形象、创品牌而摇旗呐喊的重要手段，又是与竞争对手展开竞争的重要工具。

4. 指导购买和消费，扩大销售

商店里的产品琳琅满目，品种繁多，既给消费者提供了充分挑选的余地，也增加了消费者购买的难度。各种形式的广告向消费者介绍和说明了产品的性能、特色、适用范围、价格、销售地区及售后服务等，为他们识别产品提供了帮助，并起到了指导购买的作用。广告既当好了消费者购买产品的顾问，更好地满足了消费者需求，又扩大了销售。另外，随着科技的进步，产品更新换代加快，新产品层出不穷，广告可以起到教育和指导消费者消费的作用，从而开辟新市场，促进产品创新。

5. 丰富生活，陶冶情操

广告是一种艺术品，好的广告可以给人带来美的享受，好的广告词可给人以无穷的回味。

典型案例

2016年，中国移动推出了一个名为"亲情不打烊"的广告，以一个小男孩和他的爷爷之间的感人故事为核心，通过展示他们之间的亲情和陪伴，传达了中国移动网络的优势和品牌形象。

点评：

普遍而真实的主题：广告选择了一个普遍而真实的主题——亲情，这是每个人都能感同身受的情感体验。

精彩的故事叙述和画面表达：通过展示小男孩和爷爷之间的日常互动和感人瞬间，广告成功地传递了亲情的温暖和感动。

高品质的影像制作和音乐配乐：广告运用了高品质的影像制作和音乐配乐，使整个广告更加生动和感人。

品牌形象和产品特点的完美结合：通过展示爷爷和小男孩使用中国移动网络进行互联网通信的场景，广告成功地传递了中国移动网络的优势，提升了品牌的形象。

（三）产品广告中存在的问题

1. 广告主题问题

（1）广告主题未能清晰地传达产品或服务的核心价值和关键信息，消费者难以理解广告想要表达的重点。例如，广告中包含过多无关元素或信息，使主题被淹没，导致消费者无法快速捕捉到产品的独特卖点。

（2）广告主题偏离产品或服务的实际特点和优势，过度夸大或虚假宣传。例如，一些产品广告宣传的功能与实际使用效果相差甚远，容易引起消费者的不信任和反感。

（3）广告主题平淡无奇，不能激发消费者的兴趣和购买欲望。在竞争激烈的市场环境中，缺乏独特性和创意的广告主题很难在众多广告中脱颖而出，吸引消费者的注意力。

（4）广告主题可能包含违反道德规范或法律法规的内容，如宣扬不良价值观、虚假宣传、侵犯他人权益等。这种广告不仅会损害企业形象，还可能面临法律风险。

2. 广告媒体选择、时间、地点问题

广告的创意、概念和主题固然重要，但广告媒体选择、广告时间安排也是影响广告组合策略的重要因素，许多精明的广告制作商已充分注意到这一点，尽可能选用适当的媒体推出广告，以吸引消费者的目光。要想广告发挥出最大的效果，企业要善于掌握"最佳时间"，即选择在消费者最能够接受广告的时候，让广告出现在人们的面前。有的广告不分时间与地点，始终保持固定的广告策略与广告模式，无法达到预期的效果。

3. 广告语含糊不清，误导消费

每逢节假日、商品换季，或者一些纪念日等，都有商家推出"买一送一"等活动，让利消费者。这本应是一件好事，但如果广告含糊不清，消费者连买什么送什么等基本问题都搞不清楚，以致引发不少纠纷，甚至有上当受骗之感，这种广告不仅有损商家的形象，而且宣传效果也会适得其反，因为消费者需要明明白白的消费。

典型案例

　　某酒是一个非常知名的国产白酒品牌，在电视广告中为了吸引消费者的购买，用价格、销量等进行饥饿营销，交易数量存在捏造行为和虚构成分，同时，广告中出现的现场直播场景被查明是虚构的。这些都构成了虚假宣传，最终该白酒企业受到工商部门的查处，罚款15万元。

点评：

　　市场经济下的企业经营应以讲信誉、讲服务为本，提倡亲和、真诚的待客之道，广告只是一种宣传媒介而已。若靠虚假信息来维持企业的生存和发展，这种不道德行为最终只会使企业落入丧失消费者、一事无成的下场。

二、打折促销

（一）打折的含义

打折即折扣，普通人买东西都会存在讨价还价的心理，企业为了满足消费者这样的心理，把产品价格进行降价，将产品的原有价格进行百分比的换算后卖出，以期更好地达到促销的目的。

（二）打折的道德问题

有些企业的打折、赠（送）券会使消费者难以花掉或陷入循环购买陷阱中。打折、赠（送）券是让消费者最容易上当受骗的销售手段之一，尽管人们认识到会上当，但也难以抵抗诱惑。这种不道德的行为，最终导致商家的诚信也随之打折。

在购买打折商品时，消费者要货比三家，慎重选购，提防以下多种购物陷阱。

1. 先涨后降，诱导消费

个别商家利用打折活动，将部分商品价格先调高再降低，诱导消费者购买，名为打折实则欺骗消费者。

2. 打折商品，概不退换

一些消费者购买打折商品后，在使用过程中发现质量问题或性能故障要求退货、换货时，商家却以"打折商品，概不退换"的借口逃避自身责任。根据《中华人民共和国消费者权益保护法》的规定，打折商品也要保证质量，因此商家不能以"打折商品，概不退换"为由，拒绝为打折商品实行"三包"服务。

3. 购物返券，商家"钓鱼"

购物返券是目前比较流行的促销手段，如买100元送50元。这些一般都不给现金，只给相同价值的物品或购物礼券，甚至这些礼券被规定只能用于购买特定商品或者在规定时间内才能使用。消费者不但要计算怎样花才划算，还要寻找赠券所能购买的商品，商家就是这样买了送，送了买，以循环滚动的方法诱导消费者多买。

4. 明修栈道，暗度陈仓

一些商家利用"转产清货""换季清仓"等招牌作为幌子，表面上大幅度地给消费者让利，实际上却是要么出租柜台给那些专门出售假冒伪劣商品的小贩，要么就是自己以极低的价格进一批假冒伪劣商品加价后出售，或者是销售假冒名牌商品。

5. 奖赠商品，标识不全

打折促销时，一些商家采用有奖销售、买一赠一等方式吸引消费者购买商品。赠品往往标识不全，但因为是免费的，一些消费者往往无法维权，只能对质量不高的赠品感到无语。

6. 质量、价格同时打折

一些打折商品，价格虽低，但质量也差，如有些商品7折、3折出售，质量也大打折扣。

全场促销非全场

最近，某商场为追求"开张大吉"，开业之际打出宣传广告，宣称"全场促销大酬宾"，借此吸引顾客，聚集人气。果然，商场开业当天，人来人往，顾客盈门。不过，许多消费者在商场内精挑细选好商品后，在买单时才知道自己挑选的商品既没打折也没赠品，顿感上当受骗。价格监督检查人员深入现场调查发现，该商场只有部分柜台和商品参与了促销，其"全场促销"的宣传存在不少"水分"。

点评：

市场对不参加促销活动的柜台或商品，应当明示，并不得宣称"全场促销"；商场在明示例外商品、限制性条件、附加条件的促销规则时，其文字、图片应当醒目明确。

三、捆绑销售

（一）捆绑销售的定义

捆绑销售是一种促销手段，它是把不容易销售的商品作为赠品附加给容易销售的商品。

捆绑销售的形式主要有以下三种：

（1）优惠购买，消费者购买甲产品时，可以用比市场上优惠的价格购买到乙产品。

（2）统一价出售，产品甲和产品乙不单独标价，按照捆绑后的统一价出售。

（3）同一包装出售，产品甲和产品乙放在同一包装中出售。

（二）捆绑销售中的不道德行为

在现实生活中，捆绑销售中存在的一些主要不道德行为如下。

（1）捆绑在一起的某一产品对于购买产品的特定消费群体的使用意义不大，如某商家将一名牌美容产品与一个很粗糙的学习用具捆绑出售，试想，这类消费者使用此类学习用具的概率有多大？

（2）捆绑在一起的产品售价实际就是两种产品的价值之和，商家实质是在强行使消费者一次购买更多产品，以增加某一时期的整体销量，消费者并没有因为商家的捆绑设计而得到实惠。

（3）捆绑在一起的产品数量配置不合理，如某一品牌的日化用品推出的"1+1"即成人与孩子捆绑系列，而从当今中国家庭人员的结构和数量分析，一个家庭中的孩子和成人使用同类产品的总量显然不会是1∶1的比例，这就是没有考虑消费者在实际使用中的数量情况。

四、有奖促销

（一）有奖促销的含义

有奖促销是指企业通过有奖征答、有奖问卷、抽奖、大奖赛等手段吸引消费者购买企业产品、传达企业信息的促销行为。

（二）有奖促销中的道德问题

1. 奖项设置无人监督

每年的购物活动中各种有奖促销数不胜数，举办者用诱人的奖项和高中奖概率，吸引消费者购买其产品，虽然产品销量上去了，但常常无人公布中奖结果，究其原因就是没有监督机制。

2. 奖品海报有误导

（1）藏匿奖券。商家虽在海报上标注了各类奖项数量，但实际未将对应奖券全部投放市场。例如，某超市开业促销，印制2000张抽奖券，却把4张特等奖、5张一等奖的奖券挑出不放入抽奖箱，消费者难以察觉其中的猫腻。（2）未标明中奖概率。海报未明确中奖概率，影响消费者对参与活动概率和机会成本的判断。例如，某商场有奖促销海报未标明中奖概率，消费者黄某认为这属于欺骗性有奖销售。（3）以次充好或名不副实。海报宣传奖品丰厚，但实际提供的奖品质量差或价值与所宣传的不符。例如，某女士在商场抽中一等奖，实际得到的奖品——珠宝价格低廉，与宣传的"价格不菲"严重不符。

3. 奖项缩水不商量

（1）在一些有奖促销活动中，商家没有明确、清楚地对外明示设立奖项的种类、中奖概率、奖品等相关信息，影响最终兑奖。例如，某房地产经纪有限公司不正当有奖销售案中，当事人没有明确告知抽奖活动最大奖项是赢得一辆宝马Ⅰ系汽车的一年使用权，而并非一辆宝马Ⅰ系汽车，导致消费者在兑奖时产生落差，相当于获奖"缩水"。（2）部分商家可能在活动进行过程中变更活动规则或附加额外条件，使得消费者原本预期的奖项难以兑现，造成奖项缩水。虽然《规范促销行为暂行规定》明确规定不得变更规则，不得附加条件，不得影响兑奖（有利于消费者的除外），但仍有商家违规操作。

4. 谎称有奖，实则无奖

以奖为名，实为推销消费者不需要的产品。例如，商家告知消费者"中奖"了，但奖品要"便宜"卖给"中奖"者。这种所谓的"抽奖"实际上是一种变相违法促销。

五、会员制促销

（一）会员制促销的含义

会员制促销是指企业通过发展会员，提供差别化的服务和精准的促销，以提高消费者忠诚度，增加企业利润。

（二）会员制促销存在的道德问题

1. 恶意圈钱，以经营之名行诈骗之实

诈骗行为人利用会员制消费模式先付费、后消费的特点，采用各种手段大量吸收会员并收取高额会费，当会员数量达到一定程度时，立即闭店，携款蒸发。

2. 关门停业

亏损停业往往是由于经营者客观上经营不善，无法继续营业。虽然经营者主观上并无欺诈之意，但客观上同样侵害了消费者权益。企业发放会员卡时就一次性收取了办卡费，而服务的提供要持续较长的一段时间，所以，刚开始时办卡收入远远高于运营成本，但随着办卡人数的逐渐减少，持卡消费人数的逐渐增多，发卡企业开始进入"只出不进"的阶段。为了维持经营，或关门停业，或是企业不得不加大打折力度，吸引更多的消费者来办卡，用新的办卡费弥补原来资金的亏缺。

3. 改头换面，金蝉脱壳

在经营过程中，经营者可能因为某种主观或客观的原因无意继续经营，而将企业转让与他人，此时就发生了营业所有人的变更。营业承继人往往以营业已发生变更、自己支付了营业受让费、转让人给消费者办理的会员卡与己无关等为由，拒绝向持卡会员继续提供服务。此时，消费者就面临新店主不认账、原店主"躲猫猫"的局面。

4. 转移会员

经营者因经营不善等因素关门闭店，将原本在该门店办理会员卡并在此接受服务的会员转至同一经营者的其他门店，或转移给其他同业经营者，由此给消费者造成接受服务的空间障碍或服务内容的差异。消费者办理会员卡是以具体的营业地点、营业环境、服务特色等为基础的，一旦被转移，消费者办理会员卡时的期待即落空。

5. 口头承诺，维权无证

在建立会员制消费关系时，很少有商家向消费者提供书面合同，关于服务内容、服务价格、服务期限等也仅凭口头约定，会员得到的仅仅是一张形式上表明会员关系的会员卡，卡上未记录任何实质性的信息，会员信息、预存款信息及消费扣款信息仅记录在商家掌握的"账本"或电脑上。这种没有书面合同、没有消费凭证的情况给消费者的维权带来很大困难。

6. 霸王条款

在经营者提供的会员卡或合同上通常都印有"本店享有最终解释权""一经售出，概不退换""本卡有效期内使用，逾期卡内金额失效""会员卡遗失不补"等字样，这些格式条款被商家视为对付消费者的有效法宝，以此拒绝消费者提出的合理要求。

超 市 会 员

一年前，郑女士一次性缴存了50多元的入会费成为广州某大型超市的会员，之后每个月都会收到超市寄来的资料，其中罗列了该超市一个月内的特

价货品及会员价货品。郑女士平常多数日用品都专门跑到该超市购买。然而，数月前她在该超市以会员价购买了一把购物推荐单强档推荐的椅子。可是两天后，她在一家不设会员制的超市看到了同一货品，竟然标着更优惠的价格！

点评：

部分超市以会员价格吸引消费者，但实际上这只是一种促销幌子，欺骗消费者。

本 章 小 结

分销是建立销售渠道的意思，即将产品通过一定的渠道销售给消费者，而这"一定的渠道"就是分销渠道。在许多著作中，分销已经被分销渠道所替代。

分销渠道的起点是生产者，终点是消费者或用户，中间环节包括参与商品交易活动的批发商、零售商、代理商和经纪人等。

分销渠道的标准有长度标准、宽度标准、效率标准、成本控制标准、控制力标准。分销渠道主要有以下三种类型：一是直接分销渠道，即生产者→消费者。具体方式比较多，如订购分销、自开门市部销售、联营分销等。优点是：有利于购销双方沟通信息。不足是：产品和目标消费者呈小型化、多样化和重复性的特点；生产者自销产品势必会加重工作负荷，分散精力；当目标消费者的需求得不到及时满足时，同行会趁势进入目标市场。二是间接分销渠道，即生产者→若干中间商→消费者。具体方式如厂商挂钩、特约经销、零售商或批发商直接从工厂进货，中间商为工厂举办各种展销会等。优点是：有助于产品广泛分销，缓解生产者人力、财力、物力等力量的不足，有利于企业之间的专业化协作等。不足是：可能形成"需求滞后差"；容易造成市场疲软；可能加重消费者的负担，引起抵触情绪；不便于直接沟通信息。三是多渠道分销，即将上述渠道混合使用。从经济学角度出发，采取直接销售还是间接销售，企业要综合考察，权衡利弊，加以选择。

分销渠道中存在的许多道德问题不容忽视：一是侵犯消费者隐私权；二是骚扰消费者；三是推销人员缺乏诚信，欺诈消费者；四是传销。

特许经营是指特许经营权拥有者以合同约定的形式，允许申请特许经营的商家有偿使用其名称、商标、专有技术、产品及运作管理经验等从事经营活动的商业经营模式。按照特许权的形式、授权内容、方式和总部战略控制手段的不同，特许经营可以分为三种类型：生产特许、产品商标特许、经营模式特许。特许经营渠道中存在的道德问题：对特许经营者的不公平对待、特许经营者的"搭车"行为、特许经营者的"窜货"行为。

售后服务是指与产品销售配套的包装服务、送货服务、安装服务、三包服务（包修、包换、包退）、排除技术故障、提供技术支持、寄发产品改进或升级信息、与客户保持经常性的联系、产品使用联系及建立客户档案、收集整理客户信息资料等服务。企业营销中售后服务的出现是市场竞争所致的必然结果。售后服务中存在的道德问题有：服务观点淡薄，服务的深度及广度不够全面，不及时回应客户反馈的信息，售后服务形式混杂，缺少售后服务的定价规范。

逆向渠道模式主要的创新思路实际上就是"尽量直接向零售终端供应产品"，这是渠道功能的回归。

促销实质上是一种沟通活动，即营销者（信息提供者或发送者）发出刺激消费的各种信息，把信息传递给一个或更多的目标对象（即信息接收者，如听众、观众、读者、消费者或用户等），以影响其态度和行为。常用的促销手段有广告、打折、捆绑销售、有奖促销、会员制促销等。企业可根据实际情况及市场、产品等因素选择一种或多种促销手段的组合。

广告作为一种传递信息的活动，是在促销中企业普遍重视的、应用最广的促销方式。其主要功能可以归纳为五点：传递信息，沟通供需；创造需求，刺激消费；树立形象，展开竞争；指导购买和消费，扩大销售；丰富生活，陶冶情操。产品广告中存在的问题：广告主题问题；广告媒体选择、时间、地点问题；广告语含糊不清，误导消费。

打折即折扣，普通人买东西都会存在讨价还价的心理，企业为了满足消费者这样的心理，把产品价格降价，将产品的原有价格进行百分比的换算后卖出，以期更好地达到促销的目的。打折存在的道德问题有：先涨后降，诱导消费；打折商品，概不退换；购物返券，商家"钓鱼"；明修栈道，暗度陈仓；奖赠商品，标识不全；质量、价格同时打折。

捆绑销售是一种促销手段，它是把不容易销售的商品作为赠品附加给容易销售的商品。现实生活中，捆绑销售中存在的一些主要不道德行为有：捆绑在一起的某一产品对于购买产品的特定消费群体的使用意义不大；捆绑在一起的产品售价实际就是两种产品的价值之和；捆绑在一起的产品数量配置不合理。

有奖促销是指企业通过有奖征答、有奖问卷、抽奖（即开式，递进式，组合式）、大奖赛等手段吸引消费者购买企业产品、传达企业信息的促销行为。有奖促销中的道德问题是：奖项设置无人监督；奖品海报有误导；奖项缩水不商量；谎称有奖，实则无奖。

会员制促销是指企业通过发展会员，提供差别化服务和精准的促销，以提高消费者忠诚度，增加企业利润。会员制促销存在的道德问题是：恶意圈钱，以经营之名行诈骗之实；关门停业；改头换面，金蝉脱壳；转移会员；口头承诺，维权无证；霸王条款。

思考与练习

一、填空题

1. 分销渠道的起点是_____，终点是_____，中间环节包括参与了商品交易活动的批发商、_____、代理商和经纪人。

2. 按照特许权的形式、授权内容、方式和总部战略控制手段的不同，特许经营可以分为 _____、_____、_____等三种。

3. 逆向渠道模式能使生产者更快地创建一个时间短、_____、_____、_____的渠道体系，使生产者的工作更加接近目标市场，更好地发挥产品的时间效用和地点效用，更好地满足目标市场的需求。

4. 常用的促销手段有广告、_____、_____、有奖促销、会员制促销等。企业可根据实际情况及市场、产品等因素选择一种或多种促销手段的组合。

5. 捆绑销售的形式主要有以下三种：一是_____，二是统一价出售，三是同一包装出售。

二、选择题

1. 下列哪项不属于分销渠道中的道德问题。（　　　　）

　　A. 无法向消费者提供正确且完整的产品信息

　　B. 侵犯消费者隐私权

　　C. 骚扰消费者

　　D. 推销人员缺乏诚信，欺骗消费者

2. 直接分销渠道的形式是（　　　　）。

　　A. 生产者→零售商 　　　　　　　　　B. 生产者→消费者

　　C. 生产者→批发商 　　　　　　　　　D. 上述说法都不对

3. 关于传销的说法，正确的是（　　　　）。

　　A. 传销以被发展人员直接或者间接发展的人员数量或者销售业绩为依据计算和给付报酬

　　B. 要求被发展人员以缴纳一定费用为条件，进而取得加入资格等方式牟取非法利益

　　C. 扰乱经济秩序，影响社会稳定的行为

　　D. 上述说法都对

4. 商家推出"买一送一"等活动，让利消费者，属于（　　　　）。

　　A. 广告主题问题 　　　　　　　　　　B. 广告媒体选择时间、地点问题

　　C. 广告语含糊不清，误导消费者 　　　D. 上述说法都不对

5. 销售人员故意回避产品的缺点，夸大产品的功效或提供所谓"优惠价"，"做出无法实现的口头承诺"，这种做法主要是（　　　　）。

　　A. 侵犯消费者的隐私权 　　　　　　　B. 销售人员缺乏诚信，欺骗消费者

　　C. 骚扰消费者 　　　　　　　　　　　D. 上述说法都不对

三、简答题

1. 简述分销渠道及其标准。

2. 简述间接分销渠道的优点与不足。

3. 简述售后服务及其意义。

4. 在购买打折商品时要提防哪些购物陷阱?

5. 简述会员制促销存在的道德问题。

四、案例分析

小米手机成立于2010年, 凭借其高性价比、互联网营销策略, 迅速崛起为我国手机市场的一股势力。请根据以下问题, 分析小米手机的市场营销策略。

思考题:

1. 小米手机在市场营销方面有哪些创新?

2. 小米手机如何应对激烈的市场竞争?

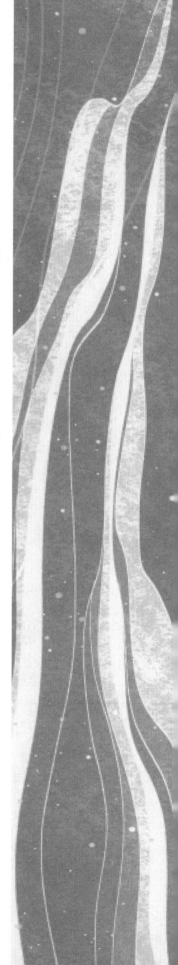

第七章❙

市场竞争中的道德与文化问题

❙ **本章学习目标**

◹ 了解市场竞争和知识产权的概念。

◹ 掌握竞争道德及知识产权的特点、侵权行为。

◹ 掌握商业秘密和恶性竞争的概念。

◹ 理解价格大战、价格同盟、商业诽谤和权力营销之间的区别。

◹ 理解非法披露或公开商业秘密的危害。

❙ **关键词汇**

◹ 知识产权（Intellectual Property）

◹ 价格同盟（Price Alliance）

◹ 商业秘密（Commercial Secrets）

◹ 恶性竞争（Blind Competition）

❙ **引子**

◹ 告诉你的客户你有多么好，不要对他说你的竞争对手有多坏。
还没有人从诋毁别人中取得长期竞争优势。

第一节
市场竞争及其道德问题

有竞争才有进步。竞争的产生是由于市场上生产与需求之间出现了不平衡，供过于求，形成了生产过剩。市场经济中各经济行为主体一般都视竞争为一场淘汰赛，作用是去芜存精，摒弃一些较弱或者不合时宜的经济行为主体，这样，市场上的生产与需求才会出现短暂的平衡。但这种平衡并不会持续太久，短暂的平衡是下一轮竞争的前奏。在每一轮市场竞争的背后，都充溢着道德与非道德的竞争较量。

一、市场竞争

（一）市场竞争概述

市场竞争是市场经济中同类经济行为主体出于自身利益的考虑，以增强自己的经济实力，排斥同类经济行为主体相同行为的表现。市场竞争的内在动因是各个经济行为主体自身的物质利益驱动，以及对自己的物质利益被市场中同类经济行为主体排挤的担心。

（二）市场竞争的分类

按竞争策略的不同，市场竞争可划分为：产品质量竞争、广告营销竞争、价格竞争、产品式样和花色品种竞争等。按市场竞争的程度，市场竞争可划分为：完全竞争，即一种没有任何外在力量阻止和干扰的市场情况；不完全竞争，即除完全竞争以外，有外在力量控制的市场情况。其中，不完全竞争又包括完全垄断、垄断竞争、寡头垄断三种。

二、竞争道德

（一）竞争道德的定义

竞争道德又称公平竞争道德，是指有竞争关系的参与人在市场活动中所应遵循的基本准则。竞争道德是随着竞争关系的出现而出现的道德观念，是规范人们的竞争行为、调整竞争社会关系的行为规则的总和。

（二）竞争道德的实质

（1）市场竞争道德允许生产经营者在市场竞争活动中谋求各自的利益。但是，必须服从于生产的根本目的，即满足社会需要，促进生产力发展，提高人民物质文化生活水平。

（2）市场竞争道德允许竞争出现优胜劣汰。但是，由于市场竞争活动主体之间存在根本利益的内在一致性，这决定了市场竞争不是一种弱肉强食、你死我活的残酷斗争，而是能共同推动经济发展。同时，竞争者也在不同程度上共享经济发展的成果。

（3）市场竞争道德不允许生产经营者在竞争活动中采用残酷剥削雇用者，采取尔虞我诈、损人利己的竞争手段，而只允许采用应用先进技术、不断改进经营管理方式、提高劳动生产率、降低生产经营成本等一系列正当的竞争手段。

（4）市场竞争道德要求竞争活动的目标是克服种种阻碍经济发展的弊病，促进行业、产品结构优化，促进生产力发展，使人们走向共同富裕；防止出现两极对立、阶层分化。

（三）竞争道德的规范

1. 积极竞争

积极竞争是指锐意进取、不断开拓创新的道德要求，它要求生产经营者树立竞争意识，并积极参与竞争。在竞争中发挥潜在的积极性、创造性和拼搏精神，发挥人的主观能动性，提高经营管理水平，降低劳动成本，提高劳动生产率；尊重知识，尊重人才，利用知识、智慧和信息等方面构成的综合能力参与竞争；推进事物新陈代谢，推进社会除旧布新，在竞争中谋发展、求生存。

2. 正当求利

竞争是一种功利行为，市场经济通过竞争实现对功利目标的追求。社会主义市场竞争道德非但不反对追求功利，相反，鼓励生产经营者在竞争活动中实现功利目标。竞争求利是市场经济行为。竞争道德的任务是把求利的竞争行为限制在合法、合德的正当轨道上，用规范来约束生产经营者的竞争行为，主要包含以下两点：一是要求坚持以国家、集体和个人利益三结合为本，把国家富强、民族振兴和人民安康作为竞争活动的最高目的，决不允许为一己私利或小集团的狭隘利益损害社会利益，即全体劳动人民的利益；二是要求用合法、合德的正当手段实现生产经营者的利益，而不允许采用诸如为实现自己利益不惜置竞争对手于死地的恶性竞争、违法违德的手段。那些生产、经营假冒伪劣产品，或搭售强卖，或贿买贿卖，或诋毁他人声誉的获利行为，都是违背道德的。

3. 平等自愿

在市场经济活动中，生产经营者必须遵循等价交换的原则，无论经济实力强弱，无论生产经营者拥有何种社会身份，都是经济活动中平等参与的主体，处于平等地位。在法律许可的范围内，参与者完全可以按自己的意愿进行交易活动，实力强者不能迫使他人服从自己的意志，占有经济优势地位者不能强迫对方接受不合理的交易条件，政府及其所属部门不能滥用权力，限定他人购买指定企业的商品。

4. 诚实守信

市场经济是契约经济、信用经济。要保证市场经济活动的正常运转，就必须保证人们能够履行契约，诚实守信。在自利动机驱使下从事经济活动的人，通过契约的形式把与他人的经济联系确定下来，各方在互惠互利、平等自愿的基础上签订契约。任何与契约内容密切联系的欺骗、隐瞒行为和不守信用的违约行为，都将严重影响其他签约人的利益，并严重妨碍市场经济活动的正常运转，破坏市场的经济秩序。因此，诚实守信就是市场经济竞争活动中一个十分重要的道德规范。

中国建设银行的CI策划

中国建设银行是中央管理的国有大型商业银行，总行位于北京市金融大街25号，前身为成立于1954年10月1日的中国人民建设银行，从改革开放到现在，建设银行的品牌设计在金融领域具有举足轻重的地位，是改革开放浪潮金融业设计的典型模范，引领了银行业CI品牌设计的发展进程。中国建设银行的品牌资产价值地位较高，这得益于中国建设银行出色的品牌视觉战略。现在中国建设银行代表着中国最雄厚的金融资本力量，是中国金融商界的代表。从1996年至今，中国建行银行品牌识别系统已使用约30年，伴随着客户的信任积累，在全球三十多个国家和地区繁荣发展，稳步走在国际金融舞台的最前沿。

点评：

CI即企业形象识别，它是企业在行业结构中的特定地位或个性化特征。CI品牌视觉战略是一家企业根深叶茂、百世长青的竞争性战略武器，希望中国有更多的设计师及企业家重视运用"定位"理论及CI品牌视觉战略，助力中国品牌走向全球化。

（四）竞争关系中常见的道德问题

竞争关系中常见的道德问题主要体现在产品竞争、仿冒、价格竞争等方面。

1. 产品竞争的问题

面对竞争对手的产品，生产经营者应看到他人的长处和自己的不足，然后努力改进自己的产品，只有这样才能做到守法守德，并逐渐赢得消费者的信赖。但是许多企业却在竞争中做着不仁不义之事，最终导致违法。

不正当竞争之瓜子危机

A瓜子厂生产的瓜子销路不如B瓜子厂生产的C牌瓜子好。为了扭转局面，A厂不是改进自身产品质量，而是抹黑C牌瓜子。于是，A瓜子厂印制了与C牌瓜子完全相同的包装袋三万多个，将本厂生产加工的劣质、次品瓜子装进去。这样刻意生产的C牌瓜子投放市场后，使C牌瓜子声誉一落千丈，产品连续三次降价，仍然滞销，B瓜子厂濒临倒闭。

点评：

　　除了这种对竞争对手的恶意攻击之外，市场竞争中还有很多的不道德行为，如编造虚假事实当众对竞争对手进行诋毁，在竞争对手的同一客户面前制造谣言，对竞争对手进行诬蔑等。这些行为损害了别人的商业信誉，毫无疑问是不道德的，也违反了我国的《中华人民共和国反不正当竞争法》，是要受到法律制裁的。

2. 仿冒的问题

　　一个企业、一项产品，要想赢得消费者的信赖和喜爱，在市场上站稳脚跟、建立信誉，生产经营者必须花费很多的心力，不仅要靠过硬的产品质量、合理的价格、良好的服务，而且要靠遵守法律、法规和商业道德，以公平、正当的竞争方式，通过长期的诚实劳动实现。但有些生产经营者却不这样想，他们不仅想"一炮打响"，而且也找到了"搭顺风车"的捷径——仿冒。仿冒的主要形式如下。

　　一是假冒他人的注册商标。商标是区别商品来源的重要标志，也是一种知识产权。商标是企业或产品信誉的重要载体，作为一项重要的无形资产，日益受到企业的重视。商标一经注册，商标注册人或持有人便拥有商标专用权，受到法律保护。假冒他人注册商标，不仅侵害了商标注册人或持有人的合法权益，而且损害了消费者和公众的利益。假冒他人的注册商标具有明显的不正当竞争性质，属于传统的、典型的、比较常见的不正当竞争行为。

　　二是仿冒知名商品特有的名称、包装。商品的名称、包装是商品的外在特征，它们既是区别不同商品及其来源的标志，也在一定程度上反映了企业的商业信誉和商品声誉。擅自使用知名商品特有的名称、包装或者使用与知名商品近似的名称、包装，会造成仿冒商品和知名商品相混淆的情况，使购买者将仿冒商品误认为是知名商品。因此，这也是一种不正当竞争行为。这样的例子很多，如"沙宜"（仿冒"沙宣"）、"Adibas"（仿冒"Adidas"）、"Marlbor"（仿冒"Marlboro"）。

3. 价格竞争的问题

　　价格是企业参与市场竞争的重要手段，它与企业的生存和发展休戚相关。企业在制定价格时，除了要考虑产品本身的成本以外，还要综合考虑市场特性、供求状况、消费者的需求和竞争对手的情况及国家或行业的政策法规等因素；不仅要考虑企业自身利益，也要遵守基本的价格竞争道德，考虑到消费者和竞争对手的利益。

　　价格竞争当中，主要存在的道德问题是：压价排挤竞争对手。

　　压价排挤竞争对手是指生产经营者为了排挤竞争对手，在一定的市场上和一定时期内，以低于成本的价格销售商品的行为。生产经营者在实施这一行为时，以低于成本的价格销售其商品，长此下去，该生产经营者将持续亏损。如果没有正当理由（如处理积压、易坏商品或季节性销售等），这种行为的目的只有一个，那就是宁可自己亏本，也要把竞争对手挤出市场，最终达到控制市场、攫取超额利润的目的。

这种恶意压价的行为会破坏市场经济秩序，而过低的价格也会导致生产经营者偷工减料，长此以往，市场就会陷入恶性循环，生产经营者也会逐步失去市场。

社区团购"1分钱买菜"

2020年，互联网巨头（美团、拼多多、滴滴等）进入社区团购，以"1分钱鸡蛋""0.99元蔬菜"的超低价倾销，冲击菜市场商贩。该售价明显低于进货价，生鲜产品毛利率通常为10%~20%，但互联网巨头补贴后售价低于成本。这种超低价倾销的行为挤压了小商贩的生存空间，菜市场流量锐减，个体户难以维持经营。这场"烧钱大战"最终引发监管机构的重拳整治，成为近年来最典型的恶意低价竞争案例之一。2020年12月，国家市场监督管理总局出台"社区团购九个不得"，禁止低价倾销、掠夺性定价等行为。美团等平台被约谈，部分极端补贴活动下架。

点评:

民生领域（尤其是粮油蔬菜）涉及社会稳定，监管容忍度极低。商家应避免在民生领域发动恶性价格战，警惕政策红线。消费者应警惕"低价陷阱"，长期来看，消费者可能为垄断后的高价买单。行业应保护中小经营者的生存空间，维护市场多样性。商家长期的竞争需回归产品质量、用户体验等核心能力方面的竞争。

（五）商业竞争不能超越道德底线

企业间的竞争关系涉及企业运行的每一个环节和每一个方面，包括产品、人才、技术和信息等各个方面，不仅与竞争对手的利益直接相关，更与消费者的利益紧密相连。良性的竞争促进市场和谐，是市场经济发展的推动器，而恶性的竞争恰恰相反。因此，竞争关系中的道德规范是身处市场的每一个企业都应关注并遵守的。

（1）企业竞争行为是否符合道德规范，对企业品牌形象有直接的影响。例如，可口可乐和百事可乐是商业上的死对头，在全球市场上为争夺市场打得不可开交；期间，百事可乐意外地获得了一个可以一举打败可口可乐的绝佳机会：有"内鬼"愿意将可口可乐的原始配方卖给百事可乐。面对这千载难逢的好机会，百事可乐却选择了拒绝，即便这种行为可以为百事可乐带来非常高的利益，但是，它不符合百事可乐的商业道德规范。于是百事可乐公司首次与可口可乐公司合作，抓出了可口可乐公司的"内鬼"。随着案件的曝光，百事可乐的声誉也获得了极大的提高，赢得了消费者及包括可口可乐在内的竞争对手的尊敬。

（2）企业对商业道德的态度，影响着员工对职业道德的态度。商业社会中，企业面对着各种诱惑，企业员工同样面对着各种诱惑。企业对不符合道德行为的放纵，实际上是在告诉员工：私利高于道德。那么，员工也可以上行下效，做出为一己私利而损害企业利益的事情来。这样的事例，在现实生活中不胜枚举。

（3）商业竞争对道德底线的突破，会无形中转移企业竞争的重心，从而对企业的长期战略产生不利影响。商业竞争的本质是企业要比对手更有效地获得消费者认同。例如，在产品同质化严重、竞争激烈的家电市场，海尔实现了异军突起，是因为其向消费者提供了完美的服务体系；而海信集团在空调市场后来居上，是因为在空调技术方面实现了突破。商业竞争有着广阔的领域，企业以消费者为核心，将大有作为；而一味强调靠揭短、打压竞争对手，企业竞争将被引入歧途，企业也会丧失长远的竞争优势。

第二节
知 识 产 权

一、知识产权相关概念

1. 知识产权的含义

知识产权是指权利人对其所创作的智力劳动成果所享有的专有权利，一般只在有限时期内有效。英文为"intellectual property"，其原意为"知识（财产）所有权"或者"智慧（财产）所有权"，也称为智力成果权。有学者考证，该词最早于17世纪中叶由法国学者卡普佐夫（Carpzov）提出，后为比利时著名法学家皮卡第（Picard）所发展，皮卡第将之定义为"一切来自知识活动的权利"。

2. 世界知识产权日

1970年4月26日，《建立世界知识产权组织公约》正式生效，世界知识产权组织这一致力于保护知识产权的政府间国际组织正式成立。2000年10月，世界知识产权组织第35届成员大会系列会议，通过了中国和阿尔及利亚1999年共同提出的关于建立世界知识产权日的提案，决定从2001年起将每年的4月26日定为世界知识产权日。

二、知识产权侵权与损害

（一）知识产权侵权行为

知识产权侵权行为是指未经知识产权权利人的许可，又无法律依据，擅自使用他人拥有知识产权的知识产品的行为。

（二）知识产权损害的范围

知识产权损害的范围一般包括如下几个方面。

1. 知识产权侵权行为造成的财产损害，包括直接损害和间接损害

所谓直接损害是指因侵权而导致的被侵权人已有财产的减少，如商标侵权淡化了商标的识别能力，使其演化成商品的一般名称，这种侵权的直接损害结果是使"商标权"这一知识产权最终归零，而其负载的价值减少为零；再如作为商业秘密的专有技术被侵权人公开披露而成为公知技术，由此造成直接知识产权损害。所谓间接损害是指因侵权而导致的被侵权人可得利益的丧失，如应得而未得的专利使用费、销售利益的减少等。

2. 因知识产权侵权行为造成的精神损害

知识产权往往具有经济权利和精神权利的双重内容，因而对知识产权的侵害不仅会造成被侵权人的财产损失，而且也会造成对被侵权人的精神损害。例如，企业的商业信誉、商品信誉不仅与经济利益直接相关，而且其本身往往就具有商品价值，因此在侵犯知识产权案件中，如果侵权人的侵权行为破坏了被侵权人的商业信誉、商品信誉、专利技术的信誉或者其他各类声誉，将对被侵权人造成精神损害。

3. 被侵权人为制止侵权或为获得法律救济而支出的费用

这一部分的支出项具体包括聘请律师的费用、为调查取证所支付的费用，如被侵权人为调查取证所支付的公证费、差旅食宿费、文件与材料复制打印费、鉴定费、咨询费、审计费、购买侵权产品的费用等；还有为制止侵权或进行诉讼所支付的费用，如为防止侵权产品的进一步扩散而申请诉讼保全的费用，为消除不良影响、恢复商业信誉而发表声明的费用等；为诉讼所支付的费用包括案件的受理费、诉讼费等。

4. 对竞争优势的损害

在许多侵犯知识产权的案件中，侵害行为不仅给被侵权人造成了具体的经济损失，而且给被侵权人造成竞争优势的损失，使其在市场上的竞争地位受到影响，竞争优势被削弱甚至完全丧失优势。这种情况在商标侵权和专有技术侵权纠纷案件中尤为常见。对竞争优势的损害，应属于社会评价之降低的情形。对竞争优势的损害是难以用金钱衡量的，而重建竞争优势往往需要大量的投入，重置成本往往难以度量，甚至难以再次建立竞争优势。

三、假冒伪劣商品

（一）假冒伪劣商品的含义

假冒伪劣商品是指那些含有一种或多种可以导致普通大众误认的不真实因素的商品。

假冒伪劣商品是假冒伪劣的物质产品，不包括精神产品，其特征是：具有不真实性因素和社会危害性。假冒伪劣商品可以分为假冒商品和劣质商品两种类型。

假冒商品：假冒商品是指商品在制造时，逼真地模仿别人的产品外形，或未经授权，对已受知识产权保护的产品进行复制和销售，借以冒充别人的产品。在当前市场上主要表现为冒用、伪造他人商标、标志；冒用他人特有的名称、包装、厂名厂址；冒用优质产品质量认证标志和生产许可证标识的产品。

伪劣商品：伪劣商品是指生产、经销的商品违反了我国现行法律法规的规定，其质量、性能指标达不到我国已发布的国家标准、行业标准及地方标准所规定的要求，甚至是无标生产的产品。

（二）假冒伪劣商品存在的道德问题

1. 严重损害了其他经营者和广大消费者的合法权益

假冒他人商标、商品名称、字号、包装，以及采取以次充好、以假充真等行为，损害竞争对手商业信誉，妨碍竞争对手正常经营的行为，不仅给竞争对手造成经济损失和精神损害，而且给广大消费者的合法权益也带来损害。

例如，全国多地出现的毒酒事件，使消费者中毒，甚至致残、致死；多人因服用、注射了假药而死亡，因伪劣药物无效而加剧病情、延误治疗；劣质化妆品使消费者变成"花脸""大麻子"，甚至毁容的事例屡见不鲜；劣质木工机械设备让众多伤残者谈虎色变，心有余悸；劣质电线、电器作为多起火灾的"元凶"，埋下令人担忧的隐患；劣质钢材、水泥所造成的楼塌、桥垮、人伤亡的恶性事件，更是令人不寒而栗。假冒伪劣商品对人的生命、财产安全造成严重的威胁。

2. 给消费者造成精神和物质上的损失

例如，购买的高档"名牌"真品名不副实、货不抵值；高价购回晶莹透亮的"天然"珠宝玉石，却是经人工优化处理过的加工品，甚至是玻璃、塑料等仿制品；买给爱人的"千足金"首饰竟然是"k金"；刚买的"正宗"手机，不是翻新的"二手货"，就是"水货"；等等。重金买回赝品，消费者当然愤愤不平。尤其是一些劣质产品，功能不全，性能不稳，三天两头出问题，消费者为修理需要耗费大量的金钱、时间、精神等，平添无数烦恼。

3. 给工农业生产造成破坏

例如，煤中掺入煤矸石，造成锅炉管壁磨损泄漏，引起重大设备事故；在棉花、羊毛中掺假，严重地危及棉纺、毛纺工业的发展；农药不杀虫，化肥不促长，种子不发芽，造成粮食及农作物严重减产，甚至颗粒无收，农民欲哭无泪。

4. 极大地损害名优企业

只要是名优畅销产品，被假冒侵权是司空见惯的不争事实。不法分子用劣质、杂牌的零部件，拼装出锃亮新潮的"嘉陵"摩托车；各类款式新颖的"乔士""金利来""鳄鱼"服饰源源不断地应运而生。凡此种种，不一而足。正是由于假冒伪劣产品抢占了部分市场份额，有的甚至超出了真品的销售量，使合法企业名誉受损，销量下降，效益滑坡，甚至有的企业生产能力闲置，开工不足，工人下岗，濒临倒闭。

打击假冒伪劣商品

2024年8月28日，A市公安局B区分局森林警察大队成功破获某宝网上销售假冒B区某知名企业品牌服饰注册商标的商品案，抓获犯罪嫌疑人3名，采取刑事强制措施3人，摧毁制假窝点2个、储存仓库1个，假冒注册商标标识窝点1个，现场查获假冒某品牌各种款式儿童服饰2万多件，价值600万余元。2024年6月10日，总部位于A市B区的某服饰股份有限公司向公安机关报案称，该公司注册的某服装品牌商标近期在购物网站上被他人侵权，当事人销售假冒该公司品牌的服饰且销量较大。经查，该购物网站上一家名叫"童装童趣折扣店2012"的网店长期销售、假冒该公司品牌童装。B区公安分局经前期侦查研判后在外省某镇查获犯罪嫌疑人胡某、王某经营的制假、售假窝点，现场查获假冒注册商标的成品童装2万多件、假冒注册商标标识吊牌1万多个。犯罪嫌疑人胡某、王某（夫妻关系）如实交代了2022年下半年至今雇用他人大量生产假冒他人注册商标的童装，并在名称为"童装童趣折扣店2012"的网店上进行销售的犯罪事实。经查证涉案"童装童趣折扣店2012"网店的历史销售记录，仅2022年8月至2024年8月两年间，犯罪嫌疑人胡某、王某共计销售假冒他人注册商标的各种款式童装3万多件，销售金额达100万余元。此外，B区公安分局通过犯罪嫌疑人胡某进一步追溯至某商标店店主姚某，并掌握姚某相关犯罪证据材料，于2024年10月将其抓获。姚某向公安机关如实交代了给胡某非法制作他人商标标识服装吊牌10万余件的犯罪事实。至此，公安机关成功破获集生产加工、仓库储存、门市销售和商标标识制作全链条的犯罪网络。现该案3名犯罪嫌疑人均已被依法移送起诉。

点评：

社会监督制约机制的健全程度和公民自身道德素质，决定了假冒伪劣商品滋生和蔓延的严重程度。假冒伪劣商品屡禁不止，造假制假商品窝点也时有发现，应该引起全社会的高度重视。

第三节

商 业 秘 密

一、商业秘密的概念与特点

1. 商业秘密的界定

对商业秘密的界定，各国各有侧重。通常认为，既要考虑到各国自身的立法经验和对国际社会所作的承诺，又要充分估计本国经济发展状况和执法水平。一方面要保护商业秘密所有人能够从新技术中收回其研究与开发的投资，并能获得合理的利润，另一方面又要维护社会公共利益。

美国《反不正当竞争法重述》第39条明确规定了商业秘密的定义，即商业秘密是指那些不为公众所知悉、能为权利人带来经济利益、具有实用性并经权利人采取保密措施的信息。具体来说，商业秘密包括技术信息和经营信息，如配方、模式、编译软件、客户名单、源码、经营策略等。商业秘密作为一个法律术语，在我国最早出现于1991年4月9日颁布的《中华人民共和国民事诉讼法》中，最高人民法院在1992年《关于适用〈中华人民共和国民事诉讼法〉若干问题的意见》中对商业秘密下的定义为："主要是指技术秘密、商业情报及信息等，如生产工艺、配方、贸易联系，购销渠道等当事人不愿公开的工商业秘密。"

我国《中华人民共和国反不正当竞争法》第九条明确规定经营者不得实施下列侵犯商业秘密的行为："（一）以盗窃、贿赂、欺诈、胁迫、电子侵入或者其他不正当手段获取权利人的商业秘密；（二）披露、使用或者允许他人使用以前项手段获取的权利人的商业秘密；（三）违反保密义务或者违反权利人有关保守商业秘密的要求，披露、使用或者允许他人使用其所掌握的商业秘密；（四）教唆、引诱、帮助他人违反保密义务或者违反权利人有关保守商业秘密的要求，获取、披露、使用或者允许他人使用权利人的商业秘密。""经营者以外的其他自然人、法人和非法人组织实施前款所列违法行为的，视为侵犯商业秘密。第三人明知或者应知商业秘密权利人的员工、前员工或者其他单位、个人实施本条第一款所列违法行为，仍获取、披露、使用或者允许他人使用该商业秘密的，视为侵犯商业秘密。"

2. 商业秘密的特点

第一，商业秘密是不为公众所知悉的，而其他知识产权都是公开的，如专利权甚至有公开到相当程度的要求。

第二，商业秘密是一项相对的权利。商业秘密的专有性不是绝对的，不具有排他性。如果其他人以合法方式取得了同一内容的商业秘密，他们就和第一个人有着同样的权利。商业秘密的拥有者既不能阻止在他之前已经开发掌握该信息的人使用、转让该信息，也不能阻止在他之后开发掌握该信息的人使用、转让该信息。

第三，商业秘密能使市场经营者获得利益，获得竞争优势，或具有潜在的商业利益。

第四，商业秘密的保护期不是法定的，这取决于权利人的保密措施和其他人对此项秘密的公开情况。一项技术秘密可能由于权利人保密措施得力和技术本身的应用价值而延续很长时间，远远超过专利技术受保护的期限。

二、公开或非法披露商业秘密

公开或非法披露商业秘密主要表现在以下几个方面。

1. 权利人公开商业秘密

权利人自愿将含有商业秘密的技术信息和经营信息公开展示、发表、出版等。例如，某医药营销有限公司公开发行的《连锁药店策略》《连锁药店总部运作》《连锁药店营业运作》《连锁药店经营管理规范》《连锁药店管理表格》系列丛书，其中就包括了该公司在连锁药店经营管理方面的商业秘密。由于其公开行为，该公司除了仍然拥有上述丛书内容的著作权之外，商业秘密权消失。

2. 权利人将商业秘密申请为专利

当权利人将商业秘密申请为专利时，不论商业秘密最后是否被授予专利权，都将因专利的公告而丧失商业秘密权。例如，北京某餐饮管理有限公司将其特色菜肴"扒猪脸"的烹饪方法申请了专利，该公司在专利保护期内享有"扒猪脸"的专利权，但丧失了商业秘密权，专利保护期届满，"扒猪脸"的烹饪方法将成为公有技术。

3. 权利人保密措施不当

权利人没有采取保密措施或保密措施不当，都可能泄露商业秘密。例如，权利人将机密操作手册交给受许人时，没有签订保密协议或保密条款，而受许人将操作手册公之于众。

4. 权利人公开销售含有商业秘密的商品

如果商业秘密易于从销售的商品中获得，而权利人又不加限制地销售商品，他人就可能通过观察商品、反向工程等途径获取该商业秘密，商业秘密因此而被公开。

5. 第三人公开商业秘密

实际情况中，商业秘密的公开大部分是由第三人导致的，主要包括两种情况：一是因第三人的侵权行为而公开。例如，与企业订立保密协议的职工，在他人利用金钱收买的情况下，经不住诱惑，把其知悉的企业商业秘密泄露给他人；再如，第三人本来并不知悉该商业秘密，而是通过盗窃、利诱、胁迫、黑客技术等非法手段获取商业秘密，并将之公之于众。二是第三人的合法公开。例如，企业或个人通过独立开发获得相同的商业秘密后将之公开，是第三人导致商业秘密公开的重要形式之一；第三人利用反向工程获取商业秘密；第三人通过观察在市场上销售的含有商业秘密的商品、第三人与商业秘密权利人签订转让合同获得商业秘密的所有权等。第三人的合法公开秘密，不属于侵犯商业秘密的行为。

第四节

恶 性 竞 争

一、价格大战

（一）价格大战的表现

1. 价格欺诈

价格欺诈是指市场经营者欺骗消费者，使消费者以远高于产品（或服务）价值的价格购买产品，从而使其经济利益受到损失的行为。价格欺诈的具体表现为：一是采取以次充好、缺斤少两、混充规格、低质量等手段，制定欺骗性价格；二是采取虚假的优惠价、折扣价、处理价、最低价等手段推销商品；三是标牌、价签内容不实等。

2. 价格歧视

价格歧视是指对不同的群体采用不同的定价，以实现企业的不同目的。这种行为在经济学上被称为价格分级，是国际上普遍反对的定价策略。市场经济的一大原则是公平，刻意制定歧视性价格的不道德行为势必被消费者反对。

3. 垄断定价

垄断定价一般包括暴利定价和掠夺定价两部分。暴利定价是指企业凭借其对流通资源的独占优势，将商品价格定在远远超过成本之上，以谋求超额利润。这种定价在商品供不应求的卖方市场比较普遍，但在买方市场中，一小部分商品若仍属于卖方市场，也存在暴利定价的可能。例如，矿泉水公司可以利用对某一泉水的独占、白酒厂家可以利用对某一生产地的生产作物的合同独占、香烟厂家可以利用对某一烟叶基地的独占而进行垄断定价。掠夺定价又称劫掠定价、掠夺价，有时亦称掠夺性定价歧视，是指一个厂商将价格定在牺牲短期利润以消除竞争对手、获得长期高利润的行为。它是一种不公平的定价行为。

4. 虚假定价

在不少商场和小卖场可以看到诸如"全场一折起"等广告标语，这种广告形式存在虚假定价的嫌疑。同时，这些打折虚报原价，甚至高抬价格再给予折扣，都是典型的定价不道德行为。这样做的结果是在短期内蒙蔽了消费者，使消费者遭受经济损失，以及因消费者购买不需要的商品造成资源浪费，但时间一长，消费者便不再相信这一促销策略，最终也会损害企业的利益。

（二）企业进行价格大战的原因

1. 商家牟利

企业经营的目的是利润，这一点是无可厚非的。企业在追求具有刚性的物质利益的过程中，由于缺乏科学的经营手段和必要的遵守社会法律、规范的意识，可能会萌发采取不正当手段谋取非法利益的动机。具有这种动机的企业在日常经营中只有一个目的，就是不择手段地通过销售其产品来赚取利润，即便是使用高价格和名不副实的服务来欺骗消费者。

2. 消费者信息不对称

价格欺诈在现实中主要是企业针对消费者进行的欺诈，这是因为，生产者与企业之间的交易是在信息基本对称的条件下进行的，但企业与消费者的信息并不对称。

3. 市场机制的不健全

定价不道德的存在恰恰反映了我国市场机制的不健全。目前，对价格的监管还不够完善，虽有国家发展改革委、市场监督管理局、物价局和消费者协会等多部门的监督，但在具体的监管上面临着法律依据缺失或法律依据不足的现实情况。

二、价格同盟

（一）价格同盟的内涵

价格同盟是指两个或两个以上的具有竞争关系的市场经营者以合同、协议或其他方式，共同商定商品或服务价格，以限制市场竞争、争取高额利润所实施的垄断联合。价格同盟的特征有：（1）两个或两个以上的市场经营者自愿采取的联合行动；（2）处于同一经营层次或环节上的竞争者之间的联合行动；（3）联合行动是通过合同、协议、口头承诺等方式进行的；（4）协议的内容是固定价格或限定价格；（5）联盟的目的是通过限制竞争以获取高额利润；（6）联盟没有得到国家有关部门的审批、认可。

（二）价格同盟的非道德性

1. 价格同盟破坏了市场秩序

价格是市场的"晴雨表"，反映了市场供需情况、市场竞争情况、市场成熟度情况，以及某产品的资源富裕或匮乏情况等，供需关系决定了市场价格是市场秩序的重要组成部分。价格同盟是人为干扰市场秩序的行为，使市场价格调节趋于无用，其结果是破坏了市场秩序，使市场走向无序、混乱的局面。

2. 价格同盟侵害了非联盟成员的合法权益

价格同盟成员的联合无疑会增强联盟成员的市场竞争力，联盟意味着市场占有率的提高，价格同盟在市场上一旦产生固定价格作用，就会使其他非联盟成员经营者难以通过正常的价格竞争充分行使自己的自主定价权，使一些企业想降价而不敢降价，必然导致交易成本的提高，不可避免地会影响其经济效益。

3. 价格同盟在很大程度上侵害了消费者的利益

价格同盟的最直接受害者就是消费者，因为价格同盟使消费者被迫以高于商品实际价值的价格购买商品，遭受了不应有的经济损失。

4. 价格同盟扭曲价格信号，造成资源浪费

市场经济很重要的一点在于形成一种合理的均衡价格。这种均衡价格，不是哪个人或哪个单位或机构决定的，而是在竞争过程中自发形成的。价格同盟作用下形成的价格是垄断价格，是被人为扭曲了的价格，这种价格不能客观真实地反映商品和资源的稀缺程度，以及市场供求状况，它会给商品生产经营者提供虚假的市场信息，对生产和消费均会产生误导，从而造成社会资源的浪费。

三、商业诽谤

（一）商业诽谤的定义

商业诽谤是指通过捏造、公开虚伪事实或虚假信息，对特定商业主体的商业信誉、商品或服务进行贬低和诋毁，造成其商业利益受到损失的侵权行为。

（二）商业诽谤的表现形式

（1）从行为主体的角度讲，可以表现为市场经营者实施商业诽谤行为和非市场经营者实施商业诽谤行为两种。多数情况下，实施商业诽谤的行为人是市场经营者，但有时市场经营者不亲自实施商业诽谤行为，而是唆使、收买和利用其他人向有关管理部门和媒体反映，或直接与相关管理部门和媒体恶意串通，对竞争对手进行虚假投诉、报道或处罚。

（2）从表达方式的角度讲，商业诽谤行为可以表现为书面诽谤和口头诽谤两种方式。书面诽谤具有持久性，而口头诽谤多具有短暂性，口头诽谤的危害性一般要比书面诽谤轻。

（3）从表露程度的角度讲，商业诽谤表现为直接商业诽谤和间接商业诽谤。前者是指那些明确的、直接的诽谤性传播，后者是指那些间接的，通过分析和联系才能确定受诽谤对象的诽谤性传播。

（4）从商业诽谤次数的角度讲，商业诽谤行为还表现为原始诽谤行为和重复诽谤行为，就一般情况而言，重复诽谤行为的损害程度重于原始诽谤行为。

四、权力营销

（一）权力及权力营销

权力营销是菲利普·科特勒在提出大市场营销概念时提出的。菲利普·科特勒认为，权力对大市场营销者来说至关重要。

所谓权力，是指某一渠道成员能支配另一渠道成员的能力，即A方能使B方去做它原来不想做的事情的能力，A方采用不同方式来运用权力，并对B方施加影响。

所谓权力营销，即指权力拥有者或利用权力者以权力为手段，以牟利为目标，进行营销活动的营销行为。

权力营销至少具备以下几个特点：第一，权力营销者必须拥有权力，或者自身并不拥有权力，但可以通过不正当手段利用别人的权力；第二，权力营销者进行权力营销的目的是满足私欲；第三，权力营销者所运用的手段主要是用金钱交换权力，再获取金钱，或者直接以权换钱。

（二）权力营销的不道德行为

由于权力营销以极端私欲为基础，因此，权力营销活动往往以秘密的方式进行。但不管其交易多么隐蔽，毕竟躲不过正义的阳光。一般而言，权力营销主要有以下几种不道德行为。

1. 行贿与受贿

行贿者主要是为获取权力给予的回报。而受贿者，则直接为了中饱私囊而为行贿者洞开方便之门，完成销售过程。行贿者和受贿者往往狼狈为奸，各取所需。

2. 以权谋利

从本质上说，权力是群众给的，拥有权力，意味着承担责任，而部分当权者并没有把权力当成责任，往往把权力看作是谋财之道。

3. 以权造"市"

权力意味着一种"势力"，而在其"势力"范围之内，部分当权者可以"势"压人，以"势"造"市"。需要资金，找权力解决；需要原材料，找权力帮忙；需要推销产品，找权力疏通；商业市场完全变成了一个"权造市场"。

4. 权钱互换

社会腐败主要是指权力腐败，而权力腐败最大的表现就是权钱互换。权力本身不能作为交换的工具和交换的代价，如果权钱能够互换，那么社会财富会全部流到当权者手中，这样便会导致商业市场的动荡。

5. 庸俗公关

权力营销除了当权者利用权力进行营销外，还有另一个重要的方面，就是无权者利用权力进行营销。有些无权者为了达到自己的目标，往往不择手段，只求"俘获"当权者。于是，常见的庸俗公关如吃吃喝喝、拉拉扯扯、吹吹拍拍、嘻嘻哈哈等营销"高招"就像一颗颗重磅糖衣炮弹，向当权者发起进攻，不少缺乏抵抗能力的人便成为庸俗公关的战利品。

6. 回扣攻心

在营销行为中，回扣是一种世界各国通用的促销手段，也是商人之间让利销售的一种营业推广方式。在西方，回扣是"明扣"，会转化为一种公共利益；而在我国，回扣大多转化为私人利益。

在许多社会组织中，重大的采购权往往掌握在少数人手中，某些当权者往往对关键部门和关键项目大权在握，言称"把关"，实必要求"回扣"。

典型案例

某县卫生和计划生育局滥用行政权力排除、限制竞争

某县卫生和计划生育局成立了药品集中采购配送改革领导小组，于2017年1月以领导小组的名义分别与A医药有限公司和B医药有限公司签订了《战略合作框架协议书》，指定两家药品配送企业负责该县辖区内二级医疗机构和基层医疗卫生机构所用药品的配送工作，并对两家药品配送企业划分了配送区域，授权两家药品配送企业为所属医疗单位的指定采购供应商，并且集中配送。

点评：

该县卫生和计划生育局滥用行政权力，是典型的不道德的权力营销行为。上述行为违反了《中华人民共和国反垄断法》相关规定。

本 章 小 结

　　市场竞争的内在动因是各个经济行为主体自身的物质利益驱动，以及对自己的物质利益被市场中同类经济行为主体排挤的担心。按竞争策略的不同，市场竞争可划分为产品质量竞争、广告营销竞争、价格竞争、产品式样和花色品种竞争等；按市场竞争的程度，市场竞争可划分为完全竞争和不完全竞争。

　　竞争道德又称公平竞争道德，是指有竞争关系的参与人在市场活动中所应遵循的基本准则。竞争道德的规范是积极竞争、正当求利、平等自愿、诚实守信。

　　竞争关系中常见的道德问题主要体现在产品竞争、仿冒和价格竞争等方面。

　　知识产权指权利人对其所创作的智力劳动成果所享有的专有权利，一般只在有限时期内有效。自2001年始，每年世界知识产权日都有一个主题。

　　知识产权损害的范围一般包括如下四个方面：知识产权侵权行为造成的财产损害，包括直接损害和间接损害；因知识产权侵权行为造成的精神损害；被侵权人为制止侵权或为获得法律救济而支出的费用；对竞争优势的损害。

　　假冒伪劣商品是假冒伪劣的物质产品，不包括精神产品，其特征是：具有不真实性因素和社会危害性。假冒伪劣商品的危害极大：它严重损害了其他经营者和广大消费者的合法权益，给消费者造成精神和物质上的损失，给工农业生产造成破坏，极大地损害名优企业。

　　对商业秘密的界定，各国各有侧重。公开或非法披露商业秘密主要表现在：权利人公开商业秘密，权利人将商业秘密申请为专利，权利人保密措施不当，权利人公开销售含有商业秘密的商品，第三人公开商业秘密等。

　　商家牟利、消费者信息不对称和市场机制的不健全等因素，常常导致企业价格大战，价格大战的主要表现是：价格欺诈、价格歧视、垄断定价、虚假定价。其中，价格同盟是指两个或两个以上的具有竞争关系的市场经营者以合同、协议或其他方式，共同商定商品或服务价格，以限制市场竞争、争取高额利润所实施的垄断联合。价格同盟破坏了市场秩序，侵害了非联盟成员的合法权益，在很大程度上侵害了消费者的利益，扭曲价格信号，造成资源浪费。

　　市场竞争中还存在商业诽谤现象，即通过捏造、公开虚伪事实或虚假信息，对特定商业主体的商业信誉、商品或服务进行贬低和诋毁，造成其商业利益损失的侵权行为。思考的角度不同，其主要表现形式也不一样。

　　权力营销是指权力拥有者或利用权力者以权力为手段，以牟利为目标，进行营销活动的营销行为。其特点是：权力营销者必须拥有权力，或者自身并不拥有权力，但通过不正当手段利用别人的权力；权力营销者进行权力营销的目的是满足私欲；权力营销者所运用的手段主要是用金钱交换权力，再获取金钱；或者直接以权换钱。由此导致一系列不道德行为甚至违法违纪现象发生，如行贿与受贿、以权谋利、以权造"市"、权钱互换、庸俗公关、回扣攻心等，影响较大。

思考与练习

一、填空题

1. 竞争道德又称＿＿＿＿＿＿＿＿＿＿＿，是指有竞争关系的参与人在市场活动中所应遵循的基本准则。

2. 垄断定价一般包括＿＿＿＿＿＿和＿＿＿＿＿＿两部分。

3. 价格同盟，是指两个或两个以上的具有竞争关系的市场经营者，以＿＿＿＿、＿＿＿＿或其他方式，共同商定商品或服务价格，以限制市场竞争，争取超额利润所实施的垄断联合。

4. 权力营销是菲利普·科特勒在提出＿＿＿＿＿＿＿＿＿概念时提出的。

二、选择题

1. 2025年世界知识产权日的主题是（　　　）。

　　A. 知识产权和音乐：感受知识产权的节拍

　　B. 文化、战略、发展

　　C. 尊重知识产权和赞美创新

　　D. 上述三个答案都不对

2. 从表达方式的角度看，商业诽谤表现为（　　　）。

　　A. 直接商业诽谤和间接商业诽谤　　　　　　B. 原始诽谤行为和重复诽谤行为

　　C. 书面诽谤和口头诽谤　　　　　　　　　　D. 上述三个答案都不对

3. 关于假冒伪劣商品的说法正确的是（　　　）。

　　A. 假冒伪劣的物质产品，不包括精神产品　　B. 具有不真实性因素

　　C. 具有社会危害性　　　　　　　　　　　　D. 上述三个答案都正确

4. 竞争关系中常见的道德问题主要体现在（　　　）等方面。

　　A. 产品竞争、仿冒和价格竞争　　　　　　　B. 产品竞争

　　C. 价格竞争　　　　　　　　　　　　　　　D. 上述三个答案都不对

三、简答题

1. 什么叫市场竞争？

2. 简述价格欺诈的表现。

3. 简述竞争道德的实质。

4. 如何做到在竞争中求利？

5. 权力营销及其特点是什么？

四、案例分析

1.8亿元强制事件的启示

　　某知名技校被强制执行的原因是因一起广告合同纠纷案。学校在某广告公司投放广告后未达到预期效果，引发了合同纠纷，最终学校被法院判决强制执行1.8亿元。这一事件再次让该技校成为公众关注的焦点。

　　回顾该技校的发展历程，可以说是一段充满传奇色彩的广告史。从最初的挖掘机技术广告，到后来的烹饪、美容美发等多元化技术广告，该技校凭借一系列极具创意和感染力的广告宣传，成功地打造出一所具有极高知名度和影响力的职业教育名校。

　　然而，如今该技校却被广告问题所困扰。这起强制执行事件只是其广告争议的冰山一角。事实上，近年来该技校的广告策略一直备受争议，诸如过度宣传、虚假宣传等问题屡见不鲜。这些问题不仅损害了学校的声誉，也对其招生和品牌形象造成了负面影响。

　　对于该技校来说，成也广告，败也广告。一方面，极具吸引力的广告宣传让学校成为众多学子心仪的职业教育名校；另一方面，不断被曝光的广告问题也让学校的声誉受到了严重损害。

　　面对这次强制执行事件，该技校需要深刻反思自己的广告策略。在追求广告效果的同时，必须注重合法合规性和真实性。同时，加强内部管理，提高教学质量和服务水平，才能真正树立起学校的品牌形象。

思考题：

1. 为什么说广告不能形成企业的核心竞争力？
2. 为什么成也广告，败也广告？

第八章

国际营销中的道德与文化问题

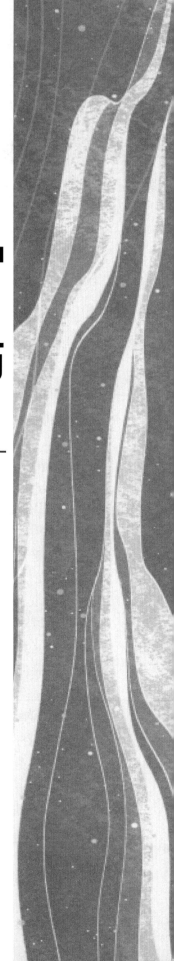

▌本章学习目标

◢ 了解功利论、道义论和道德相对论等概念。

◢ 了解国际营销中的政治环境、法律环境、经济环境和文化环境。

◢ 掌握国际营销中存在的道德与文化问题。

◢ 理解国际营销中面临各国营销道德差异的挑战。

▌关键词汇

◢ 功利论（Utility Theory）

◢ 道义论（Deontological Theory）

◢ 国际营销环境（International Marketing Environment）

◢ 营销歧视（Marketing Discrimination）

◢ 道德差异（Moral Differences）

▌引子

◢ 只有疲软的产品，没有疲软的市场；只有淡季的思想，没有淡季的市
场。

第一节

国际营销道德及文化的评价理论

国际营销与国内营销之间最主要的区别在于营销环境的差别。这种营销环境的差别，又主要表现在各国营销道德与文化背景的差异上。

一、功利论

（一）功利论的含义

功利论形成于19世纪初的英国，最有影响的代表人物是英国法律改革运动的先驱和领袖杰里米·边沁（Jeremy Bentham）和英国经济学家约翰·斯图尔特·穆勒（John Stuart Mill）。在发展中，功利论演变出很多流派，也存在一定的分歧和差异，但它们的共同点都是以功利和行为所产生的效果来衡量什么是善、什么是最大的善，并以此判断行为的道德性。

较典型的功利理论流派主要有两种：一种是利己功利主义，它以人性的自私为出发点，但并不意味着在道德生活中因自身利益去损害集体和社会的利益，因为自身利益有赖于集体和社会利益的增进。利己功利主义认为，一个人唯一的基本义务是对他本人或某一小集体来说，应尽可能地使"善"超过"恶"。另一种是普遍功利主义，即行为道德与否取决于行为是否为大多数人带来最大幸福，同时强调，为了整体的最大利益，必要时个体应不惜牺牲个人利益。

功利主义强调的是大多数人的最大幸福，带有公益论的性质。它的最大特点在于：假定人们可以对行为所产生的利与弊作出全面的权衡，并以此确定这些利弊之和。在实践中，功利主义者认为，人们可以对几种可能的行为进行成本和利润分析，并在这种分析的基础上，选择能产生最大效用或最大利润的行动方案。通过道德算式计算成本和利润来选择行为的方法看起来比较简单，因而在应用中有很大的市场。

（二）功利论在应用中的局限性

1. 企业对行为的后果极难推测

人的理性是有限的，任何判断都是基于当前所掌握的信息而进行的，相对于事物的发展和变化来说，每一个判断都是在经验不足和信息不完全的基础上做出的，绝对成熟的、预见到一切行为后果的判断是不存在的。在企业的经营和管理实践中，决策者和经营者不可能预见到行为的全部后果。

2. 决策的后果很难用数学算式来推算

因为缺少普遍衡量的单位，所以决策的后果很难用数学算式来推算。例如，就环境污染问题而言，人类对自然环境的污染比较容易测算，而污染对于人体的损害很难用数学算式计算出来的，即使算出了对人的已有损害情况，对未来的损害又能怎样计算？对物质的损害好计算，而对精神的伤害又如何用数字来计算？

3. 功利主义"大多数人的最大幸福"原则，也可能给一些人带来危害

任何一个决策不可能给所有人都带来利益，肯定会有一部分人的利益受到损失或伤害。例如，修建一条铁路，虽然方便了交通，提高了运输能力，为居民的出行带来了便利，但是在修建铁路的过程中，很有可能有劳工伤残甚至死亡。根据"大多数人的最大幸福"原则，这些伤残劳工就应该为此做出奉献吗？

4. 一个决策产生的效用对不同的利益相关者是不同的

效用本身可以用数字来表示，但是同一个单位的效用对不同的人来说，感受是不同的。一元钱对于穷人来说就是一天的幸福，而对于富人来说根本算不了什么。有人认为没有钱是痛苦的，有人却认为继承巨额家产妨碍了自己追求人生目标；有的人认为没有孩子太幸福了，有的人认为没有孩子太不幸了。可见，幸福是因人而异的，具有不可公度性，因此对"大多数人的最大幸福"的准确衡量也是不可能的。功利主义在企业道德实践中的局限性，决定了以它作为解决和分析企业道德问题的唯一方法是不行的。

5. 用结果评判行为的好坏，本身就存在一定问题

用结果评判行为的好坏，本身就存在一定问题，这是因为幸福最大化的结果可能要求不择手段。例如，在企业经营中，窃取商业机密、尔虞我诈、欺骗、说谎等可能带来好的结果，但这些行为本身是不道德的。再如，某销售经理可能认为如果不向当地政府官员行贿，公司将得不到一个建筑合同；而如果公司不能赢得这个合同，将不得不解雇100名工人。这名销售经理可能因此认为贿赂是正当的，因为保全了100名工人的工作，这比遵守法律可以创造更多效用。

因此，出于对建立稳定有效的经济秩序的考虑，对功利主义一定要理性看待，在一定程度上应当采取适当的措施进行遏制。

二、道义论

（一）道义论的含义

道义论与功利论相反，它主张人的行为道德正确与否，不是看行为的结果，而是看行为本身或行为依据的原则，即行为动机的正确与否。凡行为本身是正确的，或行为依据的原则是正确的，不论结果如何，都是道德的。正如美国著名伦理学家弗兰克纳（Frankena）所说："道义论主张，除了行为或规则的效果的善恶之外，还有其他可以使一个行为或规则成为正当的或应该遵循的理由——这就是行为本身的某种特征，而不是它所实现的价值。"

道义论可分为行为道义论和规则道义论。行为道义论认为：个人不需要伦理规则就能直接把握应该做什么，即唯有良心、直觉和信念能决定最后做什么。但是什么是一个人的良心、直觉和信念呢？如何据此对具体行为进行伦理判断呢？行为道义论难以回答。

规则道义论认为：判断行为的正误，要视它是否符合伦理规范和原则。这些伦理规范和原则的指引远比过去的经验重要。

规则道义论分为一元规则道义论和多元规则道义论。一元规则道义论认为只有一条基本的伦理原则，即"你要善待别人，正如你希望别人对待你的一样"，其他原则都是从这条原则衍生的。多元规则道义论认为行为道义论有许多优点，而规则道义论有利于决策，人们可以根据明确表明的伦理原则做出决策，但根据模糊的多义的良心、直觉和信念，很难有效地做出决策。规则道义论便于不同学科人们之间的合作与互信，虽然学科不同，但在伦理原则上却有共同的标准，可不同学科所讲的良心、直觉和信念却大相径庭，就像"聋子与瞎子"之间的对话。

道义论强调行为的动机和行为的善恶。例如，有三个企业都进行同一工程的投资，甲企业为树立企业的良好形象，以便今后打开经营之路；乙企业为了捞足政治资本；丙企业为了履行企业的社会责任。很显然，丙企业的投资行为是来自尽义务的动机，因而更具有道德性。

（二）道义论的缺陷

道义论从人们在生活中应承担责任与义务的角度出发，根据一些普遍为人们所接受的道德义务规则判断行为的正确性，是有现实意义的。事实上，诚实信用、公正公平、不偷窃、不作恶和知恩图报等品行已经被大多数人视为一种基本的道德义务并付诸行动，而且这些义务准则已经被广泛应用于各个国家法律、公司政策及贸易惯例等方面。

总体来说，道义论的缺陷主要表现在三个方面：

（1）强调个人权益、公正与道义，忽视组织的整体利益。

（2）在面对一些复杂的现实情况时，由于过度遵循传统的道义观念，企业可能无法灵活应对遇到的问题，从而错失更好的解决问题的机会。

（3）过多地考虑人类福祉，事实上很难做到，缺乏实用性。

三、道德相对论

道德相对论认为，没有放之四海而皆准的准则或规范，即一项伦理准则或规范的适用范围是有限的，事物对与错及某行为恶与善的判断标准，因不同社会而有异，这是由不同国家的文化差异引起的。

在人类社会的实践中也能找到道德相对论的证据，有些非洲国家实行一夫多妻制，大多数国家则严格实行一夫一妻制。前者的法律允许，并且为社会所承认，因而被认为是道德的。但对大多数国家而言，实行一夫一妻制是合法和道德的，一夫多妻制则是不道德的。

在商业经营活动中，某些国家对贿赂行为深恶痛绝，法律上是明令禁止的，而有些国家则允许贿赂，认为这是商业活动中不可缺少的方法。可见，对同一行为道德性的判断在不同国家是有区别的，从而产生了道德的相对性。但是，有一些伦理标准是绝对的，是人人都必须信守的。例如，关心社会福利、保护儿童、严惩犯罪分子等，这些既是法律的要求，也是道德的反映。

道德相对论往往是由文化相对论作为支撑的。道德观的广泛不同源于各国文化的差异，文化包括语言、法律、宗教、政治、技术、教育、社会组织、一般价值及道德标准。每个国家具有不同的文化，因此对某种具体的经营活动具有可接受及不可接受等不同的观点。

第二节
国际营销的环境分析

国际营销与国内营销的最大区别就是，要与不同文化环境的人打交道。处于不同文化环境的人在语言、宗教信仰、价值观念、思维方式、风俗习惯等方面都存在着差异，因此，国际营销与国内营销不仅对商品和服务的需求不同，而且对同一句话、同一个动作、同一件事往往都有着不同甚至相反的理解。在某种特定的文化环境中有效的营销方法在另一种文化环境中可能就没有效果了，甚至易引起误解、摩擦和冲突。在进行国际营销活动时，我国企业必须重视各种文化环境因素的影响，分析并适应不同的文化环境，避免不利因素和条件，减少或避免风险。

一、国际营销的政治环境

研究政治环境主要应考虑政治体制、政治局势、重大政治事件、贸易政策、有关贸易的管制措施等因素。一个国家的政治体制和社会性质决定其总的政治局势，决定其市场性质和市场营销活动性质，决定其对外贸易的态度和政策，关系到市场是开放的还是封闭的，政府是鼓励外国企业进入还是限制外国企业进入等重大问题。世界上有各种政党和政体，它们对一国的政局影响是不同的。

世界各国都制定了较多的对外贸易管制措施，这些都对开展国际营销活动有很大的制约作用。主要的管制措施如下。

（1）关税控制，即用征收高额关税的办法阻止、限制外国商品进口的管制措施，亦即关税壁垒。

（2）进口控制，即除关税以外的各种直接或间接限制商品进口的法律措施和行政措施，亦称非关税壁垒。

（3）外汇管制，即一国政府对外汇的收支、结算、买卖和使用进行管理的制度。

（4）价格控制，即一国政府实行的严格的价格管理措施。当一个国家面临通货膨胀的压力，或正在经受通货膨胀的压力时，政府往往对重要物资实行严格的价格控制，以减轻通货膨胀的压力，稳定市场。

二、国际营销的法律环境

法律环境由政治环境衍生而来。在国际营销活动中，各国企业都十分重视对于目标国法律环境的研究，以利用法律的保护作用，避免因不懂法而造成违法的风险。

在国际营销活动中，随着对国际市场法律环境的研究逐步深入，我国许多企业不能仅满足于树立市场营销观念，而应追求与环境相适应的新的营销观念。一些实力雄厚的公司早已把全球市场置于自己的营销范围内，以全球营销观念来指导公司的营销活动。

三、国际营销的经济环境

经济环境是各种直接或间接影响、制约国际营销的关键因素之一，是国际营销环境的重要组成部分，具有国际营销环境的各种特征。经济环境包括三个不同层次。

1. 全球经济环境

企业应从全球的角度出发，考察整个世界经济的基本状况，以及对国际营销有影响的全球层面的经济环境（国际金融环境、国际贸易环境、经济周期、世界经济结构）。企业在分析全球经济、市场环境时，主要应分析各国经济的相互依赖性、市场竞争程度、各国关系的复杂性、目标市场的发展阶段，人口规模、人口分布、人口结构和消费者收入状况；还要分析各国消费支出结构与消费储蓄信贷状况，并需要对国际市场竞争者进行分析，进而确定具体的国际营销策略组合。

2. 本地经济环境

企业应从一个国家的角度考察某个具体国家的经济状况及其在国别层面的经济环境对国际营销的影响。本地经济环境是指企业所在国的经济环境，如经济结构、国民收入水平、人口状况、生产力水平、消费结构、产业结构等，这些因素决定了一个国家的购买力水平和市场发达程度，决定了消费者的需求情况，它对企业的行为及消费者的消费行为产生了直接的影响。

3. 区域经济环境

区域经济环境是指一个特定地理区域内经济发展的情况，其是内部因素与外部条件相互影响的结果。区域经济环境不仅受自然条件、资源开发和利用状况、社会经济条件等的影响，还受到经济政策等多种因素的制约和影响。区域经济环境是一个多层次、多维度的概念，涵盖了从自然资源到人力资源，从基础设施到经济政策等多个方面的内容。了解和分析区域经济环境对于企业和政府制定发展战略、优化资源配置、促进经济增长具有重要意义。

四、国际营销的文化环境

1. 物质文化

物质文化包含了该国家或地区成员所使用的设施和器物，并且包括过去的和现存的成员对环境造成的永久性有形影响。物质文化水平的高低决定了人们工作效率的高低。

对于国际营销而言，物质文化的影响力是显而易见的，它将影响一国或一地区的需求水平，影响产品的质量、种类和功能，而且还会影响产品的生产手段和分配方式。例如，在美国私人轿车几乎普及到了每一个家庭，而在非洲的某些国家或地区，轿车却是一种望尘莫及的奢侈品，因为大多数家庭还在为基本的生存条件和生活必需品而奋斗。

物质文化也体现在家庭的物质设备中。居室、屋内的布置、烹饪的器具、日常的用具，以及房屋在地域上的分布情形，都精巧地交织在家庭生活的布局中，它们极深刻地影响着家庭在法律、经济及道德等各方面的观念。

2. 语言

语言是思想、文化和信息交流的工具，企业要进入国际市场，就必须了解并掌握各国的语言文字，这对于交流思想、掌握市场信息、做好产品介绍和广告宣传工作有着重要的作用。企业在国外市场做广告时，语言方面会受到较大的制约，因为几乎世界各国都有自己的语言，有的国家还使用多种语言，如在泰国做广告，要使用英语、汉语和泰国语。由于广告语言要求简洁、精练，这也给翻译工作带来了很大的困难。为了克服语言方面的障碍，应尽量选用当地的语言做广告，或请当地的经销商、代理商协助，把本国的广告信息以当地消费者可以理解和愿意接受的语言形式传达出去。

3. 价值观念

价值观念是一种行为的判断观念，它表明一个人对周围事物的是非、善恶和重要性的评价。不同国家、不同民族在价值观念上常常存在着较大的差异。例如，在时间观上，美国人崇尚"时间就是金钱""今天能做的事不要推到明天"，因而他们谈生意时安排得紧，常常是一见面就谈，而且是今天来，明天走；然而，这在阿拉伯国家却可能被视为傲慢无礼、不尊重人，他们喜欢慢慢来。因而掌握世界各国的价值观念有利于进行国际市场营销决策。

4. 宗教信仰

宗教信仰是文化的一个重要方面，对国际营销的影响不可低估。因为宗教信仰与社会价值观念的形成密切相关，对人们的生活习惯、生活态度、需求偏好及购物方式等都有重要影响。在拉丁美洲的一些国家，宗教已经渗透到个人、家庭、社会群体的各个方面，甚至对某种食物、衣物的接受，对某种消费行为的认可，都会受到宗教信仰的影响。这种影响甚至决定了产品营销的成败。例如，在一些国家，如果广告过多地涉及人体表演，就会被认为是不道德的，这种产品自然也会被拒之门外。

5. 审美观和偏好

由于各国消费者的民族习惯、文化背景不同，形成了不同的审美观和格调偏好。例如，不同的国家对产品的颜色和造型都有不同的要求，在进入国际市场之前，企业应在这些方面对原有产品进行改进，以适应当地消费者的需求和偏好。

6. 风俗习惯和禁忌

风俗习惯是人类社会代代相传的思想和行为规范，也与消费者的消费形式息息相关。禁忌是风俗习惯的一种特殊表现形式，成功的营销活动总是与对目标市场的消费者风俗习惯的了解、分析、研究相联系的。例如，不同国家的商人有不同的商业习惯和礼节，谈判的风格和礼节也各不相同，企业只有懂得了这些不同的风俗习惯和禁忌，才能为商业交往带来便利。

企业只有充分了解相应的社会文化因素，才能制定出适宜的营销策略。企业不仅要对外派人员在语言、产品性质、推销技巧方面进行培训，更要重点进行对相应国家的文化背景、生活方式、商业习俗等方面的培训，以适应国外的生活和工作。除了要弄清政治环境、经济环境和法律环境外，企业还要进一步弄清国外市场的文化环境，即对风俗习惯、民族风格、居民消费倾向与特点一一研究掌握。另外，家庭关系、性别关系等也会对产品的品质特征及促销活动产生不同的影响。

第三节
国际营销中存在的道德与文化问题

一、国际营销中的贿赂问题

国际营销中的贿赂是指企业在跨国经营过程中，通过提供金钱、礼品、服务或其他利益，以不正当方式获取商业机会或竞争优势的行为。国际营销中的贿赂类型有：（1）政府官员贿赂，即直接或间接向外国公职人员提供利益以获取商业便利。（2）商业贿赂，即向商业合作伙伴的关键决策者提供不正当利益。（3）便利费，即利用小额支付以加速常规的政府程序。（4）款待与礼品滥用，即以商务的名义提供超额款待和礼品。（5）第三方中介贿赂，即通过代理商或者顾问进行间接贿赂的行为。

二、国际营销中的歧视行为

国际营销歧视是指跨国企业在全球市场运营过程中，对不同国家或地区的消费者、渠道商或合作伙伴采取差异化、不公平的营销策略，导致某些市场受到系统性不利对待的现象。这种歧视可能基于经济、文化、法律或企业战略等因素而出现，其主要表现形式包括：（1）价格歧视，即同一产品在不同国家的市场定价差异显著，超出合理成本范围。（2）产品歧视，即向欠发达国家或地区的市场提供质量较低或功能缩减的产品版本。（3）服务歧视，即在不同市场提供差异化的售后服务标准和响应速度。（4）营销投入歧视，即在欠发达国家或地区的市场减少广告投入和品牌建设活动。

三、国际市场营销胁迫

国际市场营销胁迫是指用暴力或威胁的方式达到营销目的。使用胁迫手段的目的是让某人（或企业）做违背意愿的事情。国际市场营销胁迫经常表现为跨国公司强迫零售商，如零售商要得到想要的产品必须经营某种特定产品，或零售商经营跨国公司产品时跨国公司提出诸如提供赞助费等的额外条件。

四、国际营销中产品的道德问题

国际营销中产品的道德问题主要表现在如下方面。

1. 企业将国内禁止销售的产品销售到国外

一些发达国家考虑到某些产品会伤害国内消费者而禁止在国内销售，但却将这些产品销售到国外。尽管国外并未立法禁止销售这些产品，但这也是不道德营销行为。例如，美国有好几种农药含有对人体有害的物质，在本国已禁止使用，但企业为了追逐利润，竟然将这些农药销售到经济落后国家。

2. 发达国家出口有害健康的产品到不发达国家

例如，在发达国家，由于香烟受到有关法律的限制及社会舆论反对等，烟草公司便极力将香烟销售到其他国家，尤其是销售到经济落后的国家。即便这些国家尚未认识到吸烟会危害身体健康而接受了这种销售行为，但实质上，这些营销活动仍然属于不道德行为。

3. 有些产品本身并无害处，但销售到文化程度低及卫生条件差的国家或地区而出现使用中的道德问题

例如，雀巢公司生产的产品包括婴儿奶粉，如果应用得当则很安全，且营养价值高，但当该产品出口到一些非洲国家时，由于当地文化程度低，父母们不理解产品包装上的说明而不能正确使用产品，加上用不卫生的水搅拌奶粉，结果不仅没有发挥奶粉的营养价值，还会造成不卫生和不安全的情况，从而严重地影响婴儿的身体健康，进而出现产品营销的道德问题。

五、国际营销价格中的道德问题

国际营销中违背道德的产品价格主要表现为价格歧视、价格欺骗及价格倾销。

1. 价格歧视

价格歧视是指企业在国外销售产品时，对不同的消费者团体制定不同的价格。辨认价格歧视是否违背道德的界限是十分重要的，例如，如果公司能证明其出口产品价格的基本成本、税收成本、出口费用是合理的，或者出售产品价格差异不是很大，并且未影响竞争格局，那么此时的差异价格是道德的行为。但当价格差异符合下列条件时，则涉及违背道德行为及产生非法问题：

（1）违背了其他国家的法律。

（2）市场不能细分。

（3）市场细分的成本超过从价格差异中获得的收入。

（4）消费者对差异价格深表不满。

总之，当价格歧视伤害消费者的利益或引起不公平竞争时，便出现了道德问题。

2. 价格欺骗

这是国际营销中价格不道德的另一种表现形式。当企业在国外销售产品时，会因运输成本、税收、关税及其他销售费用的增加而提高价格，但当产品价格的提高远超过费用的增幅时，便出现了道德问题。企业或以假充真、以次充好，或冒充名商标、名产品，或虚假降价等，这些行为往往都是价格欺骗行为。

3. 价格倾销

当企业在国外销售产品的价格低于国内价格时，便出现价格倾销。价格倾销不道德是由于它有失竞争的公平性，威胁其他公司及员工的利益。实行价格倾销的原因有多种：一是为了使公司迅速进入国际市场并提高市场占有率；二是当国内市场对于公司产品而言过于狭小，难以支撑公司有效的生产水平，而该产品技术在国内又遭淘汰时，便将产品转移到国外倾销。价格倾销易引发进口配额限制，从而伤害未实行价格倾销的企业。

第四节

国际营销中面临各国营销道德差异的挑战

一、企业面临的跨国营销道德问题

企业进入国际市场后在不熟悉的环境中进行营销活动，面临着因各国不同的文化引起的不同国家的营销道德问题及道德矛盾。国际营销者常常面临如下道德问题。

（1）向国外政府官员或者企业领导者支付小额现金，以便利跨国营销的运作。

（2）向国外政府官员及公司高层领导支付巨额现金，以促使他们直接或间接影响政府政策，从而有利于企业的跨国营销。

（3）向国外政府官员及企业雇员赠送礼品、纪念品，或免费邀请他们参加娱乐活动及进行昂贵的旅游活动，以利于企业在国外扩展市场。

（4）企业面对国际价格倾销、合法或非法定价及价格控制的问题。

（5）将国内禁止的技术和产品销往国外，而不顾东道国的利益。

（6）进行税收逃避（如某些跨国公司为了逃税，而实行公司内部母公司与子公司的资金转移）。

二、不同国家对营销道德态度的差异

不同国家对营销道德的重视程度各有不同，这是企业制定跨国营销策略时必须考虑的重要因素。发达国家较重视营销道德建设，不少大公司已建立起道德研究机构，制定了供广大职工遵循的道德标准。

1. 各国企业营销道德的侧重点各有差异

美国企业将道德作为公司的社会责任、经营行为、外部环境及公司责任来看待；德国及瑞士企业重视研究经济与社会关系的道德；法国企业将道德理解为责任义务；而拉丁美洲各国的企业则从消极方面来理解道德，将道德问题与腐败等而视之。

2. 各国企业营销道德标准的内容存在差异

虽然各国企业营销道德标准存在着较大差异，但其相似性也不容忽视，这些企业的营销道德规范大多涉及雇员行为、团体行为、环境、消费者、股东、供应商、合同者、政治利益者、革新与技术等方面。

三、针对各国营销道德的差异性制定营销策略

随着进入不同国家的市场，企业面临不同的营销道德。各国企业营销道德的差异源于各国文化的差异，而文化差异引起了价值观念的差异。

因此，企业在制定营销策略时，既应考虑本国价值观念及道德标准，又要考虑国外人们的价值观念及东道国的道德标准。在制定跨国营销策略时必须避免将本国道德观念及道德标准强加于东道国的做法；同时要注意跨国经营决策不能只以一种道德标准作为营销策略的依据，而要善于解决国际营销中的道德矛盾，有针对性地制定出不同的跨国营销策略。

四、各国营销道德与文化差异

企业文化是社会文化的有机组成部分，它的产生、发展、演变，都与社会文化及其他文化，诸如民族文化、地域文化、行业文化、社区文化等有着密切的联系。

东西方在企业文化建设上的共同点都是以人为本，以市场为导向，以承担社会责任为宗旨，具有很强的民族特征。但是，由于各自的历史发展与文化背景不同，在企业文化建设方面也有不同的特点。东方人善于按照"天人合一"的模式进行思维，几千年的文化传统使人们难以割断历史的脐带，总是把人与自然的关系统一起来考虑，不愿违背最基本的价值准则。

东西方企业文化的主要差异体现在以下三个方面。

1. 对待人与自然关系的态度不同

东方文化主张"天人合一"，强调人应顺应自然、少私寡欲，与自然和谐相处；而西方主张"天人二分"，认为精神世界和物质世界是彼此独立的。

2. 对待个人与团体关系的不同

东方文化是建立在以情感为纽带的"家本位"文化基础上的，提倡集体主义和团队协作，鼓励群体发展与团结进取，人与人之间以"仁""义""礼""智""信"为道德总则，以"情感""道义""责任""纪律"为社会约束，形成了道德、等级分明的工作关系，这种关系互补效应好，整合功能强，有利于企业综合功能的发挥；而西方崇尚"个人"，善于创新。

3. 经营思想与管理方式的不同

西方文化以理性思维为主，习惯于先行动后思索；而东方文化，则以情感管理为纽带，寄情于理，移情于法，考虑"后果"，注重效果，偏重人的作用与价值的实现。

五、企业在国际市场营销中道德问题的解决

1. 应将营销道德建设纳入企业文化建设中去

对于道德价值观的认识差异体现在企业文化中。美国企业的管理风格以结果为导向，强调绩效和效率，注重竞争和胜利。这意味着在道德层面，员工会将达成目标和取得良好业绩视为重要的道德行为。例如，在销售领域，销售人员更关注销售额的提升和业绩目标的达成。日本企业的管理风格以稳定和严谨为主，强调规划和执行，注重细节和品质，追求完美和卓越。在道德层面，这体现为员工对工作的高度敬业和对产品质量的严格要求。例如，在日本的汽车制造业中，员工会对每一个生产环节进行严格把控，确保产品质量达到最高标准。可见，对于道德的认知和行为受到所处社会文化的深刻影响，并深植于企业文化之中。

2. 理论界应构建国际性营销道德体系

对于什么行为是营销道德行为，什么行为是营销非道德行为，不同社会文化背景下的公司对此的认识差异很大。在政治领域，现已存在诸如《国际法》《世界人权宣言》等用以调整政治冲突的理论依据。同样，在经济领域，在国际市场营销方面，也应构建国际性营销道德体系。

国际性营销道德体系应贯穿企业营销活动的全过程，即从营销调研活动开始，到针对目标市场特点，制定产品、定价、分销、促销、公共关系、政治关系策略等。在这些营销活动中的道德性问题涉及不同的主体、不同的文化、不同的地域，在构建上显然存在很大难度。但国际性营销道德体系一旦构建成功，将会在很大程度上规范国际市场上的营销行为，极大地促进国际贸易的发展。

3. 国际经济组织应进行基于诚信的营销道德测评

可以设想，如果有一家国际性组织，诸如WTO或世界银行，每年度公布全球公司营销道德状况排名，这将会引发不次于《财富》500强的商业效应。就目前而言，展开基于诚信的营销道德测评在理论上已经可行，只是还没有完全进入实践层面。

如果在实践中展开了基于诚信的营销道德测评，会在两个方面产生积极影响。一是促使更多企业认同国际市场营销道德标准，将营销行为纳入国际市场营销道德规范中来，

这将书写国际市场营销发展新的一页。二是在开展国际市场营销活动、寻求合作伙伴时，企业会在信息搜集难度大、国外情况不了解的现状中，更有效地选择合作伙伴，降低国际市场营销的风险。

4. 提高消费者维权意识

在国际市场营销中，消费者维权的成本很高，而消费者维权的意识较为淡薄。由于文化的差异，亚洲消费者多奉行传统文化，讲究息事宁人，在商品价值不是很高的情况下，一般不愿向消费者协会投诉或对簿公堂，这在一定程度上助长了国际市场上的不道德行为；而欧美发达国家的消费者维权意识较强，消费者起的作用也较大。从总体上讲，消费者维权意识的增强，可以削弱跨国企业的不道德动机，在一定程度上促进国际市场营销道德建设。

5. 制定相关法律

虽然法律与道德不是一个范畴，但当经营者的道德意识不能提升到一定层次时，法律的作用就凸显出来了。目前，国际经营企业在境外经营主要受所在国法律的限制，而本国法律一般不予以关注。因此，基于国家形象和国家经济利益的长远考虑，世界各国应考虑制定相关法律，或在已有法律中体现对境外营销行为的约束。

本 章 小 结

国际营销道德及文化的评价理论有许多，主要有功利论、道义论和道德相对论：功利论最初形成于19世纪初的英国，代表人物是英国的杰里米·边沁和约翰·斯图尔特·穆勒。较典型的功利理论流派主要有利己功利主义和普遍功利主义。功利主义强调的是大多数人的最大幸福，带有公益论的性质。功利论在应用中的局限性有企业对行为的后果极难推测，决策的后果很难用数学算式来推算，也可能给一些人带来危害，一个决策产生的效用对不同的利益相关者是不同的，结果好，其行为不一定是道德的。

道义论强调行为动机的正确与否。凡行为本身是正确的，或行为依据的原则是正确的，不论结果如何，都是道德的。道义论可分为行为道义论和规则道义论。规则道义论分为一元规则道义论和多元规则道义论。道义论的缺陷主要表现在三个方面：强调个人权益、公正与道义，忽视组织的整体利益；在面对一些复杂的现实情况时，由于过度遵循传统的道义观念，企业可能无法灵活应对遇到的问题，从而错失更好的解决问题的机会；过多地考虑人类福祉，事实上很难做到，缺乏实用性。

道德相对论认为没有放之四海而皆准的准则或规范，即一项伦理准则或规范的适用范围是有限的，事物对与错及某行为恶与善的判断标准，因不同社会而有异，这是由不同国家的文化差异引起的。

国际营销与国内营销的最大区别就是，要与不同文化环境的人打交道。国际营销环境一般包括：政治环境、法律环境、经济环境、文化环境等。

政治环境主要应考虑政治体制、政治局势、重大政治事件、贸易政策、有关贸易的管制措施等因素。在管制措施中，如关税控制、进口控制、外汇管制、价格控制等较为常见。

在国际营销活动中，各国企业都十分重视对于目标国法律环境的研究，以利用法律的保护作用，避免因不懂法而造成的违法风险。

经济环境是各种直接或间接影响、制约国际营销的关键因素之一，是国际营销环境的重要组成部分，具有国际营销环境的各种特征。经济环境包括全球经济环境、本地经济环境、区域经济环境三个不同的层次。

国际营销的文化环境包括物质文化、语言、价值观念、宗教信仰、审美观和偏好、风俗习惯和禁忌等，只有深入了解这些社会文化因素，才能制定出适宜的营销策略。

国际营销中的道德与文化问题主要表现在以下几个方面：一是国际营销中的贿赂问题，形式有政府官员贿赂、商业贿赂、便利费、款待与礼品滥用、第三方中介贿赂等。二是国际营销中的歧视行为，包括价格歧视、产品歧视、服务歧视、营销投入歧视。三是国际市场营销胁迫，即用暴力或威胁的方式达到营销目的。四是国际营销中产品的道德问题，主要表现在企业将国内禁止销售的产品销售到国外；发达国家出口有害健康的产品到不发达国家；有些产品本身并无害处，但销售到文化程度低及卫生条件差的国家或地区而出现使用中的道德问题。五是国际营销价格中的道德问题，主要表现为价格歧视、价格欺骗及价格倾销。

国际营销者常常面临许多道德问题，但不同国家对营销道德的态度也不同，这是企业制定跨国营销策略必须考虑的重要因素。不同国家对营销道德态度的差异表现在营销道德的侧重点各有差异，营销道德标准的内容存在差异等。

针对企业在国际营销中面临的道德问题：一是应将营销道德建设纳入企业文化建设中去，二是理论界应构建国际性营销道德体系，三是国际经济组织应进行基于诚信的营销道德测评，四是提高消费者维权意识，五是制定相关法律。

思考与练习

一、填空题

1. 较典型的功利理论流派主要有两种：一种是＿＿＿＿＿＿＿＿＿＿＿＿＿＿＿＿＿＿，另一种是＿＿＿＿＿＿＿＿＿＿＿＿＿＿＿＿＿＿。

2. 道义论可分为＿＿＿＿＿＿＿＿＿＿＿＿＿＿＿＿＿和规则道义论。规则道义论分为一元规则道义论和＿＿＿＿＿＿＿＿＿＿＿＿＿＿＿＿。

3. 经济环境包括三个不同层次：全球经济环境、＿＿＿＿＿＿＿＿＿、区域经济环境。

4. 在国际营销中贿赂的主要形式有：政府官员贿赂、＿＿＿＿＿＿＿＿＿、便利费、款待与礼品滥用、第三方中介贿赂。

5.国际营销中违背道德的产品价格，主要表现为价格歧视、_____及_____。

二、选择题

1. 由于运输成本、税收、关税及其他销售费用的增加而提高价格，且产品价格的提高远超过费用的增幅，这是（　　）。

    A. 价格歧视　　　　　　　B. 价格欺骗

    C. 价格倾销　　　　　　　D. 上述三项都正确

2. 向国外政府官员或者企业领导者支付小额现金，以便利跨国营销的运作，这种做法（　　）。

    A. 存在道德问题　　　　　B. 正常营销

    C. 无所谓道德　　　　　　D. 上述三项都正确

3. 某公司向海外政府官员支付1000万美元以获取航空及军事硬件的订单，这种行为属于国际营销的贿赂中的（　　）。

    A. 商业贿赂　　　　　　　B. 第三方中介贿赂

    C. 政府官员贿赂　　　　　D. 上述三项都正确

4. 营销中，美国人崇尚"今天能做的事不要推到明天"，常常是一见面就谈，而且是今天来，明天走；然而，这在阿拉伯国家却可能视为傲慢无礼，喜欢慢慢来。这是（　　）的不同。

    A. 价值观念　　　　　　　B. 审美观和偏好

    C. 风俗习惯和禁忌　　　　D. 上述三项都正确

5. 某销售经理认为，如果不向当地政府官员行贿，公司将得不到一笔建筑合同；而如果不能赢得这笔合同，将不得不解雇100名工人。因此，向当地政府官员行贿属于（　　）。

    A. 是正当行为　　　　　　B. 带有功利性

    C. 应当受到道德的谴责　　D. 上述三项都正确

三、简答题

1. 功利论在应用中的局限性表现在哪些方面？
2. 目前对外贸易管制措施主要有哪些？
3. 简述宗教信仰对国际市场营销的影响。
4. 举例说明国际营销中的产品道德问题的主要表现。
5. 简述东西方企业文化的主要差异。

四、论述题

    论述营销活动中企业应如何平衡道德规范与商业利益的关系。

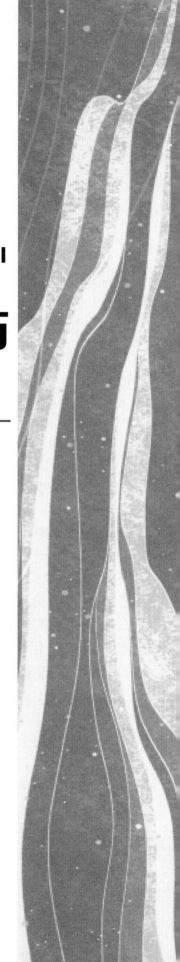

第九章 ▌

网络营销中的道德与文化问题

▌本章学习目标

◢ 了解网络营销及其道德问题。

◢ 理解新媒体营销及其特点。

◢ 掌握个人信息和商业信息的网络营销道德问题。

◢ 掌握虚假、不健康，甚至违法的商业信息的危害。

◢ 熟悉网上使用垃圾邮件的道德问题。

◢ 掌握辨别网络交易的欺诈行为的方法。

◢ 理解网络营销道德规范的重要性。

▌关键词汇

◢ 网络营销（Network Marketing）

◢ 新媒体营销（New Media Marketing）

◢ 虚假信息（False Information）

▌引子

◢ 互联网好比是一种"万能胶"，将企业、团体、组织及个人跨时空地联结在一起，使得他们之间信息的交换变得"唾手可得"。

第一节
网络营销与网络营销道德

互联网是虚拟的，它具有的广泛性、开放性、隐蔽性和无约束性等特点，使得人们的网上行为及道德性突破了传统道德的规范，诸如发生网络病毒、网络垃圾邮件、网络色情、网络欺诈、网络黑客等一些新的违背道德的行为，因此营销道德规范在网络新时代面临新的挑战。

一、网络营销

（一）网络营销的含义

网络营销是以互联网为媒介，以新的方式、方法和理念，通过一系列网络营销策划，制订营销计划，实施营销活动，更有效地促成个人和企业交易活动实现的新型营销模式。网络营销是企业整体营销战略的一个组成部分，是为实现企业总体或者部分经营目标所进行的，以互联网为基本手段来营造网上经营环境的各种活动。

"网络营销"在国外有许多翻译，如Cyber Marketing，Internet Marketing，Network Marketing，e-Marketing等。Cyber Marketing主要是指网络营销是在虚拟的计算机空间进行运作；Internet Marketing是指在Internet上开展的营销活动；Network Marketing是在网络上开展的营销活动，这里指的网络不仅仅是Internet，还可以是一些其他类型的网络，如增值网络VAN等。目前，比较习惯和采用的翻译方法是e-Marketing，e-表示是电子化、信息化、网络化含义，既简洁又直观明了，而且与电子商务（e-Business）、电子虚拟市场（e-Market）等进行对应。本书根据具体内容采用Network Marketing的叫法。

（二）网络营销与传统市场营销的不同点

1. 营销空间不同

传统市场营销产生于现实的市场，消费者在真实存在的市场上进行买卖交易。网络营销将市场营销活动从一个现实的空间转移到了一个虚拟的空间。

2. 产品概念不同

传统市场营销理论将产品定义为能够满足消费者需求的东西，认为完整的产品由核心产品、形式产品和附加产品组成。网络营销将产品的定义扩大为由核心产品、一般产品、期望产品、扩大产品和潜在产品五个部分组成。

3. 信息传播方式不同

传统市场营销活动中，信息传播的方式主要是通过报纸、杂志、广播、电视等传统媒体。网络营销中，互联网这一新的传播媒介从技术上实现了信息的双向沟通。

4. 个性化程度不同

传统市场营销是建立在"目标市场营销"和"市场定位"这些市场细分理论的基础上的，这种营销方式只针对某一细分区域消费者的需求。网络营销环境下，企业有机会更大程度地满足消费者对于产品的个性化需求，网络营销环境下的市场呈现出越分越细、越分越体现个性化的特点。

（三）网络营销的特点

网络营销除具有传统市场营销所要求的某些特性外，还呈现出许多鲜明的个性特点。

（1）跨时空。企业能有更多时间和更大空间进行营销，可随时随地地提供全球性营销服务。

（2）多媒体。网络可以传输多种媒体的信息，这使得为达成交易进行的信息交换可以以多种形式存在和交换，可以充分发挥营销人员的创造性和能动性。

（3）交互式。网络可以展示商品目录，链接资料库提供有关商品信息的查询，可以与消费者进行互动双向沟通，可以收集市场情报，可以进行产品测试与消费者满意度调查等，是产品设计、商品信息提供及服务的最佳工具。

（4）拟人化。网络上的促销是一对一的、理性的、消费者主导的、非强迫性的、循序渐进式的，而且是一种低成本与人性化的营销方式，能避免推销员强势推销的干扰，企业通过信息提供与消费者进行交互式交谈，与消费者能建立长期良好的关系。

（5）成长性。网络使用者数量快速增长并遍及全球，使用者多为年轻的、中产阶级、高教育水准的群体，由于这部分群体购买力强而且具有很强的市场影响力，因此网络营销是一项极具开发潜力的营销渠道。

（6）整合性。网络上的营销可从商品信息展示至收款、到售后服务一气呵成，因此是覆盖全程的营销渠道。同时，企业可以借助网络将不同的传播营销活动进行统一设计规划和协调实施，以统一的传播内容向消费者传达信息，避免不同传播中的不一致性而带来的消极影响。

（7）超前性。网络是一种功能强大的营销工具，它兼具渠道、促销、电子交易、消费者服务，以及市场信息分析与提供等多种功能。

（8）高效性。电脑可储存大量的信息供消费者查询，可传送的信息数量与精确度远超其他媒体，并能适应市场需求，以便及时更新产品或调整价格，因此企业能及时、有效地了解并满足消费者的需求。

（9）经济性。通过网络进行信息交换，代替以前的实物交换，一方面可以减少印刷与邮寄成本，可以无店面销售，免交租金，节约水电与人工成本；另一方面可以减少由于多次交换带来的损耗。

（10）技术性。网络营销是建立在以高新技术作为支撑的互联网基础上的，企业实施网络营销必须有一定的技术投入和技术支持。

（四）新媒体营销

随着技术的不断发展，特别是移动互联网技术和硬件持续迭代，新媒体营销涌入人们的视野，成为现代营销的重要组成部分。随着互联网和移动技术的发展，新媒体营销的影响力不断扩大，已经成为企业营销战略中不可或缺的一部分。

1. 新媒体及其类型

新媒体是指使用数字技术，通过互联网和移动设备等平台进行信息传播和交流的媒介形式。新媒体主要包括以下类型。

（1）社交网络平台，如微信、微博等，允许用户创建个人资料、分享内容、进行交流和互动。

（2）内容聚合平台，如今日头条、百度等，根据用户的兴趣和行为推荐相关文章和视频。

（3）视频分享平台，如优酷、爱奇艺、B站（哔哩哔哩）等，用户可以上传、分享和观看视频内容。

（4）直播平台，如斗鱼、虎牙、快手直播、抖音直播等，允许用户实时观看和与主播互动。

（5）博客和在线出版平台，如新浪博客、网易博客等，用户可以撰写和发布文章，分享观点和经验。

（6）论坛和社区，如百度贴吧等，用户可以在论坛中发帖讨论各种话题。

（7）即时通信工具，如微信、QQ等，提供一对一和群组的实时通信服务。

（8）在线音乐和音频平台，如网易云音乐、喜马拉雅等，提供音乐流媒体服务和播客内容。

（9）数字新闻网站和应用，如澎湃新闻、财新网等，提供在线新闻阅读和订阅服务。

（10）电子商务平台，如淘宝、京东、拼多多等，用户可以在这些平台上购买和销售商品。

（11）游戏平台，如腾讯游戏平台等，提供在线游戏下载和游戏购买服务。

（12）专业网络平台，如领英（LinkedIn）、知乎等，为专业人士提供职业发展和知识分享的平台。

（13）虚拟现实（VR）和增强现实（AR）平台，如Oculus Rift、HTC Vive等，提供沉浸式体验和交互。

（14）互动广告和营销平台，如腾讯广告平台、百度广告等，为企业提供在线广告投放和营销服务。

随着技术的发展，新媒体的种类和形式也在不断地演变，新的平台和应用不断涌现，为个人和企业提供了更多样化的信息传播和交流方式。

2. 新媒体营销及其特点

新媒体营销是指企业利用新媒体平台开展的营销活动，旨在通过这些平台与目标客户建立联系、提升品牌知名度、促进产品销售和服务。新媒体营销的主要特点如下。

（1）交互性强。企业可以通过新媒体平台与消费者进行直接互动，收集反馈，建立品牌社群。

（2）定位精准。企业利用大数据和算法，可以精准定位目标客户，提供个性化营销内容。

（3）内容多样。企业可以用文字、图片、音频、视频等多种形式进行营销。

（4）效果量化。相较于传统媒体，新媒体营销通常成本较低，且效果可量化。

（5）社交传播。用户可以通过社交网络分享内容，帮助企业扩大品牌影响力。

（6）即时反馈。企业可以即时获取用户反馈，快速调整营销策略。

新媒体营销是网络营销的重要组成部分，随着互联网和移动技术的发展，其影响力不断扩大，已经成为企业营销战略中不可或缺的一部分。

"酱香拿铁"爆火秘籍

2023年9月4日，瑞幸咖啡推出"美酒+咖啡，就爱这一杯"，年轻人以极低的价格，开心地终于喝上"年轻人的第一滴茅台"；中年人基于茅台的背书，出于好奇尝试了"中年人的第一杯瑞幸酱香拿铁"。微信朋友圈、微博、抖音等媒体，被贵州茅台联名瑞幸咖啡的"酱香拿铁"刷屏了，"酱香拿铁"上线首日销量超过542万杯，销售额突破1亿元人民币，实现了单品首日销量额破亿的佳绩；瑞幸咖啡的股价在产品上线后持续走高，市值超过90亿美元，茅台的股价也有所上涨，市值增加约200亿。

瑞幸咖啡与贵州茅台的联名营销活动是一次典型的新媒体营销案例。双方合作推出的这款名为"酱香拿铁"的新产品结合了茅台酒的独特酱香与瑞幸咖啡的经典拿铁，创造了一种新颖的饮品体验。这一联名产品不仅让产品本身实现了创新，而且在营销策略上也充分利用了新媒体平台的特性，实现了品牌间的跨界合作，取得了不俗业绩。

瑞幸咖啡与贵州茅台的合作在官宣前进行了短暂的预热，通过社交媒体和新闻渠道逐步释放合作信息，制造悬念，吸引公众关注。2023年9月4日，双方正式宣布联名产品上市，通过官方账号、社交媒体、新闻发布等多渠道同步推广，迅速引爆市场。

瑞幸咖啡针对消费者关心的问题，如"是否涉及酒驾""含茅量"等，及时回应，并通过娱乐性话题和玩梗，如微博话题"亲爱的雪""我已嫁入豪门"等，增加互动性和趣味性，进一步扩大传播效果。利用用户在社交网络上的自发分享，实现裂变式传播，扩大品牌影响力。

点评：

新媒体营销在"酱香拿铁"案例中，充分利用了自身特点，占领了抖音和微博热榜，在公众社媒和私域社媒持续发酵，消费者自发性地转发分享，引爆消费热情。具体来说：

第一，交互性强。案例中，瑞幸咖啡和贵州茅台通过社交媒体平台与消费者进行了高度互动。在官宣发售前后，双方利用微博、抖音等平台与用户进行互动，回应消费者的问题和疑虑，如"是否涉及酒驾"和"含茅量"等，这种即时的双向沟通增强了消费者的参与感和品牌忠诚度。

第二，定位精准。利用大数据分析，瑞幸咖啡和贵州茅台能够精准定位目标客户，尤其是年轻消费者群体。通过分析用户行为和偏好，双方推出了符合年轻人口味和消费习惯的"酱香拿铁"，并在营销活动中针对这一群体进行推广。

第三，内容多样。在营销活动中，瑞幸咖啡和贵州茅台创造了多种形式的内容，包括图文、视频、直播等，以吸引不同偏好的消费者。例如，通过发布联名产品的制作过程视频、代言人的推广视频等，增加了内容的吸引力和传播力。

第四，效果量化。案例中，瑞幸咖啡和贵州茅台通过实时监控销售数据、股价变化和社交媒体互动量等指标，对营销活动的效果进行了量化评估。这种量化方法帮助双方及时调整策略，确保营销活动的有效性和投资回报情况。

第五，社交传播。营销活动在社交媒体上引发了广泛的自发传播。消费者通过分享、评论和转发等参与到营销活动中，形成了裂变效应。特别是微博话题"亲爱的雪""我已嫁入豪门"等话题的火爆，展示了社交媒体传播的强大力量。

第六，即时反馈。瑞幸咖啡和贵州茅台在营销过程中能够即时获取消费者的反馈信息，如通过社交媒体监控工具跟踪用户讨论和反馈，及时调整营销策略。例如，针对消费者对"酱香拿铁"的疑问，瑞幸咖啡迅速作出回应，消除了消费者的疑虑，增强了产品的信任度。

总体来说，"酱香拿铁"的爆火，是瑞幸咖啡和贵州茅台充分利用了新媒体营销的多重特点，通过精准定位、多样化内容、社交传播和即时反馈等策略，成功吸引了目标客户，提升了品牌影响力，并实现了显著的销售成果。

3. 新媒体营销与网络营销的关系

新媒体营销是网络营销的一个分支，是专注于利用新媒体平台（如社交平台、内容平台、视频平台等）进行的营销活动。网络营销是一个更广泛的概念，包括了新媒体营销及其他网络营销形式。新媒体营销与其他网络营销的主要区别如下。

（1）范围和重点不同。网络营销涵盖了所有通过互联网渠道进行的营销活动，包括电子邮件营销、搜索引擎营销、搜索引擎优化、在线广告营销、内容营销等；而新媒体营销更专注于社交媒体、博客、视频分享、直播等新媒体平台的营销活动。

（2）平台和工具不同。网络营销使用各种在线工具和平台，如电子邮件系统、广告网络、内容管理系统、各种数据分析工具等；而新媒体营销主要使用社交媒体平台、博客平台、视频分享平台等，如微博、微信、抖音、快手、B站等。

（3）用户互动形式和频率不同。网络营销虽然也强调用户互动，但互动的形式和频率可能不如新媒体营销那么直接和频繁；新媒体营销强调实时互动和用户参与，如通过评论、点赞、分享、直播互动等方式与用户建立联系。

（4）内容形式不同。网络营销内容形式多样，包括文本、图片、视频、音频等；而新媒体营销则更侧重于图像、视频和互动内容，如短视频、直播、互动游戏等。

（5）传播方式不同。网络营销包括付费广告和自然搜索结果在内的多种传播方式；而新媒体营销更侧重于通过用户分享和互动来传播内容，实现病毒式营销。

（6）目标客户不同。网络营销目标客户可以是任何通过互联网接触信息的用户；而新媒体营销更侧重于活跃在特定新媒体平台上的特定人群。

（7）效果衡量不同。网络营销通过各种数据分析工具来衡量营销活动的效果，如点击率、转化率等；而新媒体营销除了传统的数据分析数据外，还侧重于衡量用户参与度、互动率、口碑传播等指标。

总之，新媒体营销是网络营销的一个特定领域，它专注于利用新媒体平台与用户进行互动和沟通。网络营销是一个更广泛的概念，它包括了新媒体营销及其他网络营销形式。两者在策略、方法和目标上都有共通之处，共同成为企业在数字环境下的营销策略的重要组成部分。

二、网络营销道德问题

（一）网络营销道德

网络营销道德是市场营销道德的一种，是用来判定网络营销活动正确与否的道德标准，即判断网络营销活动是否符合消费者及社会的利益。

（二）网络营销道德问题成因

企业的网络营销出现不道德现象的原因是多方面的，归结起来，主要有以下几点。

1. 网络经济自身特点的影响

（1）虚拟性易滋生欺诈。网络交易过程中，商品流、物流在时间和空间上彼此分离，提高了商品交换的虚拟性。这种分离为网络营销提供了欺诈消费者的空间，企业可能利用这种虚拟性进行虚假交易、骗取货款，以及产生以次充好、以假冒真等不道德行为，增加了消费者受损的概率。

（2）信息发布特性导致污染。网络营销中发布商业信息的渠道较多，且互联网具有发布信息者的隐蔽性及信息发布范围的广泛性等特点，这使得消费者对所获信息的真伪难以辨别，为网络营销者发布垃圾信息提供了机会。

2. 企业自身利益驱动

（1）短期利益诱惑。部分企业为了在短期内获得更多利益，会采取违反道德的营销手段，如在网络营销中，一些企业通过非法获取、公开或使用消费者的相关信息来进行精准营销，以提高销售额；还有一些企业在广告宣传中夸大产品功效、进行虚假宣传，虽然这些行为可能在短期内吸引消费者购买产品，带来一定的经济收益，但从长远来看，会损害企业的声誉和形象。

（2）竞争压力促使违规。在激烈的市场竞争中，部分企业为了排挤竞争对手，获得市场份额，会采取不正当的竞争手段，如在广告宣传中诋毁或贬低竞争对手，严重损害市场的竞争秩序，并破坏优良的市场环境。这种为了竞争而不择手段的行为，是企业网络营销道德问题产生的重要原因之一。

3. 消费者因素

（1）消费者易受误导。消费者可能因对高管或创始人个人的喜爱和信任，而高估产品的实际价值，忽视其潜在缺陷。部分消费者缺乏理性分析和辨别能力，容易被企业的营销手段所迷惑，这在一定程度上助长了企业采用不道德营销手段的风气。例如，一些自媒体营销人利用粉丝对自己的喜爱和支持，进行虚假广告营销，粉丝基于对他们的信任而购买产品，导致自身权益受到侵害。

（2）消费者传播虚假信息。当企业发布虚假信息时，消费者可能会很容易上当受骗，并把虚假信息快速地传播给其他消费者。由于互联网信息的扩散性，使得网络营销市场中出现大量虚假信息，这些虚假信息往往会掩盖甚至取代真实信息，进一步恶化网络营销的环境。

（三）企业网络营销道德问题的主要表现

在以互联网为基础的电子商务环境下，营销道德问题涉及的范围十分广泛，主要表现为以下几点。

1. 信息流上的道德问题

（1）信息不安全。在网络营销中，一些商家通过网络软件窃取并滥用消费者在购物网站上的个人注册信息，如职业、收入、消费偏好等，有的甚至靠出卖收集到的消费者信息来赚钱，侵犯了消费者的隐私权。

（2）信息不真实。在产品或服务的网络信息发布中，由于网络的虚拟性和隐蔽性，虚假广告、不健康甚至违法的商业信息通过广告、电子邮件等形式进行传播，使得消费者难以甄别或被恶意引导而受到侵扰，形成了营销道德问题。

（3）数字化产权。随着互联网的快速发展，数字化产权问题显现在企业网络营销活动中，数字签名、数据所有权、电子合同及信用记录等新兴道德问题浮出水面，这是企业在进行网络营销时所面临的挑战。

（4）信息竞争。企业为实现商业利益和提升知名度，有时会进行不正当的网络广告竞争，在网络平台设置诸多弹出式广告和浏览器插件，侵扰了消费者网上自由购物的权益，这种行为应受到道德谴责。

2. 商品流上的道德问题

在商品的所有权转移过程中，部分网上商家存在欺诈行为，提供的产品质量与宣传不符，以次充好，以假充真。消费者在网上看到的商品信息大多数是可以进行美化处理的文字介绍和简单的平面图形，与商品本身有很大差别。在网络交易中，特别是异地交易中，买卖双方都不能像传统交易中那样"一手交钱一手交货"，消费者即使被骗，也不好采取法律行动，这使得采用虚假交易来骗取货款的可能性增加。

3.物流上的道德问题

在商家通过自配或第三方物流配送订购的商品到达消费者手中后，在"三包"期间内发生产品质量问题时，消费者的售后服务往往难以得到有效保障。

第二节
关于个人信息的网络营销道德问题

一、个人信息及隐私权

1.个人信息

个人信息包括消费者的姓名、性别、职业、学历、联系方式、婚姻状况、收入或财产状况、指纹、血型、病史等与消费者个人及其家庭密切相关的信息。

例如，消费者在买车、买房、买保险，办理各种会员卡、优惠卡、银行卡，或者去医院看病，或参加各种展会领取入场券时，或办理参展卡、申请邮箱、注册进入聊天室、进入游戏厅时，往往会填写真实详尽的个人信息。

从是否是私人秘密信息和是否对大众公开等层面看，个人信息分为四种情况：一是对大众公开的非私人秘密信息；二是不对大众公开的非私人秘密信息；三是对大众公开的私人秘密信息；四是不对大众公开的私人秘密信息。在网络中，消费者的很多信息都是不对大众公开的私人秘密信息，特别是人们在网上购物过程中，购物者提供给购物网站的注册信息，对购物者个人来说是不对大众公开的私人秘密信息。

2.隐私权

通俗地理解，隐私权就是指公民就自己个人私事、个人信息等个人生活领域内的事情不为人知悉，禁止他人干涉的权利。凡是有关个人的，不愿被公开的私人信息就是隐私。

二、非法收集网络消费者的信息

在利益驱使下，有些商家在网络消费者不知情或不情愿的情况下，采取各种技术手段取得和利用其相关信息，侵犯消费者个人信息的隐私权。例如，未经本人授权，便在网络上宣扬、公开、传播或转让他人、自己和他人之间的隐私；个人未经授权就进入他人计算机系统收集、获取信息或骚扰他人；未经授权打开他人的电子邮箱或进入私人网上信息领域收集、窃取他人信息资料，甚至有专门从事网上调查业务的商业组织进行窥探业务，非法获取他人信息，利用他人隐私。

网络营销中，企业在网上收集和使用消费者个人信息问题上，违反道德的行为主要包括两个方面。

1. 在收集信息的过程中侵犯消费者的知情权

传统市场营销中，消费者个人信息主要是通过市场调研来获得的，这些信息的获得是经过消费者许可的，没有消费者的许可是很难获得这些信息的。随着网络技术和网络软件的发展，企业在网上收集消费者个人信息变得越来越容易、越来越隐蔽。很多情况下，消费者的个人信息在不知不觉中就已经被收集。例如，很多网站用软件cookie来收集上网消费者的个人信息，这种cookie小文件存在于上网消费者自己的硬盘上，记录着该上网消费者的一些个人信息，如上网的时间、偏好等，而目前在多大程度上可以使用cookie，并没有法律限制。

2. 在使用信息的过程中违背收集信息的初衷

企业网站以注册名义利用网络消费者登记来收集信息是一种常见的手段。在注册的过程中，企业通常会提出使用和保密方面的协议，可是在实际使用过程中，企业可能违背收集信息的初衷，除了自己使用这些信息外，还会出卖它来赚钱。

中国工业和信息化部在2011年1月14日公布的《互联网信息服务市场秩序监督管理暂行办法》明确规定："未经法律法规的明确授权或用户的明示同意，互联网信息服务提供者不得擅自收集和处理用户的个人信息。""除法律另有规定外，任何组织或个人不得以任何理由向第三方提供用户个人信息。"保护用户个人信息等重要观点，直击某些商业公司的要害，具有非常强的针对性。

典型案例

谢某、李某甲等人侵犯公民个人信息案

2020年，某公司针对新型农村社会养老保险（简称"新农保"）研发了一款具备快速注册和人脸识别功能的App。谢某获悉后，联系该公司表示可免费承接认证操作业务。2021年4月至7月，谢某先后组织杨某等10人前往吉林、辽宁多地农村，使用该App对参保村民进行认证。

其间，天津市宁河区的李某甲、李某乙等人与谢某联系，向谢某提供事先已经批量注册的百家号"白号"（未实名认证），由谢某等人借"新农保"认证之机采集村民姓名、身份证号码和人脸信息，将上述"白号"激活为具备发布功能和商业营销价值的实名认证账号，再向李某甲、李某乙等人出售。

通过此种方式，李某甲、李某乙从谢某处购得账号1.9万余个，连同从张某、刘某甲等人处非法获取的其他账号，在宁河区又向高某、刘某乙等20余人出售。高某、刘某乙等人将所得账号再出售或者批量运营，致使包含公民个人信息的实名账号被多次转卖，被用于运营获取收益等。

2021年7月至11月，上述人员被陆续抓获。经查，李某甲违法所得70余万元，谢某等11人违法所得共计31余万元，李某乙、刘某甲等26人违法所得数千

元至10余万元不等。

2021年10月29日、12月10日，公安机关陆续将谢某、李某甲等38人移送审查起诉。天津市宁河区人民检察院全面审查案件事实、证据，开展认罪认罚和追赃工作。审查后，检察机关对窃取信息源头的主犯、与谢某直接联络的始端购买者李某甲、李某乙等9人依法起诉并建议判处实刑；对因伙从犯、销售环节赚取差价及仅有购买行为的27名中末端人员，结合情节、获利、退赃情况依法起诉并建议判处缓刑；对犯罪情节轻微，依法不需要判处刑罚的1名未成年犯罪嫌疑人，1名在校就读的大学生犯罪嫌疑人作出相对不起诉处理。上述38名犯罪嫌疑人均认罪认罚，退赃共计100余万元。

2022年6月8日、21日，天津市宁河区人民法院采纳检察机关全部指控事实和量刑建议，认定谢某、李某甲等36人构成侵犯公民个人信息罪，对谢某、李某甲等9人分别判处有期徒刑四年至二年不等，并处罚金，对李某乙等27人分别判处有期徒刑三年至六个月不等，适用缓刑，并处罚金。

点评：

在谢某、李某甲等人侵犯公民个人信息案中，涉案人员在执行新农保认证操作的过程中，违背了收集信息的初衷，进行了非法的信息收集和使用。

第一，初衷违背。该App的开发初衷是为了便利农村社会养老保险的认证流程，提高认证效率，其收集的个人信息应当严格用于认证目的。而谢某等人利用该App在进行新农保认证的同时，未经参保村民同意，擅自采集了他们的姓名、身份证号码和人脸信息，这些信息的收集超出了App的原始目的和授权范围。

第二，信息泄露与非法使用。谢某等人将采集到的个人信息用于激活"白号"，并将其转变为具有商业价值的实名认证账号，这一行为违反了个人信息保护的法律规定，侵犯了公民的隐私权。李某甲、李某乙等人购买这些实名认证账号，并将其再次出售或用于商业运营，导致个人信息被多次转卖，增加了信息泄露的风险，严重侵害了公民个人信息安全。

第三，法律责任。涉案人员的行为构成了侵犯公民个人信息罪，根据《中华人民共和国刑法》的相关规定，他们应当承担相应的刑事责任。检察机关在审查起诉过程中，根据犯罪情节的轻重、违法所得的多少及是否主动退赃等因素，对不同犯罪嫌疑人提出了不同的量刑建议，体现了罪刑相适应的原则。

第四，社会影响。此案例暴露了在个人信息保护方面存在的漏洞，尤其是在新技术应用过程中，如何确保个人信息不被滥用是一个亟待解决的问题。案例的处理结果对公众起到了警示作用，强调了个人信息保护的重要性，同时也提醒了相关企业和个人在处理个人信息时必须遵守法律法规，防止信息泄露。

总之，谢某、李某甲等人的案例是一个典型的在信息收集过程中违背初衷、非法使用个人信息的案例。它不仅违反了个人信息保护的法律规定，也对社会公众的个人信息安全构成了严重威胁。此案例的处理结果体现了法律对此类犯罪行为的严厉打击态度，同时也为其他企业和个人进行了重要的法律风险警示。

第三节
关于商业信息的网络营销道德问题

一、虚假、不健康的信息

互联网的使用形式多种多样，因此网络营销中商业信息的发布形式也是多种多样的，如广告、邮件、新闻、BBS等都可以作为信息发布和传播的形式。同时，由于互联网的广泛性和信息发布者的隐蔽性，是谁在什么地方发布的商业信息，对网络消费者来说是很难判别的，这就为不道德的营销者发布违反道德的商业信息提供了机会。

1. 虚假信息

信息发布者利用网上交易双方不见面、购买者见不到商品的交易特点，所销售的商品同网上广告宣传的商品相差甚远，有的商品甚至是伪劣品。在企业营销行为层面上，有些企业在网站上宣传的商品与消费者实际购买的商品大相径庭，原本价高质优或物美价廉的商品，到了消费者手中就变成了假冒伪劣产品；甚至有些企业干脆采用虚假交易来直接骗取消费者的钱财，这些坑害、欺骗消费者的行为已经远远超出了道德的界限。

近年来，国内消费者对于网上发布虚假广告的投诉量急剧增加，网上虚假广告已成为各级工商行政管理部门和消费者协会受理投诉的新热点。据2021年北京市消费者协会和河北省消费者权益保护委员会联合发布的《直播带货消费体验调查》显示，部分主播或直播间工作人员通过虚假夸大宣传产品功效，以及使用极限用词等方式诱导消费者下单购买，涉嫌侵犯消费者的知情权和选择权。例如，淘宝某直播间主播在介绍一款白玉荔枝风味饮料时，宣称"吃一天就有效果""可以帮助你来排油，管理大肚腩，又可以去除湿气"；拼多多某直播间主播宣传一款乐高萃健增高贴，"两个疗程长5—15厘米，最低保底长5厘米，没有长到5厘米全额退款""8岁到48岁都管用"；在抖音某直播间，主播宣称一款胶原蛋白壳寡糖饮品可以"达到抗衰老作用"。

2. 在繁杂的网络信息中充斥着大量的虚假内容

一些企业通过虚构爆炸性新闻来提高自己网站的点击率，以扩大自己的知名度，谋求经济效益，而对这些信息可能造成的后果则置之不理。

随着新媒体营销的崛起，在直播带货等活动中，先后出现了虚构评价、"刷单炒信"等虚假内容。国家市场监督管理总局先后公布了一批涉及网络虚假宣传不正当竞争的典型案例，主要有三种不同类型的刷单方式：一是利用"网红效应"虚构评价等方式"刷单炒信"；二是通过雇用专业团队、"刷手"利用专业技术软件等手段帮助"刷单炒信"；三是组织员工、亲友等熟人"刷单炒信"。

典型案例

某品牌管理有限公司"刷单炒信"

2024年底，某品牌管理有限公司根据11家大众点评平台入驻商家打造所谓"网红店"的需求，招募大量大众点评平台"大V"到店付费用餐。"大V"在用餐后，编造好评"作业"发布并予以高分点评。该品牌管理有限公司对"大V"的"作业"进行审核后，将餐费予以返还。该品牌管理有限公司通过此类方式在大众点评平台内提高了相关商家的星级并大量增加优质评价，通过内容和流量双重造假，帮助商家欺骗和误导消费者。

当事人的行为违反了《中华人民共和国反不正当竞争法》第八条第二款的规定，依据第二十条第一款对当事人责令停止违法行为，处罚金20万元。

点评：

"刷单炒信"行为是一种典型的不正当竞争手段。这种行为在短期内可能会为相关商家带来虚假的高评价和知名度，从而吸引更多的消费者，但却对长远发展不利。"刷单炒信"行为存在以下几个问题：第一，诚信缺失。营销的本质是建立品牌与消费者之间的信任关系。通过虚假手段制造好评，损害了品牌的诚信度，一旦被消费者发现，将对品牌造成长期的负面影响。第二，误导消费者。消费者在做出购买决策时，往往会参考其他消费者的评价。虚假的好评误导了消费者的判断，可能导致消费者做出不符合实际需求的购买决策，从而损害消费者利益。第三，破坏市场秩序。这种行为破坏了市场的公平竞争环境，对于那些诚实守信、提供优质服务的商家是不公平的。长期来看，可能导致市场整体评价体系的失效，影响消费者对整个行业的信任。第四，法律风险。如案例所述，该公司的行为违反了《中华人民共和国反不正当竞争法》，最终被处以罚款。这不仅给公司带来了经济损失，还可能带来更严重的法律后果，如业务受限、市场禁入等。第五，短期效应。虽然短期内可能提升产品的销量和知名度，但这种基于虚假信息的增长是不可持续的。一旦真相被揭露，品牌声誉将受到严重损害，消费者信任丧失，可能导致业务的快速下滑。

总之，虽然"刷单炒信"可能在短期内带来一定的营销效果，但从长远来看，这种做法对品牌、消费者和整个市场都是有害的。正确的营销策略应当基于真实的产品和服务质量，通过合法和道德的手段建立品牌信誉，赢得消费者的信任和忠诚。

3. 不健康的信息

在互联网上，信息发布者的身份是隐蔽的、位置是不固定的，同时由于互联网本身的技术特性，要对网络信息像"雷达"一样进行跟踪，进行全程、透彻的监控，目前还缺乏必要的技术手段和措施。因此，一些企业会发布一些不健康的信息。我国《网络直播营销管理办法（试行）》第十八条明确规定：直播间运营者、直播营销人员从事网络直播营销活动，应当遵守法律法规和国家有关规定，遵循社会公序良俗，不得骚扰、诋毁、谩骂及恐吓他人。

二、虚假广告

网络广告在传播速度、方便受众、交互性等方面具有巨大的优势的同时，也存在很多阻碍市场健康发展的问题。

1. 网站发布虚假广告，欺骗消费者

互联网上许多广告主利用虚假的事实发布广告，以骗取消费者对其产品或服务的信任，从而成为购买其商品或服务的潜在客户。

2. 不健康广告

有些特殊商品广告发布前未经有关部门审查，内容不健康，存在着严重的问题。经常上网的人会发现，在网上想逃避广告的"骚扰"几乎是不可能的。这些"网络牛皮癣"中散布的许多是不健康、低俗的内容，甚至有的就是计算机病毒。

3. 违法广告信息

由于信息发布者的身份是隐蔽的，位置是不固定的，客观上使得网络广告信息的发布基本处于无序状态，一些企业的信息发布者正是利用了互联网的虚拟环境，发布违反国家法律规定的广告。

4. 强迫性广告

目前很多网站，都会弹现很多广告，有的是整版广告，有的是广告在眼前晃来晃去，这些强迫性广告占用了消费者很多时间。

三、信息诈骗

1. 短信诈骗

短信诈骗是指不法企业或个人利用网络软件进行群发短信进行诈骗，如将"请把钱直接存到某银行账号"等短信内容大量发出。

梅某遇到短信诈骗

2023年10月3日，梅某收到一条可以办理贷款的短信，由于梅某正好资金紧张，于是点击了短信中的网址，下载名为"还呗"的软件。梅某在该软件上注册登录并完善个人信息后，客服又推荐其下载"酷聊"的软件。这个软件上的业务员小陈让梅某把姓名、电话、银行卡发给他，随后对方告诉梅某账户被冻结，需要转钱到指定银行账户才能解冻。梅某害怕征信出现问题，于是按照对方指示操作，向对方指定银行账户转账25000元，转账后对方还让其继续转账75000元，梅某才意识到被骗，遂报警，损失25000元。

点评：

梅某的案例是一个典型的短信诈骗案例，涉及非法获取个人信息和诱导受害者转账。此类诈骗行为违反了相关法律法规，犯罪嫌疑人可能会因诈骗罪被追究刑事责任。同时，这也提醒公众在收到此类短信时要保持警惕，不要轻易点击不明链接或提供个人信息，以免遭受经济损失。防范建议：一是不点击未知的短信链接，不下载不明来源的软件。二是对于任何要求转账或提供敏感个人信息的请求，都要保持警惕。三是遇到可疑情况，及时向警方或相关部门报告。四是使用正规渠道办理金融业务，如有疑问，直接联系官方客服或前往银行柜台咨询。

2. 提供博彩资讯诈骗

这类诈骗中，不法企业或个人首先会在互联网注册一个网络域名及网站服务空间，然后将其制作成类似于各类彩票网站的样式，一般将网站命名为××彩票预测中心、××彩票网等，以能够预测彩票结果、知情彩票内幕等虚假宣传为诱饵，诱使网民加入网站成为会员，以缴纳会员费、资料费、保证金、捐助费、红包费等各种名义，要求网民汇款到其指定的账户实施诈骗。

3. 账户诈骗

这类诈骗中，不法企业或个人在互联网散布可快速致富、技术资料转让等虚假信息，并以提前支付定金、转让费、公证费等名义，要求网民汇款；或是利用虚假网页做广告，发布虚假商品信息，诱使网民汇款到其指定账户实施诈骗。有的企业在一些聊天或游戏、购物网站上向网民发送"中奖"信息或卖火爆商品的信息，或是通过电话、邮件发布中奖信息，让网民交税金、手续费、保证金或押金、货款、风险抵押金等到指定的账户上，往往有些网民因贪小便宜或好奇而上当受骗。此类案件中犯罪嫌疑人全程采取异地联系、银行汇款、异地取款的方式，从不与网民线下会面。

第四节

网上使用垃圾邮件的道德问题

一、垃圾邮件

1.垃圾邮件的含义

垃圾邮件在英文中一般称为Spam，它是互联网带给人类最具争议性的副产品之一，它的泛滥已经使整个网络不堪重负。垃圾邮件多指未经请求而发送的电子邮件，大多数为商业广告或非法的电子邮件。

《中国互联网协会反垃圾邮件规范》中是这样定义垃圾邮件的，"本规范所称垃圾邮件，包括下述属性的电子邮件：（一）收件人事先没有提出要求或者同意接收的广告、电子刊物、各种形式的宣传品等宣传性的电子邮件；（二）收件人无法拒收的电子邮件；（三）隐藏发件人身份、地址、标题等信息的电子邮件；（四）含有虚假的信息源、发件人、路由等信息的电子邮件。"

2.垃圾邮件的形成过程

要形成垃圾邮件，主要经过以下过程。

（1）寻找客户需求。由于垃圾邮件的营销费用成本相对较低，大量企业可以通过低成本的发送电子邮件方式快速推广产品，因此市场需求旺盛。

（2）获取大量的邮件地址。获取邮件地址的方式很多，最简单的就是向所谓的"用户关系数据库提供商"去买，他们表面上是为企业级用户提供客户资源，实际上往往是提供大量的邮件地址。还有更廉价的方式——免费收集。目前在网络上，有很多小软件可以收集邮件地址，通过一定的方法，软件在一定时间内会自动侦测并记录下成千上万个有效的邮箱地址。

（3）发送垃圾邮件。把垃圾邮件分别发往收集到的邮箱，同时要对付反垃圾邮件系统，发送垃圾邮件重点是要保证邮件的到达率，很多邮件服务提供商都会为自己的用户提供垃圾邮件屏蔽功能。

二、垃圾邮件的危害

垃圾邮件危害极大，主要表现在以下几个方面。

（1）垃圾邮件会影响系统，占用网络带宽，造成邮件服务器拥堵，进而降低整个网络的运行效率。

（2）侵犯收件人的隐私权，侵占收件人邮箱空间，耗费收件人的时间、精力和金钱。有的垃圾邮件还盗用他人的电子邮箱地址作为发信地址，严重损害了他人的信誉。

（3）严重影响互联网服务提供商的服务形象。在国际上，频繁转发垃圾邮件的主机会被上级国际互联网服务提供商列入国际垃圾邮件数据库，从而导致该主机不能访问国外许多网络，且收到垃圾邮件的用户会因为互联网服务提供商没有建立完善的垃圾邮件过滤机制，而转向其他互联网服务提供商。

（4）妖言惑众、骗人钱财、传播色情等内容的垃圾邮件，已经对现实社会造成了危害。

典型案例

垃圾邮件的泛滥

2024年第一季度"电子邮件威胁趋势报告"中显示美国是全球垃圾邮件的最大来源，其次是英国、爱尔兰；不过美国也是最容易遭受垃圾邮件攻击的三个国家之一，其次是英国和加拿大。

点评：

垃圾邮件的泛滥占用了企业和个人本就不大的邮箱空间，使得真正有用的电子邮件要么因为邮箱已满而进不来，要么淹没在一大堆垃圾邮件中。处理这些垃圾邮件会浪费用户不少宝贵的时间，使他们空耗时间、精力和钱财。更重要的是，垃圾邮件往往会散布一些不确切的、夸大其词的信息，甚至是诈骗消息，它们对现实社会的危害随着网络的日益普及显现出来。垃圾邮件已成为网络社会的一大公害。

第五节
网络交易的欺诈行为

由于网络交易中的商品流和物流在时间和空间上是分离的，消费者取得商品所有权与取得实际商品在时间上是不一致的，实际商品的取得需要物流来最后完成。同时，网上购物与传统购物方式的最大不同是交易双方不见面，交易的虚拟性强。消费者看不到商家，亦摸不到商品，只能通过网上的宣传来了解商品信息，这种时间和空间上的分离给一些不道德的营销者提供了欺诈的空间，使消费者权益较线下交易受损的可能性增大。

网络欺诈已成为网络营销中的一项重要的道德问题。

一、虚假交易，骗取货款

在网络交易中，买卖双方都不能像传统交易中那样"一手交钱一手交货"，消费者即使被骗，也不方便采取法律手段维权，这使得卖方采用虚假交易来骗取货款的可能性增加。

（一）常见的网络交易欺诈行为

1. 低价诱惑

网络交易骗子的商品售价，往往比市场价格低一半还多，并以"海关罚没、走私、朋友赠送"等为理由骗取买家的信任。为逃避网络的监控，买家拍下物品后，卖家以"批发价"等更低价格为诱饵，希望线下直接交易；或卖家要求先付10%左右的"定金或是保证金"，然后发货，之后又会以种种看似合理的理由，诱使买家追加定金，如增加航空运费、加急费等。

2. 奖品丰富

有些不法网站利用巨额奖金或奖品诱惑消费者浏览网页，并购买商品。还有的利用赠品或者积分换取奖品来吸引消费者，攒积分的方式有注册网站、浏览网站、发展其他买家等几种，无论何种方式，奖品都是需要花钱购买的。

3. 虚假宣传

有些网站提供的产品说明有夸大其词甚至是虚假宣传的嫌疑，买家购买到的实物与网上看到的图片不一致。更有甚者，一些网上商店卖家把钱骗到手后就关闭网上商店，然后再开一个新的网上商店，故伎重演。

4. 格式化合同、买货容易退货难

一些网站的购买合同采取格式化条款，对出售的商品不承担"三包"责任，没有退货、换货说明等。消费者购买的产品出现质量问题时，无法得到相应的质保。

网络游戏虚假交易诈骗

2022年8月，有一名游戏玩家联系曹某称想买他的游戏账号，随后曹某就和对方沟通并商定以2800元的价格将游戏账号卖给对方。接着对方让曹某在百度App上搜索"弓孟号"交易平台，曹某进入交易平台后，对方让其将游戏账号挂在上面进行出售，并称自己会通过该交易平台购买曹某的游戏账号。几分钟后，对方称已经把钱打给平台了，让曹某去提现。于是曹某进入交易平台进行提现，不一会交易平台客服就联系曹某，称其填写的资料错误，导致游戏账号被冻结，需要曹某充值2801元才能解封，曹某随即向对方转账2801元。又过了几分钟，曹某发现还是不能提现，客服称其之所以不能提现是因为充值没有带零头，在对方的指引下曹某继续转账28005.1元后，客服仍表示还是不能提现，需要继续转账10000.1元。完成转账后对方仍以不能提现为由让曹某继续转账，

曹某发觉自己被骗并报警，累计被骗6.44万元。

一分钱订单设下的陷阱

张先生在网上买书时，卖家要求他进入一个"新世纪购物网站"，下载一个一分钱的订单。张先生按照订单的要求，把银行卡号和密码都输进去了，但过了很长一段时间，还是没接到书，然后到银行查账，发现卡上的一万多块钱都没了。

点评：

网上购物应保持警惕，不要贪便宜，更不要轻易泄露银行账户和密码。不要用其他不知名网站或者陌生网站提供的银行链接来登录银行账户进行操作。不法分子设计的诈骗网站网址与正规网站网址极其相似，往往只有一个字母的差异，不仔细辨别很难发现。当用户登录虚假网站进行资金操作时，其财务信息就会泄露。

（二）避免网络交易被骗的基本常识

1. 看清卖家信誉

以淘宝网为例，要尽可能地选择信誉比较好的卖家，这里要强调的是不要一味地只关注卖家拥有几颗星钻、几个皇冠，还应该重点关注评价的质量，看看这个卖家有无中评、差评情况，这种情况是什么原因造成的，这些信息在店铺评价中可以一一查到。在弄清楚卖家信用评价之后，也要大概浏览一下其他买家对该店铺评价的具体内容，如卖家的人品、售后服务质量等。

卖家的信用评价体系是评判一个卖家信誉好坏的基础，也是购买商品前所必须研究的。淘宝网的信用评价由好评、中评、差评三部分组成。大家可以采取"四步法"来研究卖家的信用评价。

第一步：看第一个评价。卖家得到的第一个评价，是指他作为卖家，从买家那儿得到的第一个评价。从买家所给的第一个评价中，可以看出这个卖家是什么时候开始在淘宝网卖东西的。一个开店时间较长的资深卖家无疑是要加分的。

第二步：看评价分数。评价分数的多少，基本可以反映卖家交易的频率，一个信用评价分值高的卖家也是要加分的。但是一定要注意，如果你只看到卖家的评价分数，那你就离"上当"就不远了。在淘宝网的信用评价体系中，好评是可以用不正当的手段获得的，如通过不正当的方式来"刷信誉"，以此提高卖家的信用评价分数。

第三步：看好评率。信用评价分数有可能有水分，而好评率则可以较准确地反映卖家的信誉情况。一般来说，在淘宝网当好评数超过100时，仍然能保持99％的好评率，是比较难得的。

第四步：看中评和差评。卖家可能利用各种不正当的方式做假好评，但是做假差评的可能性却低得多。研究一个卖家的信誉怎样，还要看中评和差评的多少；同时，仔细研究中评和差评的内容，从中评、差评及卖家对此的解释中，能够看出卖家的商品质量和服务质量。

2. 看清商品的价格

若发现购物网站的商品价格与市场售价差距过于悬殊或者不合理时，要小心求证，切勿贸然购买，坚持"一分钱一分货"的原则不动摇，该商品在参加网上特价活动（如"618"活动等）的情况除外，如果只有个别卖家的价格出奇的低就要特别小心了。买家应在了解清楚电子商店退货与换货原则及所支付费用总额等问题后，再决定是否购买。

3. 坚持自己的购买原则

买家购买产品前，不要被铺天盖地的广告所迷惑，不要轻信卖家对产品近乎完美的描述。在进行交易时，应妥善保存交易相关记录，必要时截图保存证据。

4. 利用电子签名确保交易

确认电子交易服务提供商的认证情况，即营业执照、经营许可证和组织机构代码证等内容，以此识别电子交易服务提供商是否合法。电子签名并非书面签名的数字图像化，它其实是一种电子代码。利用它，收件人便能在网上轻松验证发件人的身份和签名，电子签名相当于网上通行的"身份证"。

收款不发货

　　刘先生在某网站浏览到一部某品牌手机只要780元，该手机市场售价在2000元左右。刘先生在网站上获得了卖家的QQ号，便与对方取得了联系。刘先生想了解一下该网站商品"低价的内幕"，卖家告诉他，因为产品为"海关没收的走私产品"，所以价格比"水货"（走私货）还低。这个解释让他放松了警惕，因为刘先生要购买两部，最后以750元一部的价格成交。对方要求刘先生先将部分货款汇到账上，他们会在两天内通过快递发货，待收到货以后再付余款。刘先生在汇出了一半货款750元后，很快就接到了卖家的电话，说款已收到，他们将尽快将手机寄出。但是刘先生在等待多日后也不见手机送货上门，就打电话过去询问，此时卖家的电话号码已变为空号，同时QQ也不再上线。

点评：

　　上述案例中，骗子主要采用的手段就是虚标价格和介绍产品为海关罚没品，通过这些手段让买家放下戒备。因此，研究一个卖家的信用是非常重要的，同时还要了解清楚产品是否是正品，确认其经营网站的合法性，归结起来就是"看清"和"坚持"两个方面。

二、让利诱惑，以假充真

消费者在网上看到的商品信息大多是文字介绍和简单的平面图形，文字和图形都可以进行美化处理，与实实在在的商品本身是有差别的，这给以次充好、以假充真的诈骗者制造了机会。

（一）让利诱惑的骗人方式

一些骗子利用各种手段（如以更低价格、直接线下交易、预交订金）让买家提前付款，一旦收到货款就立刻销声匿迹。特别是现在很火爆的低价团购活动，都是以低价为诱饵，吸引消费者购买，然后在售后服务和产品配件上玩花样。

1.线下交易法

为逃避网站的监控，在买家拍下物品后，卖家以更低的价格为诱饵，让买家进行线下直接交易，买家在更低价格的诱惑下一般都会接受。

2.拒绝安全支付法

以种种理由拒绝使用网站提供的第三方安全支付工具，如谎称"账户最近出现故障，不能用安全支付收款"或"不使用支付宝，可以再给你算便宜一些"等。

3.收取订金骗钱法

卖家要求先付一定数额的订金或保证金，然后才发货，接着就会以种种看似合理的理由，诱使买家追加订金。

典型案例

只卖3500元的"15000元电脑"

胡小姐在某网站看到"一批全新的××笔记本电脑低价处理，原价15000元只卖3500元，有发票和全国联保的保修卡"的广告。在跟对方联系后，对方声称此产品是特价，数量有限，购买的人很多，并且透露该货是走私过来的，质量绝对可靠，因为急着转手，所以才卖得这么便宜，并给了胡小姐一个银行账号，要求先交1000元订金。由于胡小姐急于得到这款笔记本电脑，就给对方指定的账号汇了款，后来胡小姐催促对方发货，但是对方一推再推，直至最后失去联系方式，这时胡小姐才发现自己已经上当受骗。

点评：

天上不会掉馅饼。胡小姐上当受骗的原因很明显，轻信便宜价格，直接汇款至对方银行账号。事实上，真正的产品再怎么降价也不会"亏本"甩卖，真正的商家会使用正规的第三方交易平台和支付方式，如淘宝网上的支付宝等。让利诱惑往往成为买家上当受骗的重要因素。

恭喜中奖

网上一直流传着"恭喜你！即将获得腾讯公司的6位QQ靓号"这样的宣传语，点击打开后进入的却是一个赞助商页面，按照提示点击任何一个QQ号码，都接着进入了一个不知名的小网站。

点评：

这些假冒网站之所以能冒充正规电子商务网站，是因其利用一些"竞价排名"代理商对发布人身份审核不严的漏洞，通过一些搜索引擎的"竞价排名"业务花钱把自己排在了搜索引擎的显著位置，坐等用户上钩。通过大家的误点击操作实施诈骗。

（二）以假充真的骗人方式

目前网络购物市场除了存在向消费者销售假冒伪劣商品外，还存在大量利用虚假信息或违法行为欺骗消费者、诈骗消费者钱物的恶劣行径。

1. 假信用

许多消费者认为，信用度高的网店，其货物质量就有保障。然而，网络上早已出现了专门帮助卖家炒作信用的黑色产业链，一手收钱，一手将不良网店的信用度人为地炒高，以欺骗消费者。

信用度越高，通常意味着卖家的商品受到了越多的好评，也越值得信赖。消费者购物时一般都会选择信用度高的卖家去购物，认为信用度越高，购物风险就越低。殊不知，信用度已被一些不法商家所利用，成为他们发财的机会。

一些网站采用违规方式刷信用度，并从中获利。除了卖家花钱买钻、花钱雇托儿，粉饰美好形象以外，一些买家为少生事端而给出的"注水评价"也助长了无良网店的气焰，成为迷惑消费者的"帮凶"。

2. 假网站

不少消费者都遇到过这样的情况，当利用搜索引擎搜索出一些国际时尚大牌的网站时，常常搜索到许多"贴"着国际时尚大牌的山寨网站，这些网站甚至排名靠前，让人难辨真假。

这些"山寨网站"一旦行骗成功，便会再注册一个新的网站继续行骗，"山寨网站"页面设计得一般都很正规很真实，如网页上有网安、工商红盾、在线诚信企业等标识，让人难辨真假。

此外，网购虚拟产品也是网购骗局的高发地带，被钓鱼网站骗取银行账号、支付宝账号的网络骗局，很多都是来自虚拟产品交易。

虚假国外网站的几个特征是：不显示公司的地址、国家；不留电话或传真信息，只有一个电子邮箱地址或MSN等在线交流工具；有各种运输配送方式供选择。

3. 假支付

不少不法分子利用网购特殊的付款方式，针对新开网店的卖家不熟悉交易程序的情况，利用"支付宝截图"诈骗新手卖家；或者伪造网银支付页面，通过"钓鱼"网站与某些操作工具的配合，以伪造的网银支付页面骗取买家的网银账号信息，然后直接登录买家的网银账户盗走账户资金。此外，一旦电脑遭遇病毒袭击，就会被非法网络"钓鱼"，或者植入"木马"，买家在网购时的页面就会跳转到虚假付款页面，不但让买家收不到货，账户里的资金也会被黑客"一锅端"。

4. 假中奖

与非常吸引眼球的"非常低价"一样，"惊喜大奖"也常常被用作网购中的诱饵。基于正规网站开展的抽奖活动，大量发给买家"钓鱼"网站及领奖验证码，买家进入"钓鱼"网站，并输入验证码后，都会中"××笔记本"之类的所谓大奖，然后不法分子诱骗买家向指定银行卡转入中奖的所得税，骗取钱财。这种虚假网站还会伪造公证网站并有虚假的客服电话。

还有一种是部分商家引诱买家先注册成为会员，提供个人信息，预付定金，甚至购买一部分其他产品，才能得到所谓的"大奖"。这份"大奖"最后是用户自己花钱买下的。

5. 假产品

目前，一些网站在宣传自己的产品时，都表示自己的产品是外贸正品，而买家一旦购买，通过对比，就能够发现其实该商品质次价高，根本不是外贸产品。

典型案例

利用"14天无理由退货"以假换真，6人团伙诈骗95万

在"捍卫·2024春夏平安行动"中，警方打掉一个诈骗团伙，他们在官网下单购买电子产品，收到货后用假货调包，再利用14天无理由退货政策退货退款，在半年时间下单上千件商品，涉案金额95万余元。某公司收到大量无理由退货的商品，虽然产品序列号与所售正品一致，但均为假冒产品。经过盘点，在2023年9月至2024年3月期间，共计1097件耳机、电子笔等电子产品被以假换真。

点评：

消费者必须学会识破那些虚假交易网站并选择放心的购物网站，防止被骗，如选择建站时间长和口碑好及访问量较高的网站购物，尽量选择熟悉的大网站交易（如淘宝网、京东网），小心谨慎防"钓鱼"网站，熟记交易网站的域名和相关页面情况，在输入时要谨慎小心，提防个别字母字符差异的"障眼法"招数，不要轻易将账号和密码告诉别人，在网上交易时除了支付密码外，

尽量采用"动态口令卡"或者U盾之类的密码保护措施，尽量避免将虚拟银行和现实中的借记卡挂钩，这都可以在很大程度上保证交易的安全性。

第六节

网络营销道德的规范机制建设

一般来说，网络营销道德规范机制建设要通过下列途径来实现。

一、加快法律法规的完善

制定完善的法律法规是网络营销发展成熟的重要标志。从立法的角度加强对企业网络营销道德的规范。首先，加快电子商务的立法，重点是加强法律与技术手段的结合，对网络营销道德问题进行准确定位；其次，加快制定网络广告法，对网络广告进行有效的约束和监管；最后，加快企业与消费者道德信用的立法，对企业的道德信用进行界定，为道德信用数据的获得提供法律保障。

二、发挥行政职能的规范作用

政府是网络营销道德建设的主体，应采取有效措施建立网络道德规范体系，完善道德失信的惩罚机制和网络营销的自律机制。

（1）制定网络道德规范标准。行政管理部门要尽快颁布网络道德规范标准，将分散的道德信用信息整合起来，建立科学、统一的评估标准，对网络道德信用档案进行权威性的综合评级，并利用政府公用信息网络对道德违规行为进行披露。

（2）加强对网络道德违规行为的制裁与处理。行政管理部门应组织成立专门机构，定期清查企业的道德违规情况，及时提出整改意见，提高企业网络道德违规的成本，从而有效地遏制不道德网络营销行为的蔓延。

（3）建立网络营销道德的示范与激励机制。成熟的网络道德体系的形成，是同构建完善的道德示范与激励机制、从而唤起全社会的道德意识分不开的。在网络营销道德建设中，相关部门必须建立与市场经济发展相适应的示范与激励机制。

三、发挥技术层面的保障作用

技术约束是保障网络道德规范的必要手段。例如，开发用于监测、过滤、屏蔽不良信息的安全认证技术，为实施网络信息的安全管理提供技术支持；还可以建立具有权威性的第三方网络道德信用公证平台，企业或个人可以通过网络道德信用公证平台查询交易双方真实可靠的道德信用资质，对网络营销中的必要环节进行身份认证，确保交易双方的利益不受侵害。

四、加强行业协会的监督与管理

行业协会在加强网络营销道德监督与管理中扮演着重要角色，它们通常负责制定行业标准、推广最佳实践经验、提供专业培训和交流平台，以及维护行业自律。提高消费者对网络营销中潜在偏见的认识也是行业协会和监管机构的重要职责之一。通过教育活动，消费者可以更好地识别付费内容，减少被误导的可能性。此外，监管机构还提供投诉渠道，以便消费者能够举报不当的营销行为。

五、加强舆论的监督与约束

舆论的监督与约束是调节网络营销道德的重要途径，建立专门的网络营销道德曝光平台，加大网络新闻对网络营销违规行为的曝光力度，形成一种对网络违规行为及时曝光的共识，充分利用消费者舆论进行监督，使消费者积极地行动起来去抵制网络营销中的不道德行为。

六、企业网络营销道德的规范与提升

企业应通过开展文化建设，树立起企业道德价值观，使得全员在思想上充分意识到道德观不再是口号，而是事关企业生存与发展的重要因素。企业应把道德规范纳入日常的规章制度中，使得企业道德自律有据可依，有章可循。利用"口碑营销"加强在网络营销中的全方位服务，做到网络交易前严格审查、交易中检查监督、交易后定期回访，避免出现道德问题。建立预防网络营销道德违规的应急处理制度，做好公共信用危机的处理。

本 章 小 结

互联网是虚拟的，它具有的广泛性、开放性、隐蔽性和无约束性等特点，使得人们的网上行为及道德性突破了传统道德的规范，诸如发生网络病毒、网络垃圾邮件、网络色情、网络欺诈、网络黑客等一些新的违背道德的行为。

网络营销是以互联网为基本手段来营造网上经营环境的各种活动，与传统市场营销相比，有以下几个突出的不同点：营销空间不同、产品概念不同、信息传播方式不同、个性化程度不同等。网络营销的特点是：跨时空、多媒体、交互式、拟人化、成长性、整合性、超前性、高效性、经济性、技术性等。

新媒体营销是网络营销的重要组成部分，随着互联网和移动技术的发展，其影响力不断扩大，已经成为企业营销战略中不可或缺的一部分。新媒体营销具有交互性强、定位精准、内容多样、效果量化、社交传播和即时反馈等特点。新媒体营销与其他网络营销存在着范围和重点、平台和工具、用户互动形式和频率、内容形式、传播方式、目标客户和效果衡量等方面的明显区别。

企业网络营销出现不道德现象的原因是多方面的，归结起来，主要有以下几点：网络经济自身特点的影响、企业自身利益驱动、消费者因素。

网络营销道德问题的主要表现有：信息流上的道德问题，如信息不安全、信息不真实、数字化产权、信息竞争等；商品流上的道德问题；物流上的道德问题等。

个人信息及隐私权是信息流上最为重要的问题。个人信息包括消费者的姓名、性别、职业、学历、联系方式、婚姻状况、收入或财产状况、指纹、血型、病史等与消费者个人及其家庭密切相关的信息。隐私权是指公民就自己个人私事、个人信息等个人生活领域内的事情不为人知悉，禁止他人干涉的权利。凡是有关个人的，不愿被公开的私人信息就是隐私。网络营销中，企业非法收集和使用消费者个人信息的主要表现有：一是在收集信息的过程中侵犯消费者的知情权，二是在使用信息的过程中违背收集信息的初衷。

网络广告在传播速度、方便受众、交互性等方面具有巨大优势的同时，但也存在很多阻碍市场健康发展的问题，如网站发布虚假广告，欺骗消费者；发布不健康广告；发布违法广告信息；发布强迫性广告等。信息诈骗主要表现为：短信诈骗、提供博彩资讯诈骗、账户诈骗等。

垃圾邮件是互联网带给人类最具争议性的副产品之一，它的泛滥已经使整个网络不堪重负。其形成过程为：一是寻找客户需求；二是获取大量的邮件地址；三是发送垃圾邮件。垃圾邮件的危害极大，它占用网络带宽，造成邮件服务器拥堵，进而降低整个网络的运行效率；侵犯收件人的隐私权，侵占收件人邮箱空间，耗费收件人的时间、精力和金钱；严重影响互联网服务提供商的服务形象；妖言惑众，骗人钱财。

网络交易的欺诈行为成为网络营销中的一项重要的道德问题，表现在：一是虚假交易，骗取货款，如低价诱惑，奖品丰富，虚假宣传，格式化合同、买货容易退货难等；二是让利诱惑，以假充真，如线下交易、拒绝安全支付、收取定金骗钱、假信用、假网站、假支付、假中奖、假产品等。

网络营销道德规范机制建设可通过下列途径来实现：加快法律法规的完善、发挥行政职能的规范作用、发挥技术层面的保障作用、加强行业协会的监督与管理、加强舆论的监督与约束、企业网络营销道德的规范与提升等。

思考与练习

一、填空题

1. 网络营销的特点有：跨时空、多媒体、_____、拟人化、成长性、整合性、_____、高效性、经济性、技术性等。

2. 新媒体营销的主要特点有：交互性强、_____、_____、效果量化、社交传播、及时反馈等。

3. 通俗理解，隐私权就是指公民就自己_____、_____等个人生活领域内的事情不为人知悉，禁止他人干涉的权利。凡是有关个人的，不愿被公开的私人信息就是隐私。

4. 信息诈骗一般包括：短信诈骗、_____、账户诈骗等。

5. 卖家的信用评价体系，是评判一个卖家信誉好坏的基础，也是购买商品前所必须研究的。淘宝网的信用评价由_____、_____、_____三部分组成。

6. 虚假国外网站的几个特征是：一是不显示公司的地址、国家；二是_____
_____；三是有各种运输配送方式供选择。

二、选择题

1. 下列关于垃圾邮件危害说法错误的是（　　　）。

   A. 占用网络带宽，造成邮件服务器拥堵

   B. 侵犯收件人的隐私权，侵占收件人邮箱空间

   C. 妖言惑众，骗人钱财

   D. 上述答案都不正确

2. 网络营销在国外有许多翻译，如Cyber Marketing，Internet Marketing，Network Marketing，e-Marketing等。比较习惯和采用的是（　　　）。

   A. Cyber Marketing　　　　　　　　B. Internet Marketing

   C. Network Marketing　　　　　　　D. e-Marketing

3. 企业网络营销活动中，数字签名、数据所有权、电子合同及信用记录等新兴道德问题浮出水面，这种行为属于（　　　）。

   A. 信息流上的道德问题

   B. 商品流上的道德问题

   C. 资金流上的道德问题

   D. 物流上的道德问题

三、简答题

1. 新媒体营销与其他网络营销有什么不同？

2. 企业在网上收集和使用消费者个人信息问题上违反道德的行为方面有哪些？

3. 常见的网络交易欺诈行为有哪些？

4. 简述让利诱惑的骗人方式。

5. 简述以假充真的骗人方式。

6. 实现网络营销道德规范机制建设的途径有哪些？

四、案例分析

网上能卖网下不行

有位川菜饭店的女老板，对自己饭店使用的麻辣小菜的配方及操作流程进行了整理，做了一份《四川小菜》电子文档。她在网上售卖《四川小菜》电子文档，每份10元，每个月仅此一项就赚了3万元！难以置信如此简单的事会有市场，会有如此大的利润！随后，她又在当地报纸上做广告，出售《四川小菜》纸质版，但这次她却赔钱了。很奇怪，这份《四川小菜》只能在网上赚钱。

思考题：

1. 结合案例，试分析这位女老板为什么能在网上赚钱？

2. 谈一谈这位女老板为什么在报纸上刊登广告后反而赔钱？

参考文献

[1] 艾德·弗瑞斯特. 网上市场调查[M]. 李进，杨哲慧，成栋，译. 北京：机械工业出版社，2002.

[2] 保罗·A.郝比格. 跨文化市场营销[M]. 芮建伟，李磊，孙淑芳，译. 北京：机械工业出版社，2000.

[3] 戴维·J.弗里切. 商业伦理学[M]. 杨斌，石坚，郭阅，译. 北京：机械工业出版社，1999.

[4] 方明光. 文化市场营销学[M]. 上海：上海交通大学出版社，1996.

[5] 符国群. 消费者行为学[M]. 北京：高等教育出版社，2010.

[6] 甘碧群. 关于影响企业营销道德性因素决策的探究[J]. 商业经济研究，1997（5）：45—47.

[7] 甘碧群. 企业营销道德[M]. 武汉：湖北人民出版社，1997.

[8] 郭国庆，刘凤军，王晓东. 市场营销理论[M]. 北京：中国人民大学出版社，1999.

[9] 胡珺. 创建道德型营销模式的思考[J]. 企业活力，2002（9）：40—43.

[10] 卡尔·麦克丹尼尔，小查尔斯·W.兰姆，小约瑟夫·F.海尔. 市场营销学[M]. 时启亮，朱洪兴，王啸吟，译. 上海：格致出版社，2005.

[11] 莱昂纳多·J.布鲁克斯. 商务伦理与会计职业道德[M]. 刘霄仑、叶陈刚，译. 2版. 北京：中信出版社，2004.

[12] 李康化. 文化市场营销学[M]. 上海：上海文艺出版社，2005.

[13] 李农勤. 市场营销学[M]. 北京：清华大学出版社，2006.

[14] 林建煌. 消费者行为[M]. 北京：北京大学出版社，2004.

[15] 刘光明. 企业文化[M]. 5版. 北京：经济管理出版社，2006.

[16] 刘吉发，岳红记，陈怀平. 文化产业学[M]. 北京：经济管理出版社，2005.

[17] 刘子安. 中国市场营销[M]. 北京：对外经济贸易大学出版社，2006.

[18] 茅于轼. 中国人的道德前景[M]. 2版. 广州：暨南大学出版社，2003.

[19] 苗泽华. 道德文化建设在超市管理中的地位[J]. 经济论坛，2004（7）：142—143.

[20] 苗泽华，赵淑琴，谢军安，等. 中国市场经济构筑与发展：跨世纪的社会系统工程[M]. 北京：新华出版社，1999.

[21] 牛全保，刘勇，许秋鸽. 营销道德：一个不容忽视的问题——营销道德问题的调研与建议[J]. 经济经纬，1997（5）：52—54.

[22] P·普拉利. 商业伦理[M]. 洪成文，洪亮，仟冠，译. 北京：中信出版社，1999.

[23] 荣晓华，孙喜林. 消费者行为学[M]. 大连：东北财经大学出版社，2001.

[24] 宋洁. 道德经：老子和小子图说八十一章[M]. 王德胜，校评. 北京：北京出版社，2004.

[25] 苏勇. 现代管理伦理学：理论与企业的实践[M]. 北京：石油工业出版社，2003.

[26] 王淑芹. 论企业市场营销伦理[J]. 社会科学辑刊，1998（5）：34—38.

[27] 魏杰. 企业文化塑造：企业生命常青藤[M]. 北京：中国发展出版社，2002.

[28] 温孝卿，史有春. 消费心理学[M]. 天津：天津大学出版社，2004.

[29] 吴健安. 市场营销学[M]. 北京：高等教育出版社，2000.

[30] 吴露艳，严辉. 浅析企业营销道德[J]. 企业发展，2004（4）：81—82.

[31] 徐大建. 企业伦理学[M]. 上海：上海人民出版社，2002.

[32] 杨坚红，易开刚. 绿色营销[M]. 北京：中国物资出版社，2002.

[33] 姚惠忠. 公共关系理论与实务[M]. 北京：北京大学出版社，2004.

[34] 尧新瑜. "伦理"与"道德"概念的三重比较义[J]. 伦理学研究，2006（4）：21—25.

[35] 曾晓洋，胡维平. 市场营销学案例集（第二辑）[M]. 上海：上海财经大学出版社，2005.

[36] 张剑渝，王谊. 现代市场营销学[M]. 5版. 成都：西南财经大学出版社，2019.

[37] 张雁白，苗泽华. 市场营销学概论[M]. 3版. 北京：经济科学出版社，2015.

[38] 张涌. 企业营销的伦理之道[J]. 企业活力，2003（10）：38—39.

[39] 赵爱琴，衡凤玲. 营销道德失范的成因分析[J]. 北京：北京工业大学学报（社会科学版），2000，2（3）：34—37.

[40] 周祖城. 企业伦理学[M]. 3版. 北京：清华大学出版社，2015.

[41] 朱迪·施特劳斯，阿黛尔·埃尔-安沙瑞，雷蒙德·弗罗斯特. 网络营销[M]. 黄健青，华迎，注. 3版. 北京：中国人民大学出版社，2004.